抗日战争档案汇编

大田县档案馆藏抗战档案选编

2

大田县档案馆 编

中華書局

四、抗战文化活动

大田县政府关于转发福建青年及抗敌歌曲致各学校校长的训令（一九三七年十二月二十九日）

事由：茲令發福建青年及抗敵歌曲各一份仰遵照傳習由

大田縣政府訓令 教字第 州 號

令各學校校長

案奉

教育廳餘玄往廳教丙一〇三八一七號訓開：「查音樂教育足以陶冶國民德性，發揚民族精神，在此抗戰期中，尤應積極推行。本廳最近編印福建青年及抗敵兩曲，分發全省各級學校及社教機關傳習，藉以激發民眾愛國抗敵之

中華民國廿七年壹月初壹日收到

初字第291号

情等，除分函外，相應令同前項歌曲各二份，函達

查照，並希印發所屬學校一體傳習」

等因。附發福建青年反抗敵歌曲各二份。除分令外，合行

印發原歌曲各一份，令仰遵照傳習。此令。

附發福建省青年反抗敵歌曲各一份

中華民國二十六年十二月一九日

縣長廖 ［簽］

福建省抗敌后援会关于编印《救亡歌曲》及《救亡戏剧》二书征稿致大田县立初级中学的公函
（一九三八年一月三日）

中華民國廿七年壹月拾日 收到

初字第302号

事由：為编印救亡歌曲及救亡戲劇二書請惠賜材料由

福建省抗敵後援會公函　宣字第313號

查救亡歌曲與戲劇，最能激動大眾愛國情緒及抗战精神，本会擬於最近期内编印救亡歌曲及救亡戲劇二書，以資宣傳，惟関於上述二項材料所集

尚欠普遍，相應函請
貴處將所搜集或製作之歌曲及戲劇凡有關抗敵救
國及富有民族意識者，均請檢寄一份，於二十七年
一月十五日以前，交本會宣傳部，以便彙編付印
為荷！

此致
大田初中

中華民國二十六年元月三日

主任委員陳肇英

福建省教育厅关于核准民报社函请各校员生应征反侵略运动论文比赛致大田县立初级中学的训令
（一九三八年二月十六日）

16

福建省政府教育廳訓令　字第　號

成丑銑　教民〔一大四〕二五　復文　待請　錄存　列全

令大田縣立初級中學

准福建民報社函開：

「敬啟者本社為廣徵有關反侵畧運動之材料及激發抗日情緒起見特舉行反侵畧運動論文比賽除於本報登載啟事公開徵稿外教育界為文化先驅必多宏論卓識擬請貴廳通令各學校員生踴躍參加以廣收集事關反侵畧運動諒荷贊同茲特剪附徵稿啟事一則函請查照辦理並希見復為荷」

417

等由，附啟事一份，准此。事関反侵畧運動，各校員生自應各抒所見，熱心應徵。合行撿發前項啟事一份，仰轉知照辦，並逕行送寄為要。

此令。

附發福建民報社為反侵畧運動舉行論文比賽徵稿啟事一份

大田县政府关于保护贵重文化物品致各学校校长的训令（一九三八年三月十四日）

中華民國廿七年參月拾七日收到

由：奉令抗戰期間所有公私机關以及人民庋藏貴重書籍字畫古物及有關文化重要物品應遷往安全地帶妥為保存等因仰遵照由

大田縣政府訓令 教字第517號

令各學校校長

案奉

福建省政府教育廳成丑馬廳教秘第一八三四號篆代電開：「案奉

教育部寒電開：在抗戰期間保存文化殊為重要，所有該省公私机關以及人民庋藏之貴重書籍古物字畫及其他有關文化並重要物品仰即

和字第388号

設法運往安全地帶，妥爲保存爲要」等因，奉此，除分別函令外，相應函請查照，并令所屬公私机關遵照辦理爲荷」等因，奉此，除分令外，合行令仰該校長遵照辦理爲要。此令。

中華民國二十七年十二月十四日

縣長 廖 基

福建省抗敌后援会关于征集「保卫大福建」抗战歌曲致全省各中学的通函（一九三八年三月二十九日）

福建省抗敵後援會通函　宣字第[illegible]號

逕啟者：

本會為激勵全省人士保衛福建之情緒起見，特擬定保衛大福建歌一題，公開徵求各界惠賜歌譜，收稿期限自即日起至四月二十日截止，外埠以郵戳為憑。並由會聘請專家評定，錄取三首，分別給獎，第一國幣二十元，第二，十五元，第三，十元，準於五月一日在福建民報揭曉。相應函達查照，並希代為徵求為荷！

此致

全省各中學

中華民國二十七年三月廿九日

主任委員陳肇英

中華民國廿七年五月初五日收到

初字第459号

福建省教育厅关于核准省抗敌后援会函请所属各艺术团体及学校应先期将歌曲及剧本送审致大田县立初级中学的训令（一九三八年四月六日）

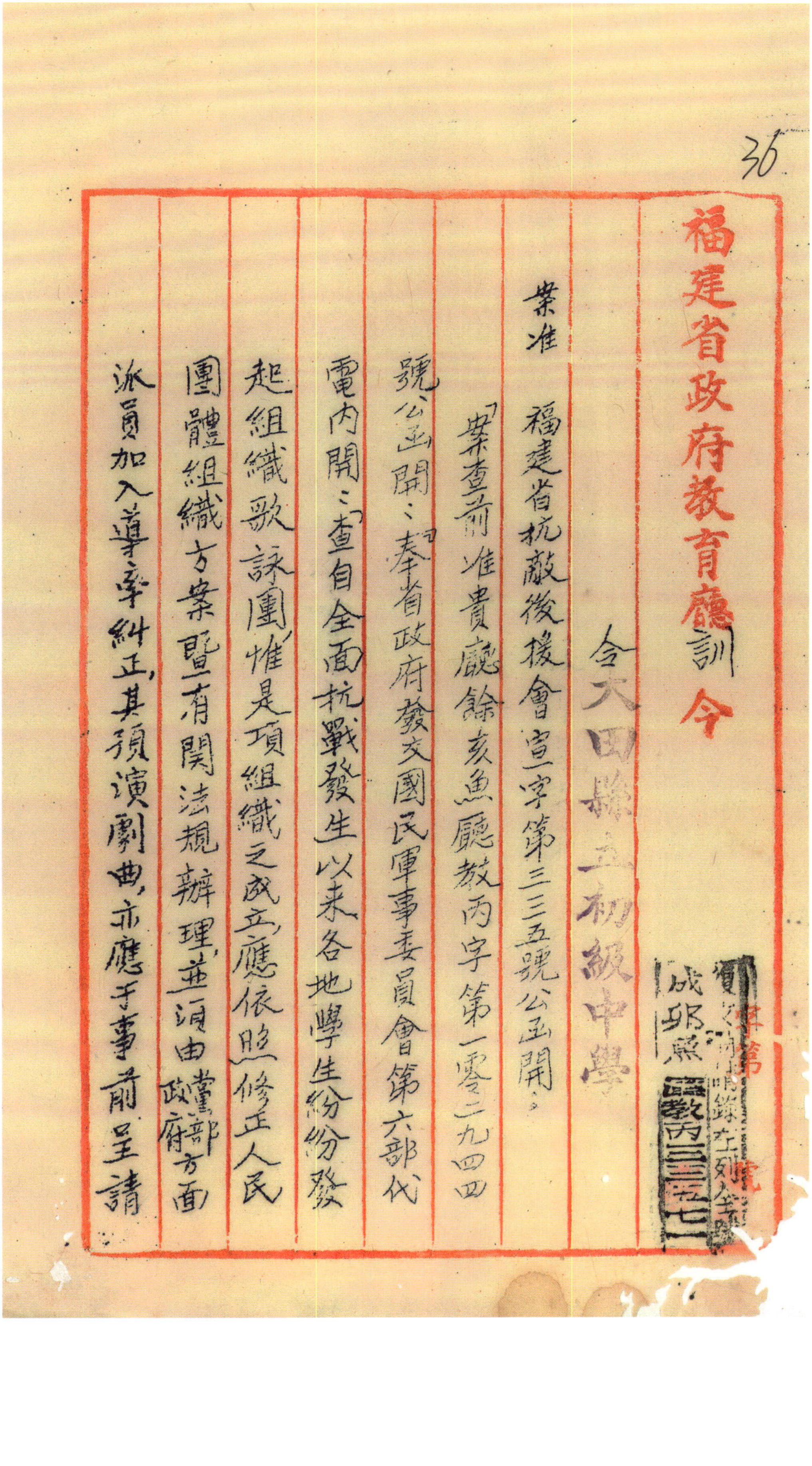
福建省政府教育廳訓令
令大田縣立初級中學
案准
福建省抗敵後援會宣字第三三五號公函開：
「案查前准貴廳餘亥魚廳教丙字第一零二九四四號公函開：『奉省政府發文國民軍事委員會第六部代電內開：「查自全面抗戰發生以來各地學生紛紛發起組織歌詠團，惟是項組織之成立，應依照修正人民團體組織方案暨有關法規辦理，並須由黨部政府方面派員加入導率糾正，其預演劇曲，亦應于事前呈請

審查，倘有不良者，則由審查機關予以改善或禁演，即希
照分別辦理為要」。等因，轉發川廳，當經分別函達各縣
市政府各特種區署查照辦理，並訓令所屬各學校機關遵
辦，至關于省會歌詠劇曲審查事宜，並經商得省黨部
同意，請由貴會辦理各在案。相應函達查照辦理」。等由，准
此，當經本會發起，並請省會有關係各機關組織劇曲審查
委員会負責辦理，除呈報通令外，相應函請查照，希即轉飭所屬各
藝術團體及各級學校劇團，嗣後應將所採用之歌曲及劇本，先期送
經本會審查，以資統制為荷」。
等由，除分令外，合行令仰遵照辦理。此令

福建省教育厅关于印发福建省抗敌后援会剧曲审查委员会审定之剧曲致大田县立初级中学的训令

（一九三八年四月十九日）

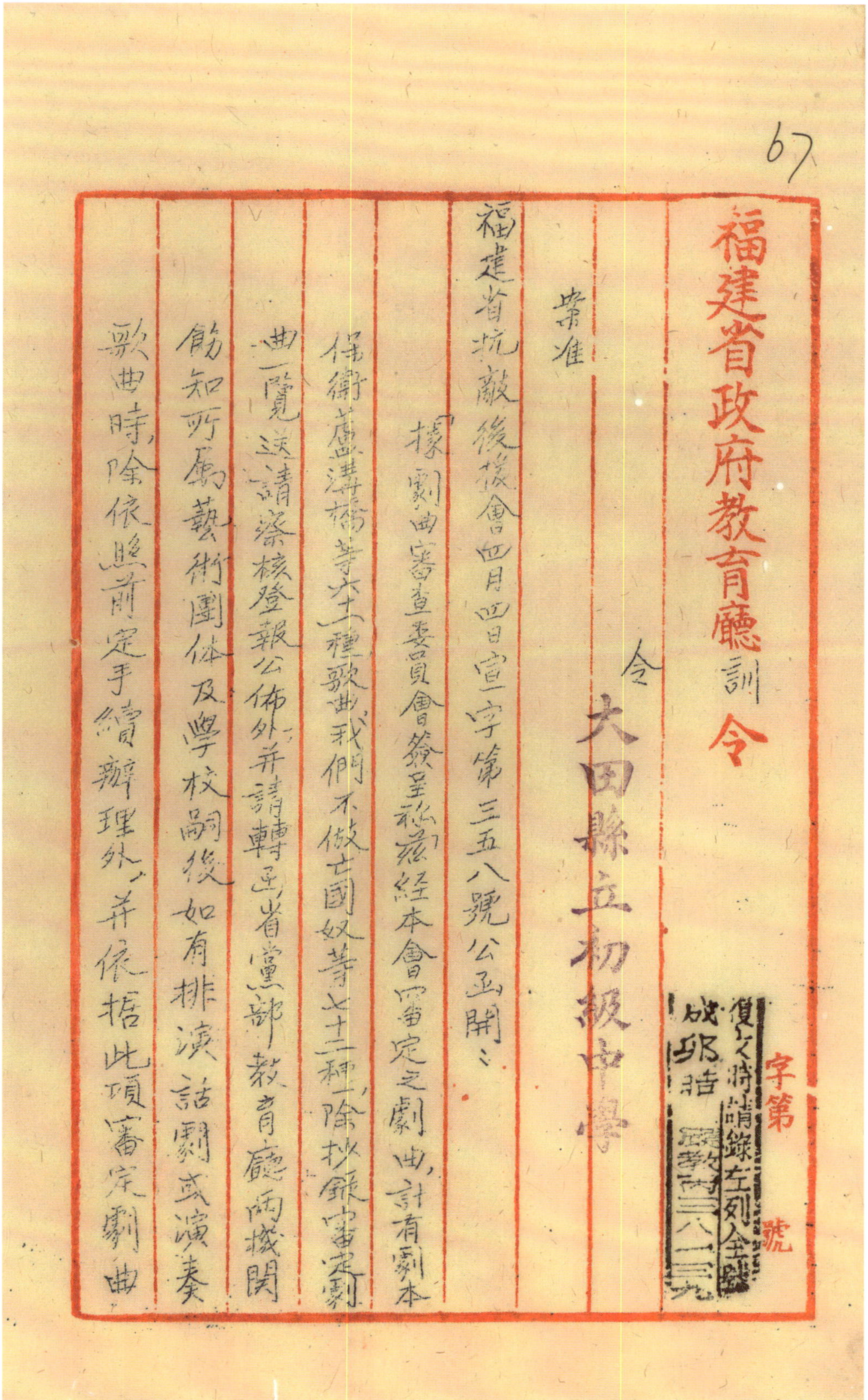

67

福建省政府教育廳訓令　字第　號

令大田縣立初級中學

常准

福建省抗敵後援會四月四日宣字第三五八號公函開：

據劇曲審查委員會簽呈稱：茲經本會審定之劇曲，計有劇本保衛蘆溝橋等六十一種，歌曲我們不做亡國奴等七十二種，除抄錄審定劇曲一覽送請豫核登報公佈外，并請轉呈省黨部、教育廳兩機關飭知所屬藝術團体及學校嗣後如有排演話劇或演奏歌曲時，除依照前定手續辦理外，并依据此項審定劇曲

為取材之標準，以符規定，是否有當，理合簽請察轉

等情，附審定劇曲一覽表一份。據此，除分函并通告外，

相應檢同原送一覽表一份，函請查照，即希轉飭所屬

遵照為荷」

等由。除分別函令外，合行印發原一覽表，令仰遵照。此令。

附印發原一覽表一份

大田县抗敌后援分会关于举办「抗敌演讲竞赛会」「抗敌图画巡回展览会」致全县各机关学校社团的函

（一九三八年四月二十日）

福建省抗敵後援會大田縣分會用箋

要有犧牲到底的決心

逕啓者：查當兹抗戰期中，宣傳工作，未容少懈，本會有鑒于斯，爰訂五月二十日上午九時假公共大禮堂舉行「抗敵演講競賽會」並於是日起在本會大禮堂開「抗敵圖畫巡迴展覽會三天」，藉此激揚民氣，奮發精誠，以期增強抗戰力量，素稔貴學校機關社團愛國情殷，同仇志切，用特專函奉達，敬希惠賜獎品，俾資鼓勵為荷！此致

全縣各機関學校社団

福建省抗敵後援會大田縣分會 啓

廿七年四月二十日

中華民國廿七年五月初六日收到

才能博得最後的勝利

內求自存 外求共存

初字第461号

大田县政府关于核准抗敌图画展览及演讲竞赛办法致各学校的训令（一九三八年四月二十三日）

事由：准函为抗敌图画展览及演讲竞赛请转饬所属民众各机关学校团体届时踊跃参加并附该项办法件查照等由仰遵照由

大田县政府训令　字第　号

令各学校

事准

福建省抗敌后援会大田县分会宣字第三十六号公函开：

「查本会为激发民众提高抗敌意识起见，爰订五月二十日上午九时假公共大礼堂举行抗敌演说竞赛会，同时并在本会机关开抗敌图画巡回展览会三天，除令饬宣传工作团筹备进行外，并经拟定办法送会修正外，相应检同该项办法两种，函请贵府查照，希即通告闽邑民众并转令各机关团体学校届期踊跃参加为荷」

中華民國　廿七年　四月廿七日收

和字第444号

等由，附送抗敌演讲竞赛办法及抗敌图画巡回展览会办法各一份。准此，除分令外，合行印发前项办法，令仰该校长遵照办理。

此令。

附发：抗敌演讲竞赛会办法一份

抗敌图画巡回展览会办法一份

中華民國二十七年四月廿三日

縣長 廖基

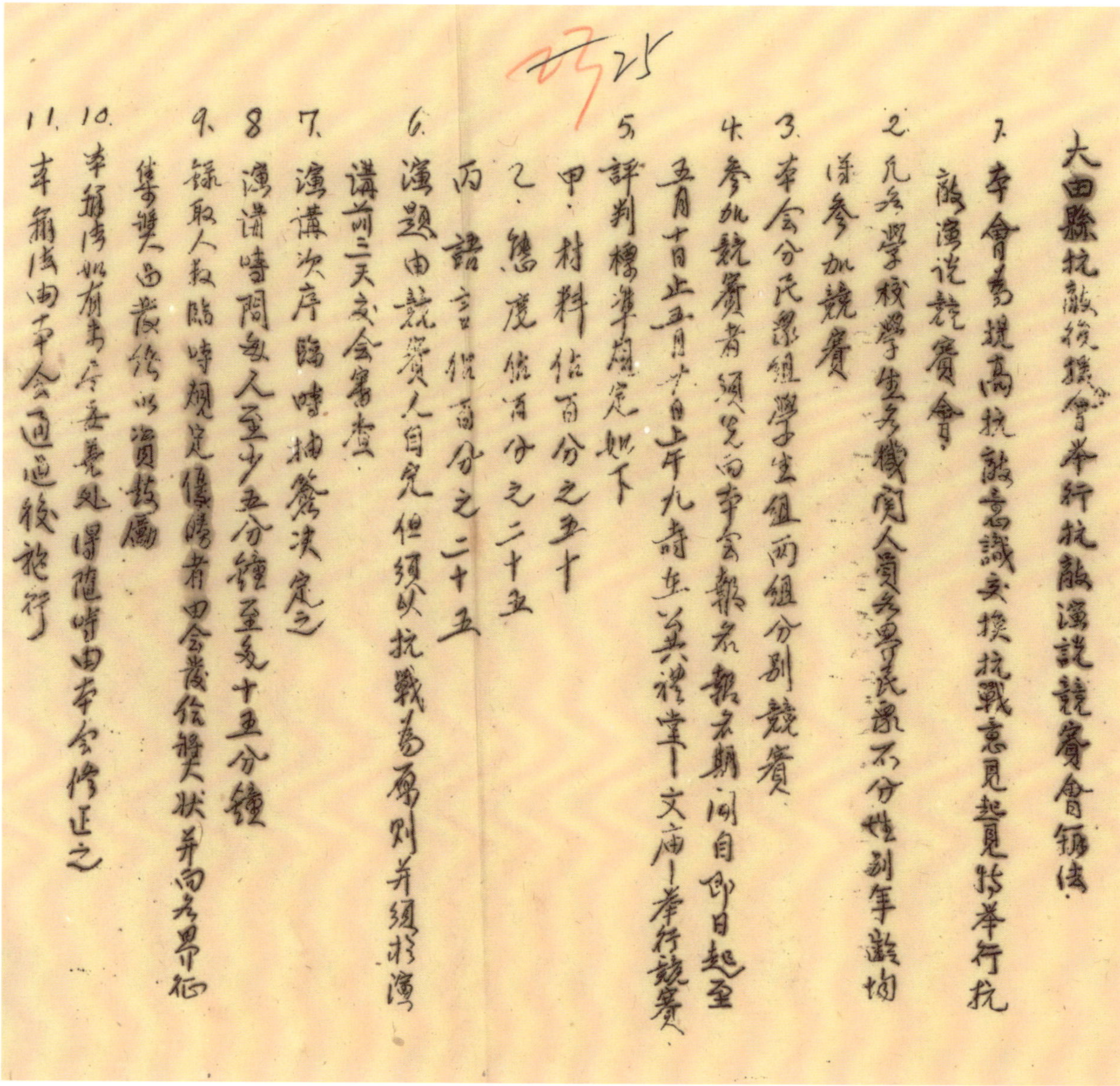

大田縣抗敵後援會举行抗敵演說競賽會辦法

1. 本會為提高抗敵意識，支援抗戰意見起見，特举行抗敵演說競賽會。
2. 凡各學校學生、各機関人員、各界民眾，不分性別年齡，均得參加競賽。
3. 本会分民眾組、學生組兩組，分別競賽。
4. 參加競賽者須先向本会報名，報名期間自即日起至五月十日止，五月十六日上午九時在县共禮堂（文廟）举行競賽。
5. 評判標準規定如下：
甲、材料，佔百分之五十；
乙、態度，佔百分之二十五；
丙、語言，佔百分之二十五。
6. 演題由競賽人自定，但須以抗戰為原則，并須於演講前三天交会審查。
7. 演講次序臨時抽簽決定之。
8. 演講時間每人至少五分鐘，至多十五分鐘。
9. 錄取人數臨時規定，優勝者由会發給獎狀，并向各界征集獎品發給，以資鼓勵。
10. 本辦法如有未盡善處，得隨時由本会修正之。
11. 本辦法由本会通過後施行。

附（二）大田县抗敌后援分会举行抗敌图画巡回展览会征求作品办法

大田縣抗敵後援分會舉行抗敵圖畫巡迴展覽會徵求作品辦法

一、本會為欲增強民眾抗敵意識，提倡戰時藝術起見，特舉行抗敵圖畫巡迴展覽會。

二、凡本縣各機關團體學校每單位最少應交抗敵圖畫三張參加展覽，其民眾得自由參加。

三、應徵作品自即日起開始繳交本會，至五月十五日截止，五月二十日在本會禮堂展覽三天，後巡迴各區展覽，其展覽辦法另定之。

四、應徵作品之畫像條件如下：

甲、足以喚起抗敵情緒者

乙、富有教育價值的

丙、有創造性的

丁 有益於促民眾美術欣賞的

五 應徵作品須註明其意義并填寫作者姓名住址

六 圖畫幅式尺寸紙張不規定顏色亦不拘

七 凡成績優良而富有創造性質者均得入選選取名額暫不限定

八 被選取者除由本會發給獎狀外并由各界酌其獎賞發給以資鼓勵

九 應徵作品展覽後一律發還如成績特別優良者得留會作永久紀念

十 評判人員由本會臨時特聘定之

十一 本簡法自公布日起施行如有未盡事宜得由本會修正之

大田县政府关于转发省教育厅核准抗敌后援会以印送剧曲一览表致各学校的训令（一九三八年五月六日收）

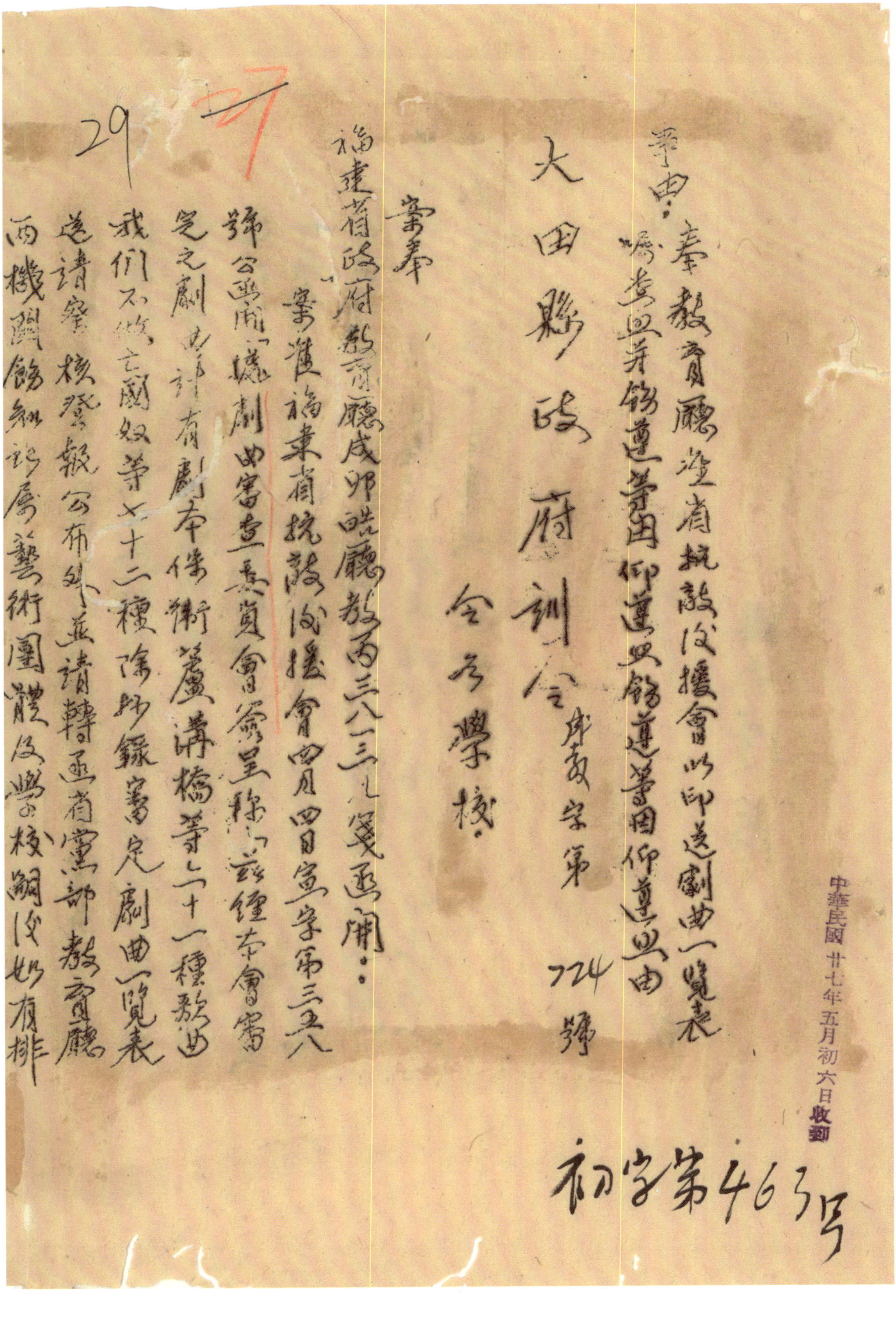
事由：奉教育厅准省抗敌后援会以印送剧曲一览表嘱发并饬遵等因仰遵照并饬遵照由

大田县政府训令 教字第724号

令各学校

案奉

福建省政府教育厅戌卯皓厅教丙三八一三七笺函开：

案准福建省抗敌后援会四月四日宣字第三五八号公函开：据剧曲审查委员会签呈称：兹经本会审定之剧曲计有剧本保卫芦沟桥等二十一种，数出我们不做亡国奴等七十二种，除抄录审定剧曲一览表送请察核登报公布外，并请转函省党部、教育厅函饬所属艺术团体及学校剧团切实排

中华民国廿七年五月初六日收到

初字第463号

30

演話劇及演奏歌曲時除依照前定手續辦理外並依據此項審定歌曲為取材之標準以符規定是否有當理合繕請鑒核轉」等情附審定劇曲一覽表一份據此除分函并通告外相應檢同原送一覽表一份函請查照即希轉飭所屬遵照為荷」等由除分別函令外相應印送原一覽表函達查照即希轉飭一體遵照為荷」等因附印送原一覽表一份奉此除分令外合行印發原一覽表令仰該鎮長遵照 此令

中華民國二十七年五月　日

縣長　廖基

附：福建抗敌后援会剧曲审查委员会审查之剧曲一览表

31 28

福建抗敌后援会剧曲审查委员会审查之剧曲一览表

A 关于话剧方面

甲 作者出版发售排演者

剧名	作者	剧名	作者
1. 三个汉奸者	抗敌剧团	21. 张家店	崔嵬
2. 风雨金门	陈发清等	22. 秋阳	张庚
乙 作者发售排演者		23. 铁大中	姚时晓
1. 保卫芦沟桥	洪深	24. 汉奸末路	姚时晓
2. 飞将军	洪深	25. 血块	李凡
3. 前夜	阳翰笙	26. 东北之家	章泯
4. 七二八那天	夏衍	27. 我们打冲锋	尤兢
5. 在烽火中	沈西苓	28. 打回老家去	易扬
6. 同胞们会去	丁然	29. 春风秋雨	阿英
7. 扫射	陈白尘	30. 重逢	丁玲

一页

463

32

劇目	作者	劇目	作者
8.專門造謠	方岩	31.羅店血戰	沈西苓
9.上前線去	凌鶴	32.大海中的孤軍	凌鶴
10.三江好	舒强	33.蘆溝橋之戰	陳白塵
11.孤軍魂	星德	34.我們要反攻	夏衍
12.布袋隊	殷揚	35.以身許國	尤兢
13.黄浦月	宋之的等	36.再上前線	凌鶴
14.中國婦人	沈群	37.最後的一課	孫瑜
15.炸痕	宋之的等	38.敵國的[illegible]彈	歐陽予倩
16.禮物	旅岡	39.大家去從軍	沈西苓
17.最後一計	向培良	40.八百壯士	崔嵬、王震之
18.反正	沈群	41.塞上風雲	陽翰笙
19.過關	舒群	42.走私	
20.七二八之夜	麗尼、葉[illegible]	[illegible]鴿	

33 29

44 皇軍的傳統　尤競
45 在國中過年　尤競
46 搜查　尤競
47 黑地獄　淩鶴
48 洋白糖　淩鶴
49 死亡綫上　章泯
50 我們的故鄉　章泯
51 狼之物　尤競
西種手叢售但排演時須先期呈經本會核准者
大諜廳　尤競
下述手叢售不准排演者
人贓魚益系　洪深

---

6 中國少年　東寧作詞
7 犧牲已到最後關頭　麦新作詞　孟波作曲
8 前進　御擀作詞　星海作曲
9 不要再說失敗　仝上
10 全面抗戰　塞克作詞　綠汀作曲
11 合力抗敵
12 抗戰進行曲　柳倩作詞　張曙作曲
13 民族解放歌　施誼作詞　呂驥作曲
14 前線進行曲　任鈞作詞　周巍峙作曲
15 向前進攻　黎錦暉
16 中華大國民
17 愛國軍人
18 公仇　田漢作詞　張曙作曲

34

12. 文盲的媳婦　洪深
13. 氣漢笳聲　張鶴
14. 村中之夜　章泯
15. 兒媳　章泯
16. 雪夜小景　章泯
17. 賣錢作兒　章泯

B. 關於歌曲方面

甲、進行曲已經集體排演者

1. 國旗歌　戴季陶作詞　杜庭修作曲
2. 抗敵先鋒歌　塞克作詞　冼星海作曲
3. 救國進行曲　冼星海
4. 救亡進行曲　鋼鳴作詞　孫慎作曲
5. 中華民族不會亡　野青作詞　呂驥作曲

19. 認清敵人
20. 民族魂
21. 民族解放進行曲
22. 只怕不抵抗
23. 團結就是力量
24. 殺開血路
25. 焦土抗戰
26. 奪回華北
27. 大路歌
28. 不做亡國奴
29. 示威歌
30. 打日本
31. 打倒東洋

王楓　施誼作詞　呂驥作曲　夏新作詞　冼海作曲　呂復作詞　陳田鶴作曲　陸輔叔作詞　田鶴作曲　胡然作曲　江定仙作詞　胡然作曲　許晒作詞

峰音作詞　尤作曲　高庸作詞　呂驥作曲　賀綠汀

~~35~~ 30

32.	熱血	田漢作詞 星海作曲
33.	青年進行曲	塞克作詞 星海作曲
34.	打江山	仝上
35.	打回老家去	前發作
36.	還我河山	張曙
37.	鐵血歌	
38.	血染沙场	
39.	赴戰歌	
40.	義勇軍進行曲	聶耳
41.	一致對外	陳隱
42.	殊壯丁	賀綠汀
43.	徵兵服役歌	滿謙子
44.	為祖國戰爭	賀綠汀
58.	誰說我們年紀小	麐煌作詞 華生作曲
59.	凱旋歌	王元振
60.	復興民族	黃寄萍作詞 嚴夕克作曲
61.	出征別母	刘雪厂作詞
62.	提起鬼子心頭恨	沙梅
63.	士兵救國歌	
64.	武裝衛國歌	施誼
65.	心頭恨	塞克作詞 華生作曲
66.	募寒衣	柳倩作詞 雪厂作曲
67.	走上戰亡陣线	
68.	巷战歌	方之中作詞 陳田鶴作曲
69.	黄河之戀	田漢作詞 星海作曲
70.	戰歌	俯拾作詞 星海作曲

三頁

36

45. 青年航空員　塞克
46. 詩答歌　章東崇作詞　張曙作曲
47. 戰鼓正敲　申之作詞　張曙作曲
48. 送出征將士　塞克作詞　綠汀作曲
49. 慰勞前方戰士歌　陳洪
50. 衝鋒號　塞克作詞　星海作曲
51. 農民進行曲
52. 一二八歌
53. 九一八
54. 婦女進行曲　麥新作詞　星海作曲
55. 女工救國歌　仝上

---

71. 勇士曲　吳天開
72. 打倒漢奸　章梅

大田县政府关于核准抗敌后援会大田分会函以抗敌演讲竞赛会及图画展览会改期举行致各学校的训令

（一九三八年五月十九日收）

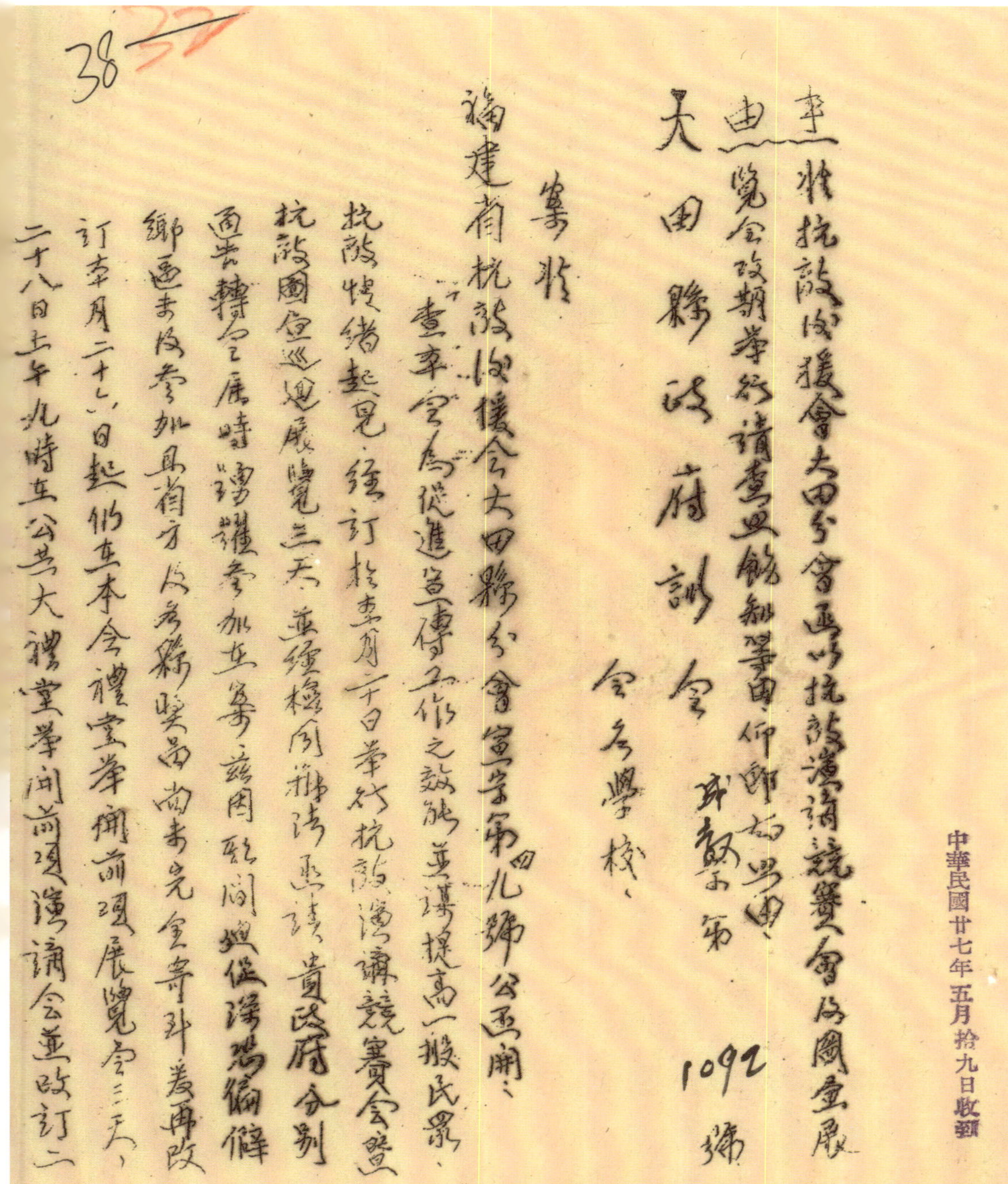

事由：准抗敌后援会大田分会函以抗敌演讲竞赛会及图画展览会改期举行请查照饬知等由，仰即知照由。

大田县政府训令　教字第1092号

令各学校

案准

福建省抗敌后援会大田县分会宣字第四九号公函开：

"查本会为促进宣传工作之效能，并谋提高一般民众抗敌情绪起见，经订于本月二十日举行抗敌演讲竞赛会暨抗敌图画巡回展览三天，并缮检同办法函请贵政府分别函告转令届时踊跃参加在案。兹因距离时间短促，深恐偏僻乡区未及参加，且省方派员尚未完全寄到，为再改订本月二十八日起仍在本会礼堂举行前项展览会三天，二十八日上午九时在公共大礼堂举行前项演讲会，并改订二

中华民国廿七年五月拾九日收到

初字第487号

十五日停止收件及報名，除分令外，相應函請貴政府查照，分別飭縣遵照

等因。准此。查此案前經本府以滙教字第五五零號訓令飭遵在案。前據前由，除分令外，合行令仰該校長知照。

此令。

中華民國二十七年五月　　日

縣長廖萬

福建省抗敌后援会关于悬赏征集抗战漫画致各中等学校的通函（一九三八年五月二十一日收）

中華民國廿八年五月廿壹日收到

初第493号

事由：懸賞徵求抗战漫画選希查照并轉飭學生踴躍應徵由

宣字第卌號

福建省抗敵後援會通函

本會為鼓勵中等學校學生抗敵漫画創作起見特徵選全省中等學校學生抗战漫画凡本省中等學校學生對於抗战漫画富有研究者均得以作品應徵收稿期限自即日起至六月十日截止外埠以郵戳為準由會聘請專家評定錄取五名一經揭曉分別給奬第一名國幣拾元第二名八元第三名五元第四名至第五名各給三元以下十名各贈抗敵漫画半年相應函請

查照即希轉飭學生踴躍應徵為荷

此致

各中等學校

主任委員陳肇英

中華民國二十七年五月　日

福建省抗敌后援会关于抗战漫画收稿期限展至六月三十日止致全省各中等学校的通函（一九三八年六月十四日）

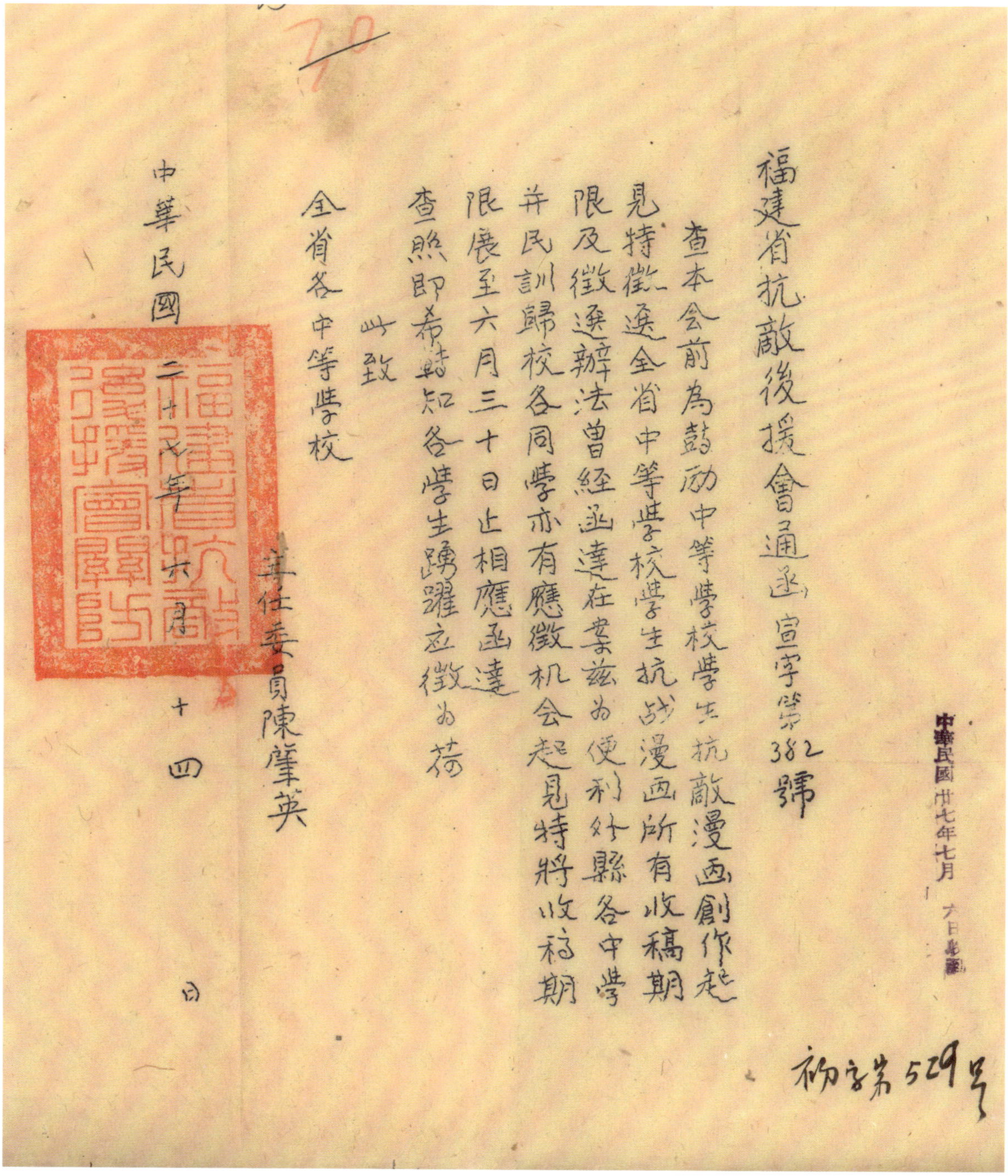

福建省抗敵後援會通函 宣字第382號

查本会前為鼓励中等學校學生抗敵漫畫創作起見特徵選全省中等學校學生抗戰漫畫所有收稿期限及徵選辦法曾經函達在案兹為便利外縣各中學并民訓歸校各同學亦有應徵机会起見特將收稿期限展至六月三十日止相應函達

查照即希轉知各學生踴躍應徵為荷

此致

全省各中等學校

主任委員陳肇英

中華民國二十七年六月十四日

中華民國廿七年七月六日

初字第529号

福建省教育厅关于妥善保存古物文献并及时上报被敌人摧毁情况致大田县立初级中学的训令

（一九三八年九月二十七日）

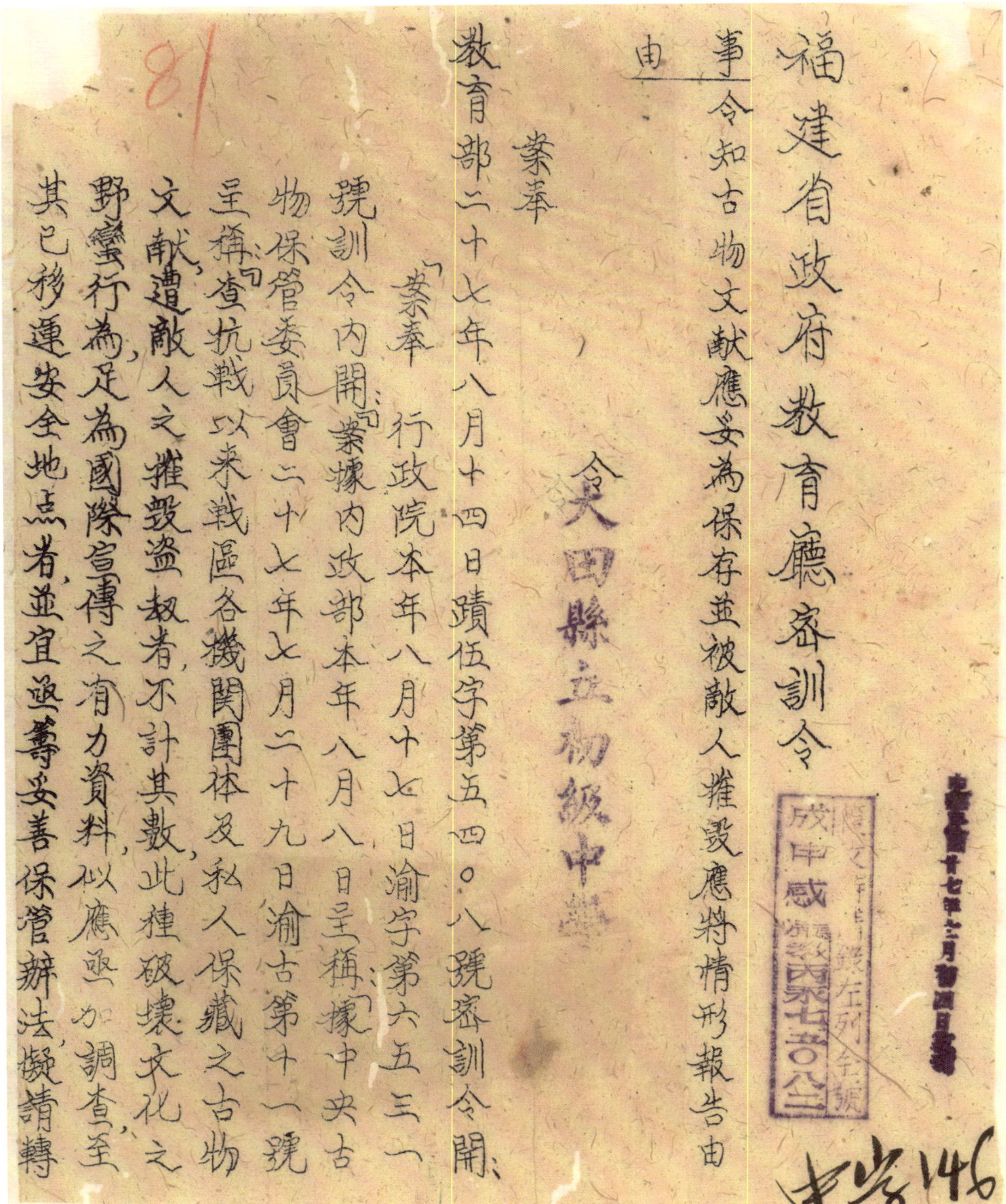

福建省政府教育廳密訓令

事由：令知古物文獻應妥為保存並被敵人摧毀應將情形報告由

令大田縣立初級中學

案奉

教育部二十七年八月十四日蹟伍字第五四〇八號密訓令開：

「案奉行政院本年八月十七日渝字第六五三一號訓令內開：『案據內政部本年八月八日呈稱：「據中央古物保管委員會二十七年七月二十九日渝古第十一號呈稱：『查抗戰以來戰區各機關團体及私人保藏之古物文獻遭敵人之摧毀盜劫者，不計其數，此種破壞文化之野蠻行為，足為國際宣傳之有力資料，似應亟加調查。至其已移運安全地点者，並宜亟籌妥善保管辦法，擬請轉呈行政院准予通行戰區或接近戰區各省市政府轉行古物保管機關將敵人摧毀或盜刧公私古物文献之詳細情形（如目録數量等）搜集材料（如照片等項）報告本會，並將經管古物文献移運之地点及保管之方法，一併呈報本會等情，查所陳各節尚屬要圖，理合轉請鑒核施行」等情；據此，應准照辦。除分令外，合行令仰遵照，並轉飭所屬一体遵照。此令」。等因奉此，自應遵辦。除分令各省教育廳及公私立專科以上學校國立各社會教育機關一体遵照外，合行令仰遵照。並轉飭一体遵照，此令」等因。除分令公私立中等學校及社教機關外，合行令仰遵照！

此令。

中華民國二十七年九月　日

廳長鄭貞文

大田县政府关于转发省教育厅要求各教育机关采用泉山书社印制之抗敌救国漫画致县立初级中学的训令（一九三九年一月十三日）

閲 一二廿二。

事由：奉令轉飭各教育機關採用泉山書社印制之抗敵救國漫畫廿四幅仰遵照採用由

大田縣政府訓令　字第232號

令縣立初級中學

案奉

福建省政府教育廳出字名廳教丙叙〇〇三三一號代電開：

「案准教育部社會教育司函開：『本部頃准中國國民黨中央執行委員會宣傳部本年十月發宣字第一九四二號函開：據黃紫霞（住址——福建泉州泉山書社）呈為繪就抗敵救國漫畫一集計十二幅，交由福建泉州泉山書社承印，用四開圖畫紙彩色印，每組（十二幅）零售收印刷費四角，郵購掛號另加郵費一角，請予介绍各机关採用并请经查该项漫画内容大致尚佳，除函复外，相应函达，即希查照转知各学校予以採用为荷。」并由查该项漫画对于抗敌宣传尚称合用，除分函介绍外，相应函请贵厅转知各学校及民众教育机关酌予採用为荷」等由，自应予以介绍，除分函外，相应函达查照，即希饬知所属教育机关酌予採用为荷。」

等因，奉此，除分令外，合行令仰该校长酌予採用为要。

此令。

中华民国廿八年一月 日

县长 张××（十三）

大田县抗敌后援分会关于决定出版《大田周报》并定期发行抗敌刊物致县立初级中学的公函（一九三九年四月五日）

福建省抗敵後援會大田縣分會公函　戰勝宣字第70號

中華民國廿八年四月　六日收到

逕啟者：二期抗戰，正在撕殺，鼓勵民氣，加强信念，實爲急需之圖。本會爲欲達成上項要求，除分函全縣各機關學校團體一律組織抗敵後援隊注重活動宣傳，强調並普遍抗敵工作外，並決定發行定期抗敵刊物藉收口誅筆伐之效，爰經決定出版「大田週報」每星期一出刊一次，篇幅暫定報章紙三開張，内容分：名論選輯，一週論評，一週時事，（國内外）一週本縣消息等，并另闢「文藝」「大衆服務」兩欄以提高民衆閱讀興趣，素稔

貴校同仁抗敵情殷，同仇志切，才華文藻，尤所欽仰，敬請隨時惠賜佳作及有關抗建論文或消息，藉光「篇幅」。茲創刊號定于本月十日出版，如承

惠稿，請於八日以前送會，俾便篇印，以後還希源源而來。惟本報目的在求喚起大衆，故對文字應力求通俗淺顯，期使稍識之無之老百姓，一手本報都能閱讀。相應函達，請煩

查照爲荷！。此致

縣立初級中学

主任委員邱剡銘

中華民國二十八年四月五日

福建省教育厅关于要求采用《抗敌正气画集》及《正气歌画集》致大田县立初级中学的训令（一九三九年六月二日）

逕複 六.六

福建省政府教育廳訓令

事由：令仰採用抗敵正氣畫集及正氣歌畫集由

令大田縣立初級中學

案准

教育部社會教育司函開：

「案查正氣出版社出版之抗敵正氣畫集及航空委員會政治部出版之正氣歌畫集，均取材於壯烈事蹟，據以繪畫，令人讀之，可以啟發同仇敵愾之心，激勵民族奮發之氣，各學校及各社教機關可廣為採用，以助宣傳。相應抄同介紹表，函請轉飭各社教機關及各學校採用為荷」

復文時請錄左列字號 歲巳 冬 教 丙

中華民國廿八年六月初六日收到

1-43839

中428

等由；並附介紹表一份。除分別函令外，合行印發原表，令仰採用！

此令。

計附發介紹表一份

中華民國二十八年六月　日

廳長 鄭貞文

優良讀物介紹表

書名	編者	定價	發行處	内容述要
抗敵正氣畫集第一集	梁中銘	二角	長沙司馬里三十二号正氣出版社	共三十節，均取抗戰以來可歌可泣之故事編爲圖畫，旁綴文字，事蹟悲壯，文畫俱佳
正氣歌畫集	梁中銘		航空委員會政治部	根據文天祥正氣歌所叙各忠臣烈士，編爲連環圖畫，畫筆生動，抗戰意識極濃厚

大田县政府关于宣传抗战可利用新剧旧演及新闻旧调之方式致县立初级中学的训令（一九三九年八月二十二日）

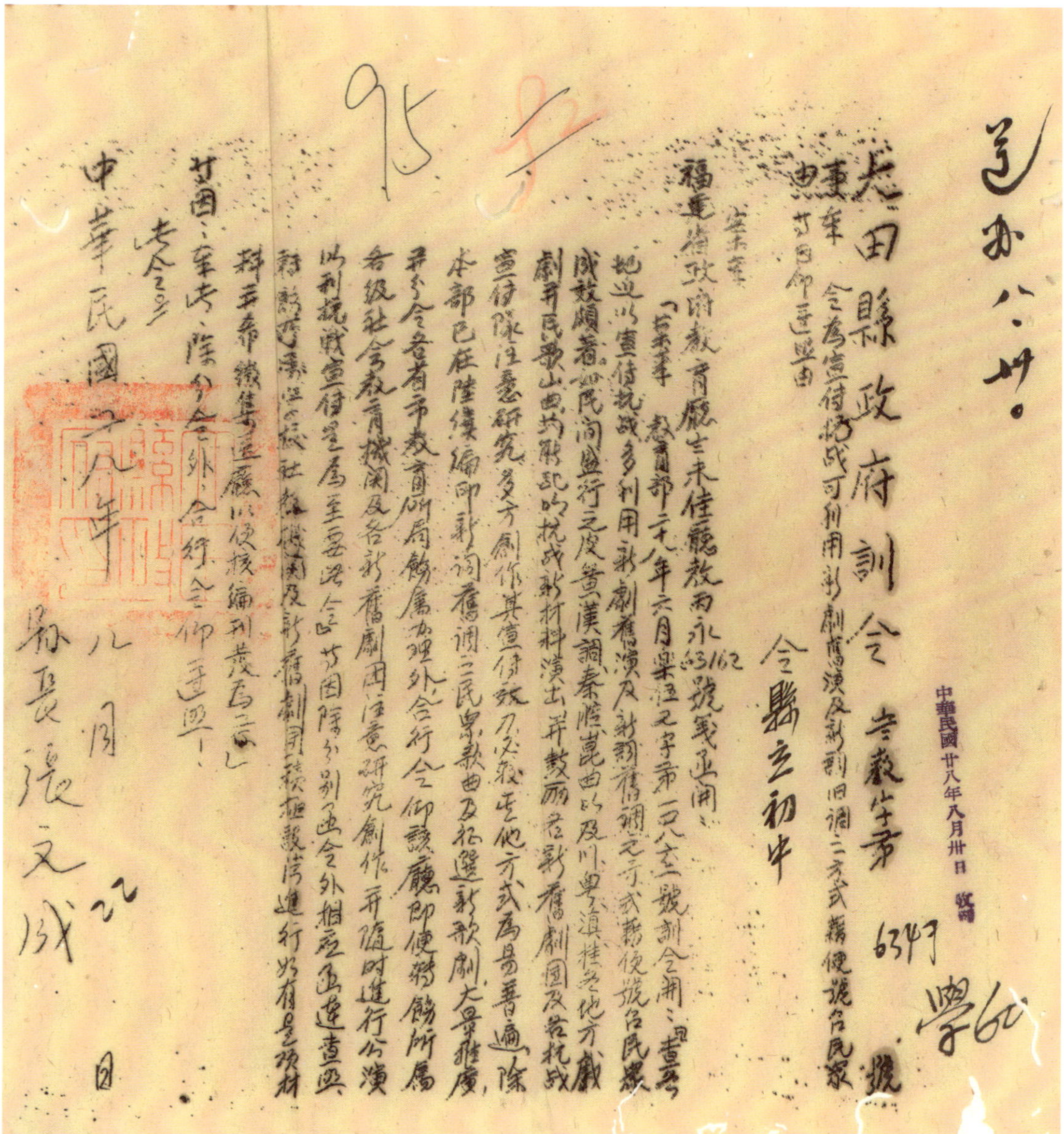

大田縣政府訓令　教字第6347號

事由：令為宣傳抗戰可利用新劇舊演及新詞舊調之方式藉便號召民眾遵照由

令縣立初中

中華民國廿八年八月卅日 收到

案奉

福建省政府教育廳七未佳廳教兩永63162號箋函開：「案奉教育部二十八年六月渠社元字第一五八五二號訓令開：『查各地近以宣傳抗戰多利用新劇舊演及新詞舊調之方式藉使號召民眾，成效頗著。如民間盛行之皮黃、漢調、秦腔、崑曲，以及川、粵、滇、桂各地方戲劇，并民歌、山曲，均能配以抗戰新材料演出，并鼓勵各新舊劇團及各抗戰宣傳隊注意研究，多方創作，其宣傳效力，收效在他方式為最普遍。除本部已在陸續編印新詞舊調之民眾歌曲及抗選新歌劇，大量推廣，并分令各省市教育所屬飭屬辦理外，合行令仰該廳即便轉飭所屬各級社會教育機關及各新舊劇團注意研究創作，并隨時進行公演，以利抗戰宣傳，是為至要！』等因。除分別函令外，相應函達查照，轉飭所屬社教機關及新舊劇團積極設法進行，如有是項材料并希搜集送廳，以便核編刊發為荷！」等由。准此，除分令外，合行令仰遵照！

此令。

中華民國二十八年八月廿二日

縣長　張文成

大田县政府关于举行国民月会时表演抗战戏剧或演奏抗战歌曲以助余兴致县立初级中学的训令（一九三九年十一月十六日）

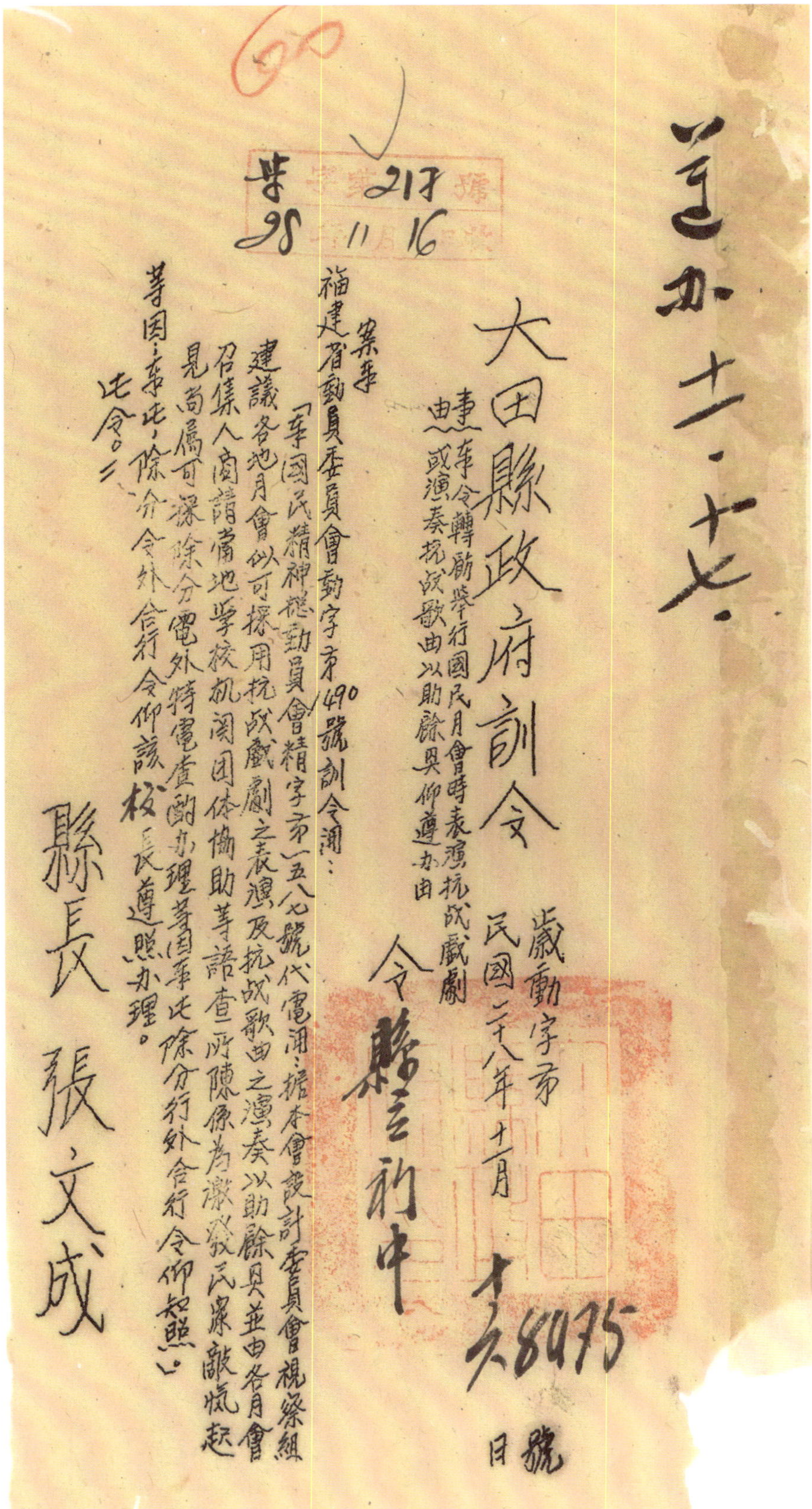

大田縣政府訓令 歲動字第　號

民國二十八年十一月　日

事由：奉令轉飭舉行國民月會時表演抗戰戲劇或演奏抗戰歌曲以助餘興仰遵办由

令縣立初中

案奉

福建省動員委員會動字第490號訓令開：

「奉國民精神總動員會精字第一五八九號代電開：據本會設計委員會視察組建議各地月會似可採用抗戰戲劇之表演及抗戰歌曲之演奏以助餘興並由各月會召集人商請當地學校機關团体協助等語查所陳係為激發民衆敵愾起見尚屬可採除分電外特電查酌办理等因奉此除分行外合行令仰知照」

等因奉此除分令外合行令仰該校長遵照办理。

此令。

縣長 張文成

国民党大田县执委会关于组织抗敌歌咏队致县立初级中学的公函（一九三九年十二月八日）

示尊 組織抗敵歌詠隊 組織之 十二、十一

事由 函請組織抗敵歌詠隊并見復由

中國國民黨福建省大田縣執行委員會公函 書宣字第20號

案奉

福建省執行委員會建戍宣字第二六號訓令開：

案奉 中央執行委員會宣傳部滬英宣字第八三七一號公

函開：「前准國民精神總動員會函開：『案查前據本會設計委員

會視察組建議，音樂歌詠可以鼓勵民氣，奮發精神，國民月會

節目中音樂一環，擬請教育部等機關於最近一月內加緊訓練

民眾歌詠國民精神總動員歌，并聯絡各歌詠團體協助音樂節

目等情，當經函請教育部查照，轉飭各省主管機關積極辦理，以

期普遍推行去後，茲准函復略開：關於加強訓練民眾歌詠普遍

推行一節，已令諭各省教育機關積極辦理，似宜函請中央宣傳

部轉飭所屬各級黨部協同訓練等由，前來相應函請貴部查照

辦理等由。』除分函外，轉函查照辦理等因。奉此，查此案曾經去年七

月以戍宣字第九十一號訓令飭加緊推展全民歌詠運動在案，奉

函前因，除分令外，合行令仰遵照，積極協同當地教育機

闽加紧领导民众，将前此已组织之歌咏干部，予以充实，并推展其工作，间有未组织歌咏干部者，应迅予组织成立。仍将办理情形具报备核为要！此令。」等由，奉此。查组织歌咏干部，扩展全民歌咏运动，曾经本会依同县抗敌分会办理有案。但日久怠出，此项工作，无形停顿。值兹抗战方酣，自应加紧广续进行，藉收宏效。特重新订定推行办法四点如下：（一）请本县各学校各训练班部全体员生中，重新选定歌咏干部，组织歌咏队，定名为县立学校抗敌歌咏队，县立训练班抗敌歌咏队。（二）各歌咏队应于每日早晨一定时间内，练习国歌及其他重要抗敌歌曲或音乐，以为领导民众歌咏之准备。（三）各歌咏队应于县境内任选二日，于该日早晨五时卅分出发，在附近乡镇进行歌咏，如同晨呼队然，藉以唤醒民众。（四）各歌咏队组织至相当健全时，即由本会主同教育行政机关，分区召开抗敌歌咏大会，藉资观摩，而广宣传。奉令前因，除分呈外，相应函请查照办理，并希见复为荷！」

此致

县立中学兼训练班

部长　郑秉康

中华民国二十八年十二月八日

大田县动员委员会关于举行国民月会时应于呼口号后唱精神总动员歌致县立初级中学的训令（一九四〇年一月三十一日收）

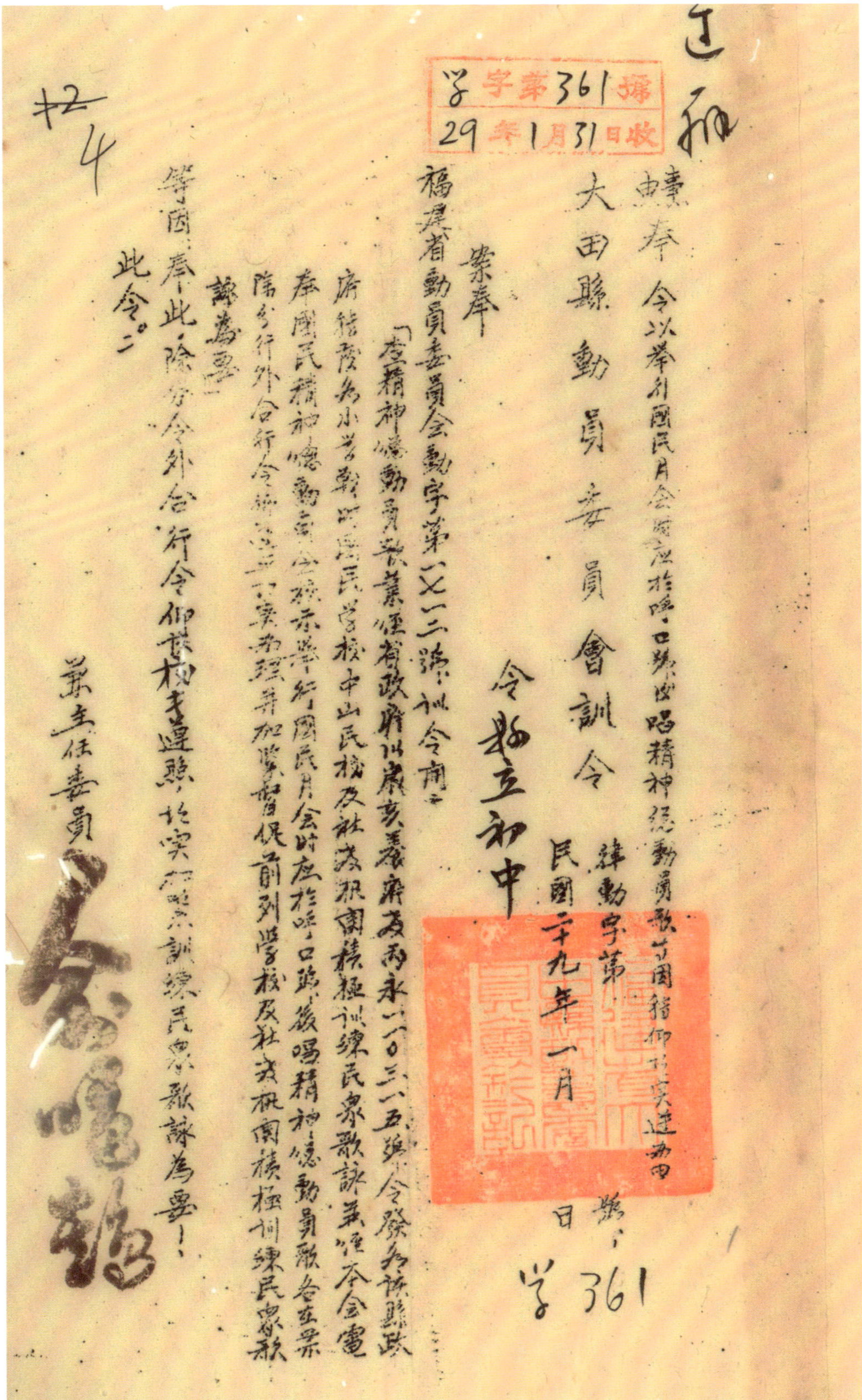
事由：奉令以举行国民月会时应于呼口号后唱精神总动员歌一首仰切实遵办由

大田縣動員委員會訓令　辭動字第　號

令縣立初中　民國二十九年一月　日

案奉

福建省動員委員會動字第一七一二號訓令開：

「查精神總動員歌業經省政府以康亥養府教丙永一〇三八五號令發各該縣政府轉發各小學教職員學生民學校中山民校及社教機關積極訓練民衆歌詠，并經本會電奉國民精神總動員會核示，舉行國民月會時應於呼口號後唱精神總動員歌各在案。除分行外，合行令仰遵照切實辦理，并加緊督促前列學校及社教機關積極訓練民衆歌詠為要。」

等因，奉此，除分令外，合行令仰該校遵照，切實加緊訓練民衆歌詠為要！

此令。

主任委員

国民党大田县执委会、大田县抗敌后援分会关于征集抗敌漫画致县立初级中学的公函（一九四〇年二月二十日）

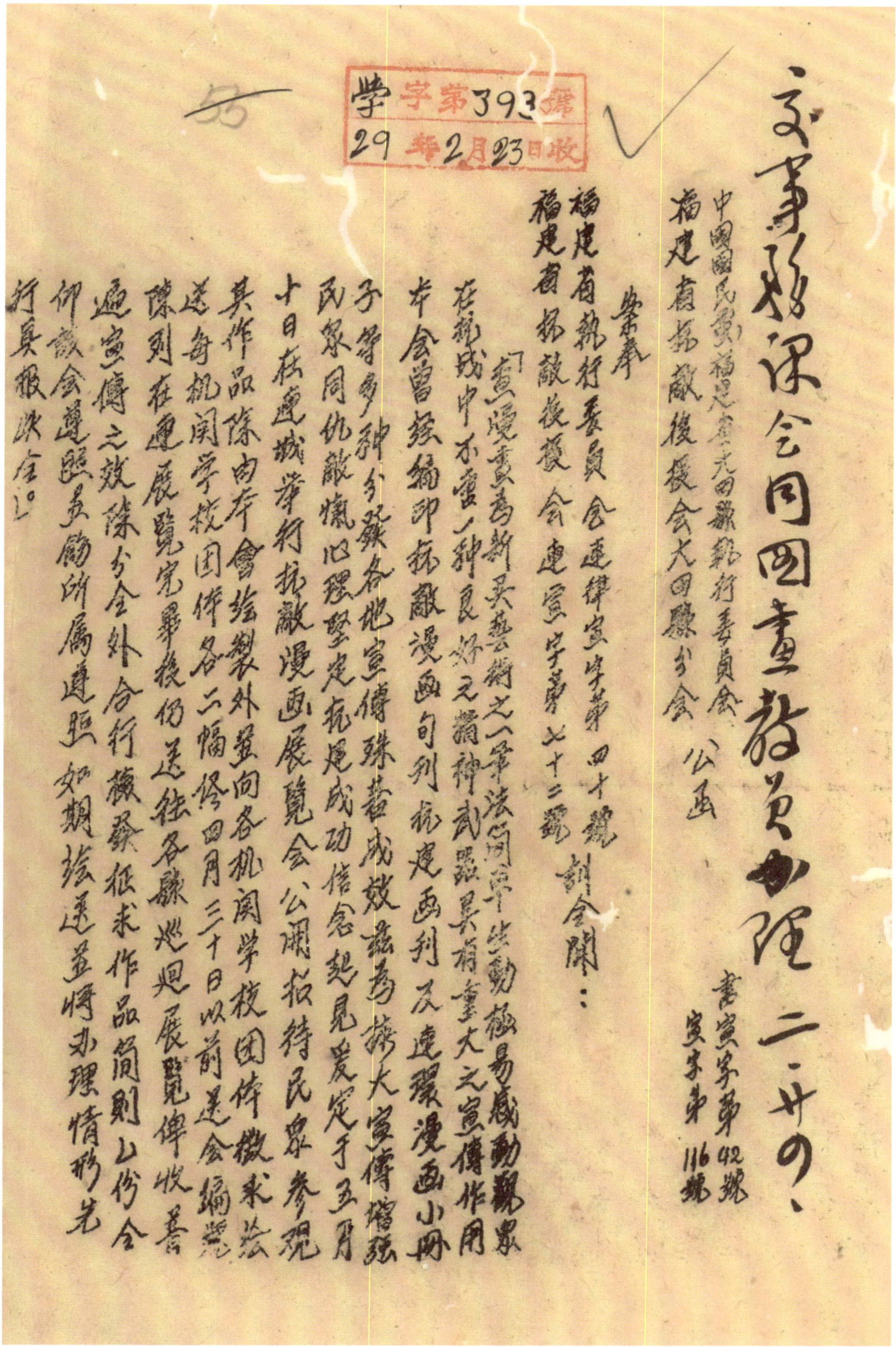
交事務課會同圖畫教員辦理 二.廿四、

中國國民黨福建省大田縣執行委員會
福建省抗敵後援會大田縣分會 公函 書宣字第42號 宣字第116號

福建省執行委員會運宣字第四十號
福建省抗敵後援會運宣字第七十二號 訓令開：

案奉

「查漫畫爲新興藝術之一，筆法簡單，生動極易感動觀衆，在抗戰中不啻一種良好之精神武器，具有重大之宣傳作用。本會曾經編印抗敵漫畫旬刊、抗建畫刊及連環漫畫小冊子等多種，分發各地宣傳，殊著成效。茲爲擴大宣傳，增強民衆同仇敵愾心理，堅定抗建成功信念起見，爰定于五月十日在連城舉行抗敵漫畫展覽會，公開招待民衆參觀。其作品除由本會繪製外，並向各機關學校團体徵求，茲送每機関學校團体各二幅，限四月三十日以前送會編號陳列，在連展覽完畢後，仍送往各縣巡廻展覽，俾收普遍宣傳之效。除分令外，合行檢發征求作品簡則一份，令仰該會遵照並飭所屬遵照，如期繪送，並將辦理情形先行具報此令。」

等因，附發徵求漫画簡則乙份，奉此。事関抗敵宣傳工作，相應抄同簡則乙份，函請

查照，即希轉知所屬，努力創作，如期徵送本会，以便彙轉

展覽，实紉公誼。

此致

縣立初級中学

附徵求簡則乙份

書記長

主任委員

中華民國二十九年二月二十日

附：福建省抗敌后援会举行抗敌漫画展览征求作品简则

福建省抗敵後援會舉行抗敵漫畫展覽徵求作品簡則

一、徵求目的：增強民衆同仇敵愾心理，堅定抗建勝利信念。

二、徵求方法：函請各機關學校團体每單位各惠作品六幅，如能多製尤所感謝。

三、作品內容：以闡揚抗战英勇事蹟，促進精神動員，鼓勵徵服兵役，提倡生產建設及肅奸節約等為重，其他有關抗战建國及揭露敵人陰謀弱點之題材亦所歡迎。

四、作品形式：單幅或連環故事畫均可。

五、作品材料：請用白淨布加着彩色繪製畫面，如用普通粉質顏料並希調以牛皮膠水或於完成時施以一層鬆薄桐油，俾便長久保存與搬運。

六、尺寸大小：橫直四方不拘，單幅最小須四英尺乘四英尺之比，連環故事畫最小須二英尺乘二英尺之比，能儘惠巨型畫尤佳。

七、作品題款：畫題總署作者自便，惟畫端務請書明「福建省抗敵後援會漫畫展覽」。

八、徵求期間：自二十九年二月十五日起至四月三十日止。

九、投寄地點：連城本會宣傳部

十、展覽地點：連城展覽後遞往各縣巡廻展覽。

福建省教育厅关于转发抗敌漫画展览会征求作品简则致大田县立初级中学的训令（一九四〇年三月十四日）

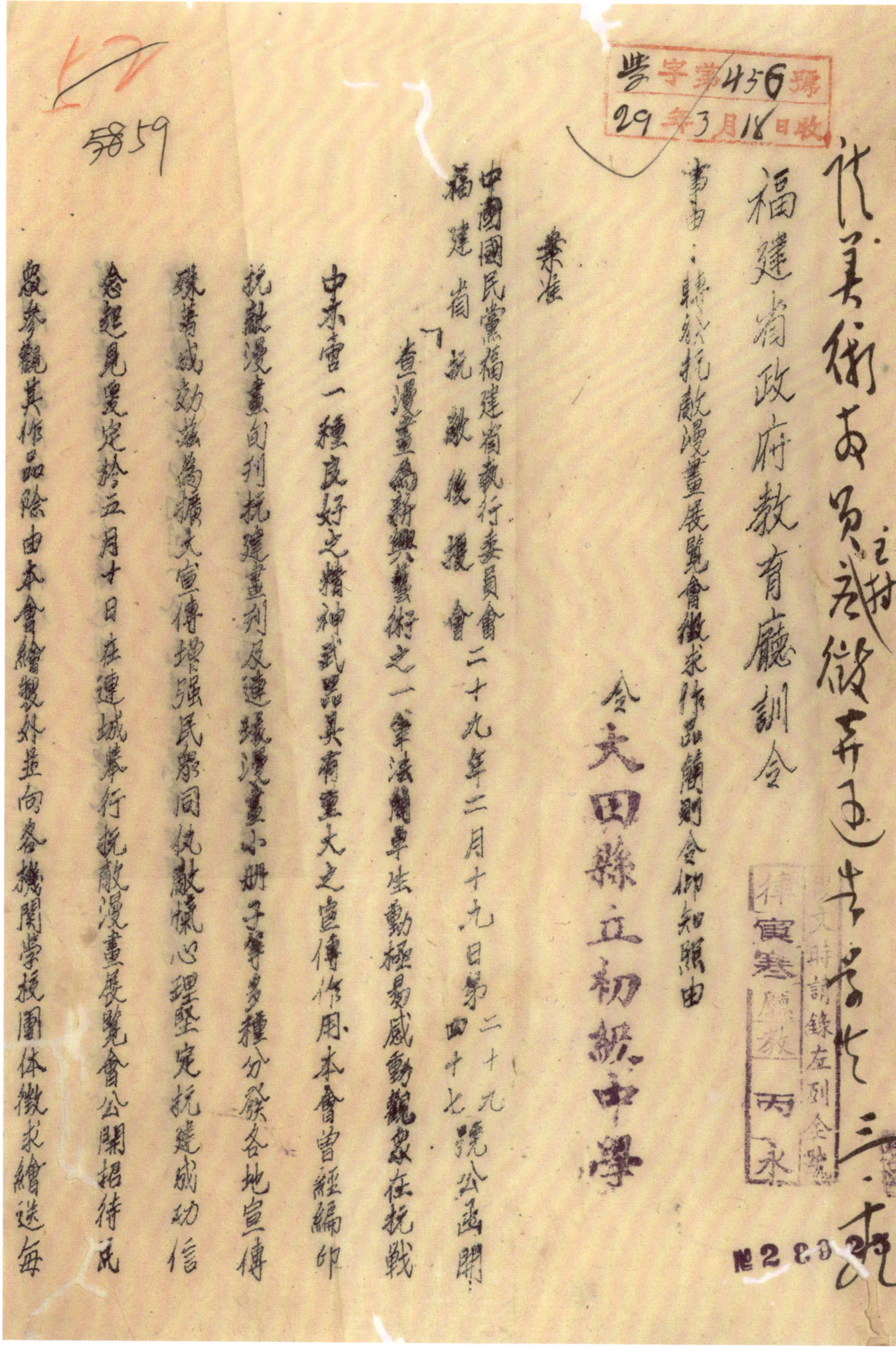
毕字第456號
29年3月18日收

福建省政府教育廳訓令

事由：轉發抗敵漫畫展覽會徵求作品簡則令仰知照由

令大田縣立初級中學

案准

中國國民黨福建省執行委員會
福建省抗敵後援會二十九年二月十九日第二十九、四十七號公函開：

「查漫畫爲新興藝術之一，筆法簡單，生動，極易感動觀衆，在抗戰中實一種良好之精神武器，具有重大之宣傳作用。本會曾經編印抗敵漫畫旬刊、抗建畫刊及連環漫畫小册子等多種，分發各地宣傳，殊著成效。兹爲擴大宣傳，增强民衆同仇敵愾心理，堅定抗建成功信念起見，爰定於五月十日在連城舉行抗敵漫畫展覽會，公開招待民衆參觀。其作品除由本會繪製外，並向各機關學校團体徵求繪送，每

№2839

5960

機關學校團体各二幅，儘四月三十日以前送會編號陳列在連城展覽完畢後仍送往各縣巡迴展覽，俾收普遍宣傳之效。除分函外，相應檢同徵求作品簡則一份，函請查照，希如期惠賜佳作，並轉飭所屬各中等學校一体繪送，共襄盛舉，並盼見復為荷」

等由；並附簡則到廳。除函復並分令外，合行抄發原附件，令仰遵照應徵，並如期送會爲要！此令。

計附發徵求作品簡則一份

中華民國二十九年三月　　日

廳長　鄭貞文

大田县筹备委员会关于邀请参加演奏抗敌歌曲纪念儿童节致县立初级中学的公函（一九四〇年三月二十日）

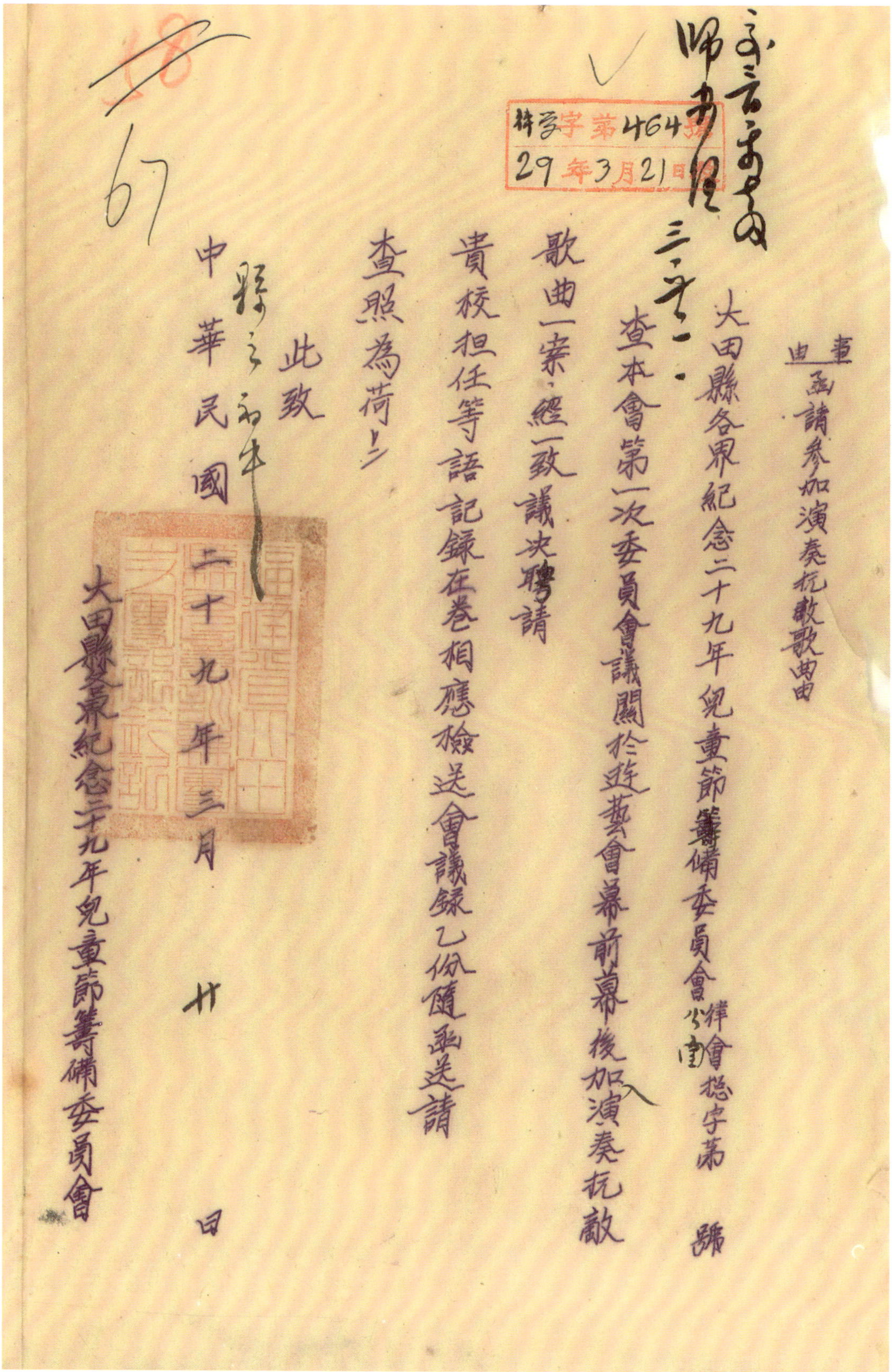
特字第464號
29年3月21日收

事由：函請參加演奏抗敵歌曲

大田縣各界紀念二十九年兒童節籌備委員會公函　律會總字第　號

查本會第一次委員會議關於遊藝會幕前幕後加演奏抗敵歌曲一案，經一致議決聘請

貴校担任等語記録在卷，相應檢送會議録乙份，隨函送請

查照為荷！

此致

縣立初中

中華民國二十九年三月廿日

大田縣各界紀念二十九年兒童節籌備委員會

附：大田县各界纪念一九四〇年儿童节筹备委员会第一次会议记录

大田縣各界紀念二十九年兒童節籌備委員會第一次會議紀錄

時間：三月十八日上午九時

地點：縣政府會議廳

出席者：張嘉翼 陳兆年 池鑑清 留福銀 國民兵團代表鄭作棣 潘介仁

趙以熊 樹滋小學代表韓振東 彭東康

主席：趙以熊 紀錄：蘇德馨

行禮如儀

甲、報告事項（略）

乙、討論事項

一、聘請演講比賽評判員案

議決：函聘彭東康 范震生 葉維泰 趙以熊 潘介仁 吳子坤 王虎臣等七位為評判員。

二、聘請趙希望醫士黃惠星救護醫協助檢驗兒童健康案

議決：通過。

三、聘請遊藝会糾察案

議决：函請警察局派警員負責糾察。

四、遊藝会幕前幕後加入演奏抗敵歌曲案

議决：函請集美職校、縣立初中負責輪流演奏。

五、製贈兒童節禮品案

議决：製贈油餅六百包（每包五分）。

六、兒童健康比賽應如何分組案

議决：分甲乙兩組。三足歲一個月至五足歲兒童為甲組，六個月至三足歲兒童為乙組。々

組各取五名。

七、兒童抗敵演講比賽，應否分組案

議决：分甲乙兩組。以五六年級學生為甲組，一二三四年級學生為乙組。每組各取三名。

八、演講比賽各單位參加人數及各組演講時間應如何規定案

議决：每單位每組限二人。演講時間，甲組每人限五分鐘，乙組每人限四分鐘。

九、本会應如何製獎品案

議決：（一）由会向各界徵求，並由会彙齊分配獎給之。

（二）由会製贈獎旗四面獎給各組第一名，其餘各名獎以實用品。

散会 十時半

大田县抗敌后援分会关于举行抗敌漫画预展致县立初级中学的公函（一九四〇年四月二十九日）

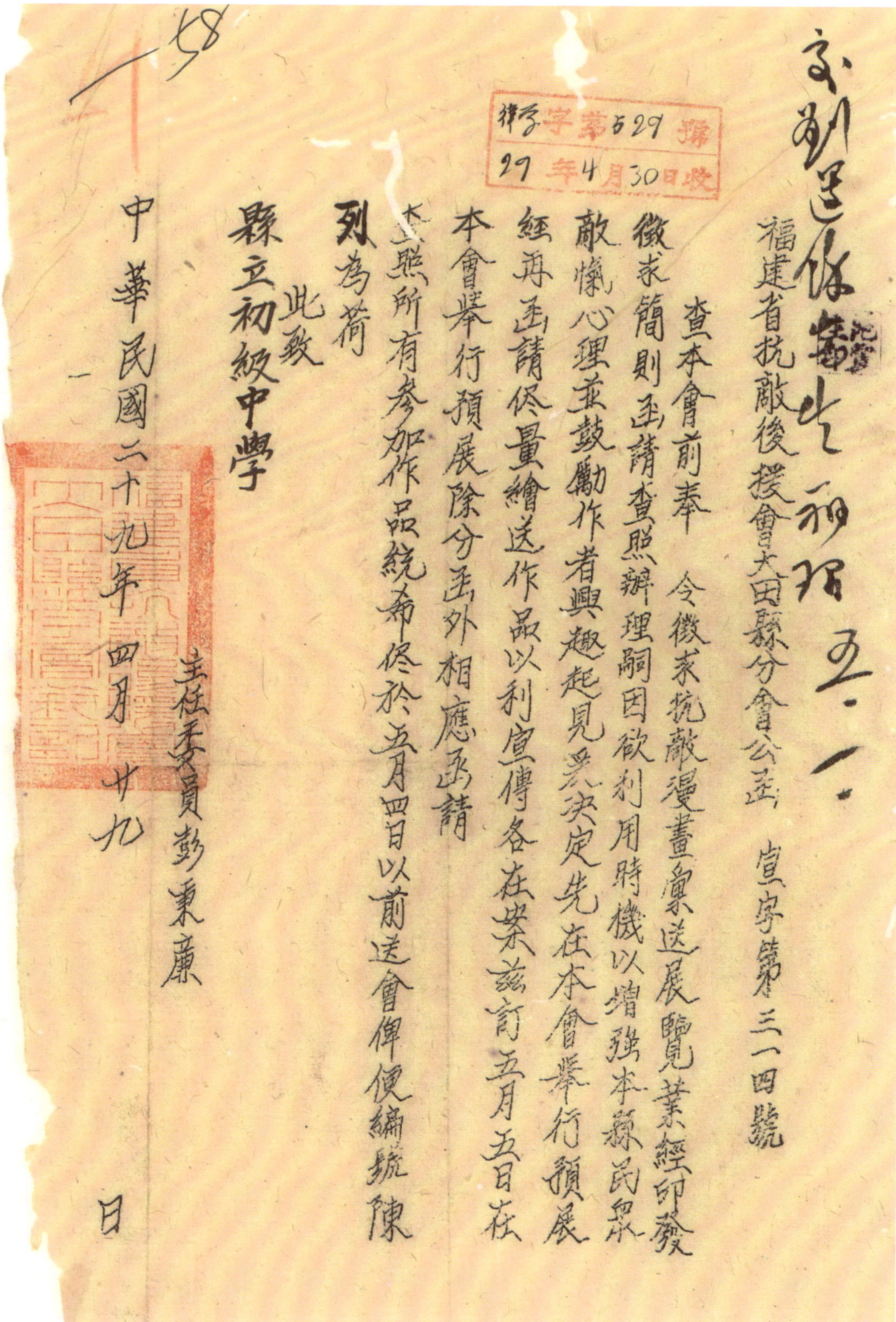

福建省抗敵後援會大田縣分會公函　宣字第三一四號

查本會前奉
令徵求抗敵漫畫彙送展覽業經印發
徵求簡則函請查照辦理嗣因欲利用時機以增強本縣民衆
敵愾心理並鼓勵作者興趣起見爰決定先在本會舉行預展
經再函請儘量繪送作品以利宣傳各在案茲訂五月五日在
本會舉行預展除分函外相應函請
查照所有參加作品統希儘於五月四日以前送會俾便編號陳
列為荷

此致

縣立初級中學

主任委員彭東康

中華民國二十九年四月廿九日

律字第529號　29年4月30日收

大田县政府关于转发福建省战时文化展览会章程致县立初级中学的训令（一九四〇年七月十一日收）

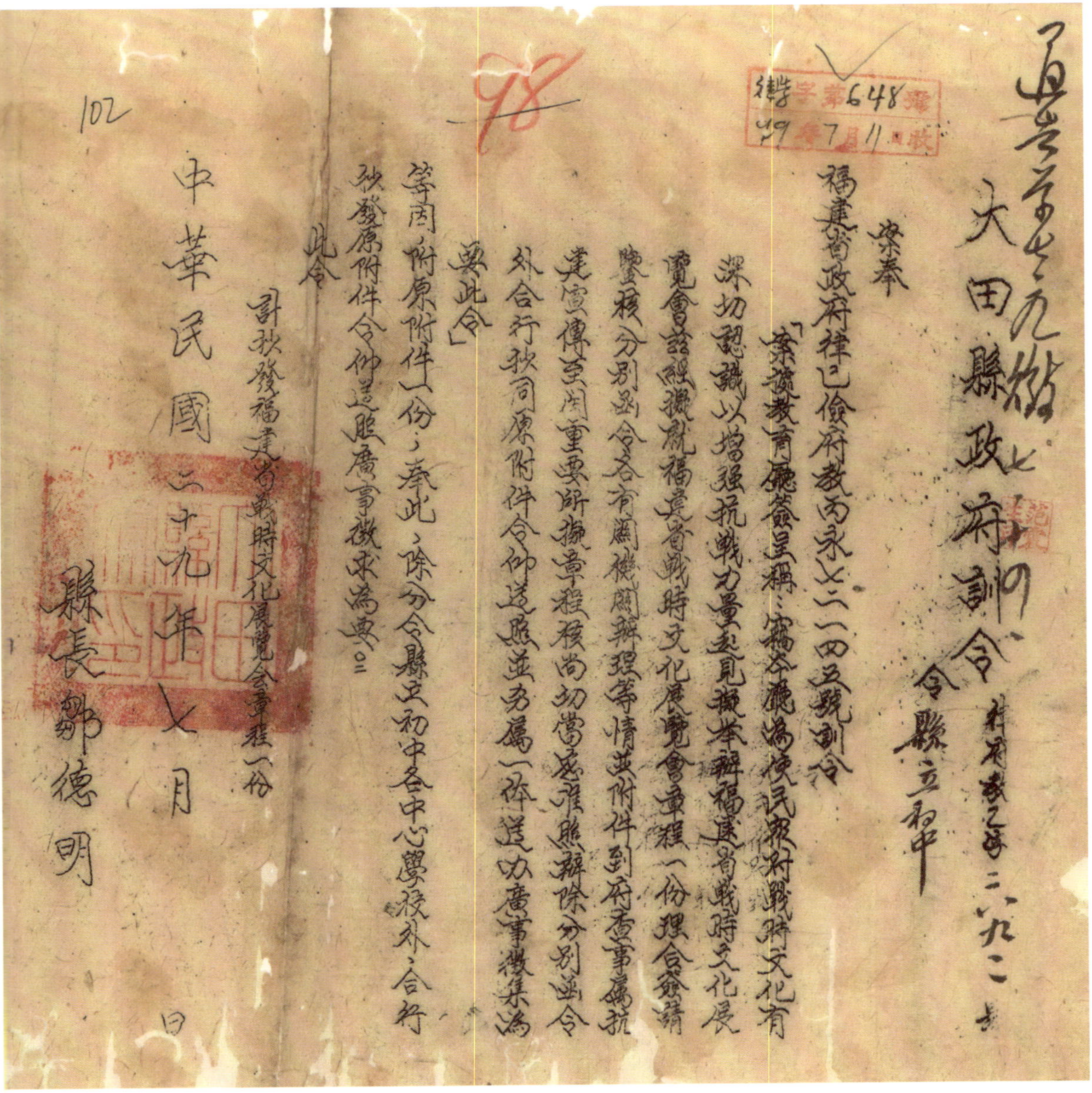
道字第九號

大田縣政府訓令　府教乙字第二八九二號

令縣立初中

案奉

福建省政府律巳儉府教丙永乙二一四五號訓令：

「案據教育廳簽呈稱：『竊本廳為使民眾對戰時文化有深切認識，以增強抗戰力量起見，擬本年辦福建省戰時文化展覽會，茲經擬就福建省戰時文化展覽會章程一份，理合簽請鑒核，分別函令各有關機關辦理』等情，並附件到府。查事屬抗建宣傳，至關重要，所擬章程，核尚切當，應准照辦。除分別函令外，合行抄同原附件，令仰遵照，並分行所屬一體遵送，以廣事徵集為要。此令。」

等因，附原附件一份。奉此，除分令縣立初中各中心學校外，合行抄發原附件，令仰遵照，廣事徵求為要。

此令。

計抄發福建省戰時文化展覽會章程一份

中華民國二十九年七月　日

縣長　鄒德明

福建省戰時文化展覽會章程

[一] 福建省政府教育廳（以下簡稱本廳）為發揚抗戰時文化，宣揚抗戰意識，以增強力量起見，特舉辦福建省戰時文化展覽會（以下簡稱本會）。

[二] 本會由本廳派員組織籌備會主辦之。其組織規則另定之。

[三] 本會展覽品範圍分為左列三類：

第一類　戰時文獻

1、關於發揚民族精神忠勇義烈事蹟之實物、照片、書刊、圖畫。

2、關於暴露敵軍殘暴事實之實物、照片、書刊、圖畫。

3、關於抗戰建築物有被損之圖片、模型，以與閩省有關係者為限。

4、關於宣傳抗戰建國文藝之書刊、圖畫、照片。

5、其他有關抗戰文獻之書刊、圖表、模型、照片。

上列各種展覽品，不以現代為限。

第二類　戰時縣動員及新生活運動實施概況

1、关于精神总动员实施概况之报告及图表照片。
2、关于新生活运动举行概况之报告及图表照片。
3、关于提倡新生活之各种模型。
第三类　战时教育类
1、各级教育行政机关战时教育实施方案或计划。
2、各级教育机关出版刊物。
3、各种教学标本及教具模型。
4、各种战时教育实施概况、实验报告、统计图表、照片。
5、各种教育机关建筑模型、设计图、照片。
［四］本会展览品向各级学校及有关机关或个人征集之。
［五］本会筹备及展览期间规定如左
(一)自即日起至九月三十日止为征集期间

(二)自十月一日起至十月五日止為審查期間。

(三)自十月六日起至十月九日為陳列期間。

(四)自十月十日起至十月十四日止為展覽期間。

(五)自十月十五日起至十一月三十日止為結束及發還展覽品期間。

但應徵展覽品經本会認為有永久陳列或有巡迴展覽之價值者得暫緩或不予發還。

(六)應徵展覽品應於九月十日以前依左列報告表格式先行填寫二份函送本会籌備会(永安城内曼公街教育廳內[illegible])

福建戰時文化展覽会應徵展覽報告表

出品者　　　　通訊處

類別	品名	件數	附註

〔七〕應徵展覽品，每件均須附以標籤，以憑核驗。其標籤由出品者依左列式樣自制衣之

105

← 十公分 →

號數	
福建省文化展覽品	
類別	
品名	
出品者	
出品者住址	
價值	
備註	

↑ 六公分 ↓

說明

一、紙質用國產厚毛邊紙

二、紙幅橫十公分長六公分

三、繕寫用墨筆楷字

四、印刷用油印

五、號數欄空留備本會編編

〔八〕應徵展覽品，凡屬各省區縣學校機關或個人出品者，應逕由主管政府機關彙集送，其他學校機關得直接寄送，均應於九月底以前，送達本會籌備會。

〔九〕應徵展覽品倘有中途損壞，或送達本會籌備會後，遇有天災或意外損失，本會不負賠償責任。

〔十〕各機關學校製送展覽品所需經費，得就原有經費項下作正開支；其地方政府所需徵送展覽品之經費，得由地方預備金項下呈請開支。

〔十一〕應徵展覽品須經本會審查後，方予陳列。

〔十二〕本會展覽品，於本會展覽後，得選送參加各種展覽，其選送展覽辦法另定之。

〔十三〕應徵展覽品，如經本會認為確屬優良者，得給予獎狀，以資鼓勵。

〔十四〕本會會址[illegible]安[illegible]內政廳。

107

〔十五〕本會應需由本廳核給其預算由籌備會擬定呈核

〔十六〕本章程經呈請省政府核准後通令施行。

大田县立初级中学关于奉令选送飞机高射炮模型致福建省教育厅的呈（一九四〇年九月三十日）

26
30

大田县立初级中学公文稿纸

来文	文别： 字第 号	月 日收文	校长	事由
去文	文别：呈 字第 号	九月卅日拟稿	主任	呈为奉令选送飞机高射炮模型请核备由
送达机关	教育厅	月 日缮写校对	拟稿	
附件	另文	九月三十日封发	缮写校对	

挂号总号数 律字第181号

案奉

钧厅律卯卅厅字第○九○○○四号代电抄发全国小学部学生自制飞机及高射炮模型展览会办法，仰遵照等因附发展览会办法一份。又奉

31

钧厅肆未感厅教丙示字九七九一九号代电饬依限呈送自
制飞机高射炮模型以凭选送等因。兹查本校
级学生自制于劳作课内自制前项模型以备（飞机）选送。现依限
检同已达成品，呈送飞机高射炮模型各一件，理合填具报
告表一份，随文呈请
察核备查。
谨呈
福建省政府教育厅厅长郑
附呈送飞机高射炮模型报告表一份
（飞机）模型照片原一张
衔名

附：全国中小学生自制飞机高（射）炮模型展览会应征展览品报告表

27
32

~~全國中小學學生自製飛機高射砲模型~~
福建省戰時文化展覽會應徵展覽品報告表

出品者：大田縣立初級中學

通訊處：大田縣城內文廟邊本校

類別	品名	件數	附註
~~國畫~~	~~國畫~~	~~一件~~	
模型	飛機	一件	
模型	高射砲	一件	

大田县政府关于要求选送自制飞机高射炮模型致县立初级中学的训令（一九四〇年十月十八日收）

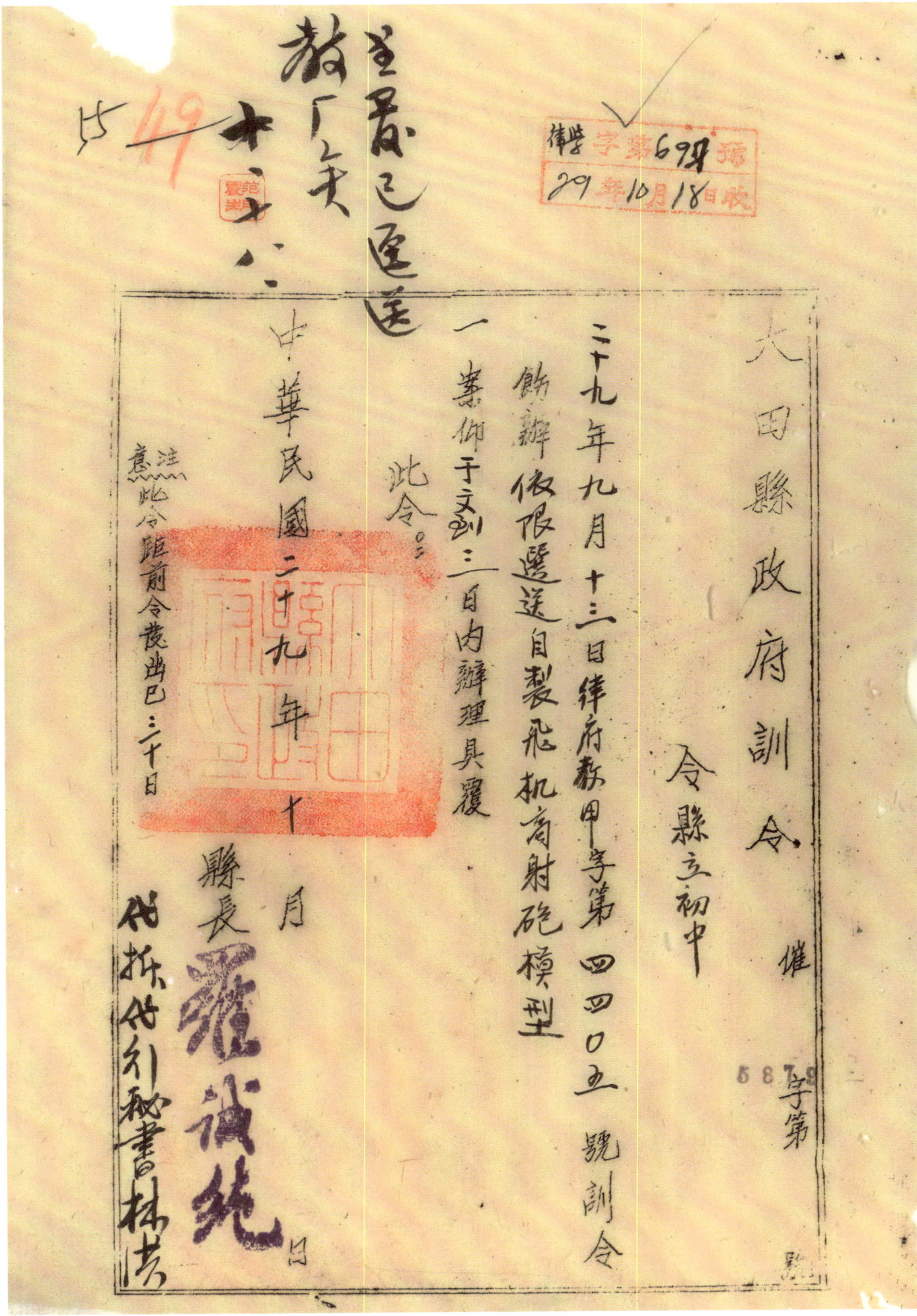

大田縣政府訓令 催字第 號

令縣立初中

二十九年九月十三日律府教甲字第四四〇五號訓令飭辦依限選送自製飛机高射砲模型一案仰于文到三日內辦理具覆

此令。

中華民國二十九年十月 日

縣長 羅誠純

代拆代行秘書 林忠

注意 此令距前令發出已三十日

字第698號 29年10月18日收

呈覆已匯送教厂矣 十、十八

福建省政府关于奉令抄发追悼为抗战而牺牲之文化界人士办法致大田县立初级中学的训令
（一九四一年五月二十四日）

福建省政府訓令

事由：奉令抄發追悼為抗戰而犧牲之文化界人士辦法等令仰遵照由

令大田縣立初級中學

教育廳案呈奉

教育部三十年四月八日社字第一三四八一號訓令開：「案准中央宣傳部文化運動委員會三月五日函開：『溯自全面抗戰以來，我文化界同仁或親詣前方，或深入敵後，冒烽火，歷艱辛，致力戰時工作，對敵偽之陰謀作盡情之揭露，以致觸怒敵奸，殺身成仁，捨生取義者，比比皆是。其在大後方宣傳抗戰建國工作，致遭敵機轟炸而犧牲，或因積勞而身故者，亦所在多有。跡其不屈不撓、壯烈殉職之精神，真可以驚天地而泣鬼神，允宜將死難者之事蹟，從各方面加以調查搜集，俾克訂期舉行追悼大會，藉表榮哀，而示悼念。本會有見及此，爰有「追悼為

115

抗戰而犧牲之文化界人士辦法」之制定，除分函外，相應檢同原辦法及調查表各一份，函達查照，即希按照原辦法第二項第四款之規定，請通飭各教育機關調查具報，轉送到會，以憑彙集齊全再行訂期集會追悼，是爲至荷」等由：自應照辦。除分令各省教育廳及本部各直屬機關學校外，合行抄發原件，令仰查明填報。」並轉飭所屬查報」等因，並附件，奉轉到府。除分令各區行政督察專員、各縣政府、各特種區區署、各級學校及各社教機關外，合行抄發原附件，令仰查填，報候彙轉。

此令。

計附發中央文化運動委員會追悼爲抗戰犧牲之文化界人士辦法及調查表各乙份

中華民國三十年五月　日

主席　陳儀

中央文化運動委員會追悼為抗戰而犧牲之文化界人士辦法

一、本會為追悼因抗戰而犧牲之文化界同仁，特開追悼大會以示悼念，其籌備手續，依本辦法規定辦理之。

二、先製調查表（表式附後）從事調查，由下列各方面分任調查工作：

1. 分函本會各委員，有就所知，填表送會。

2. 分函全國性之各文化團体委託調查，填表送會。

3. 請中央宣傳部電知各省市黨部代為調查，並轉飭所屬各文化團体限期具報。

4. 請教育部通飭各教育機關調查具報。

三、追悼會日期俟各省市報會彙集再訂。

四、組織委員會辦理審查各方呈報之調查表及大會籌備事宜。

五、其他事務，由本會秘書處負責辦理之。

福建省政府关于颁发本省战时教育处理办法大纲致大田县立初级中学的训令（一九四一年七月七日）

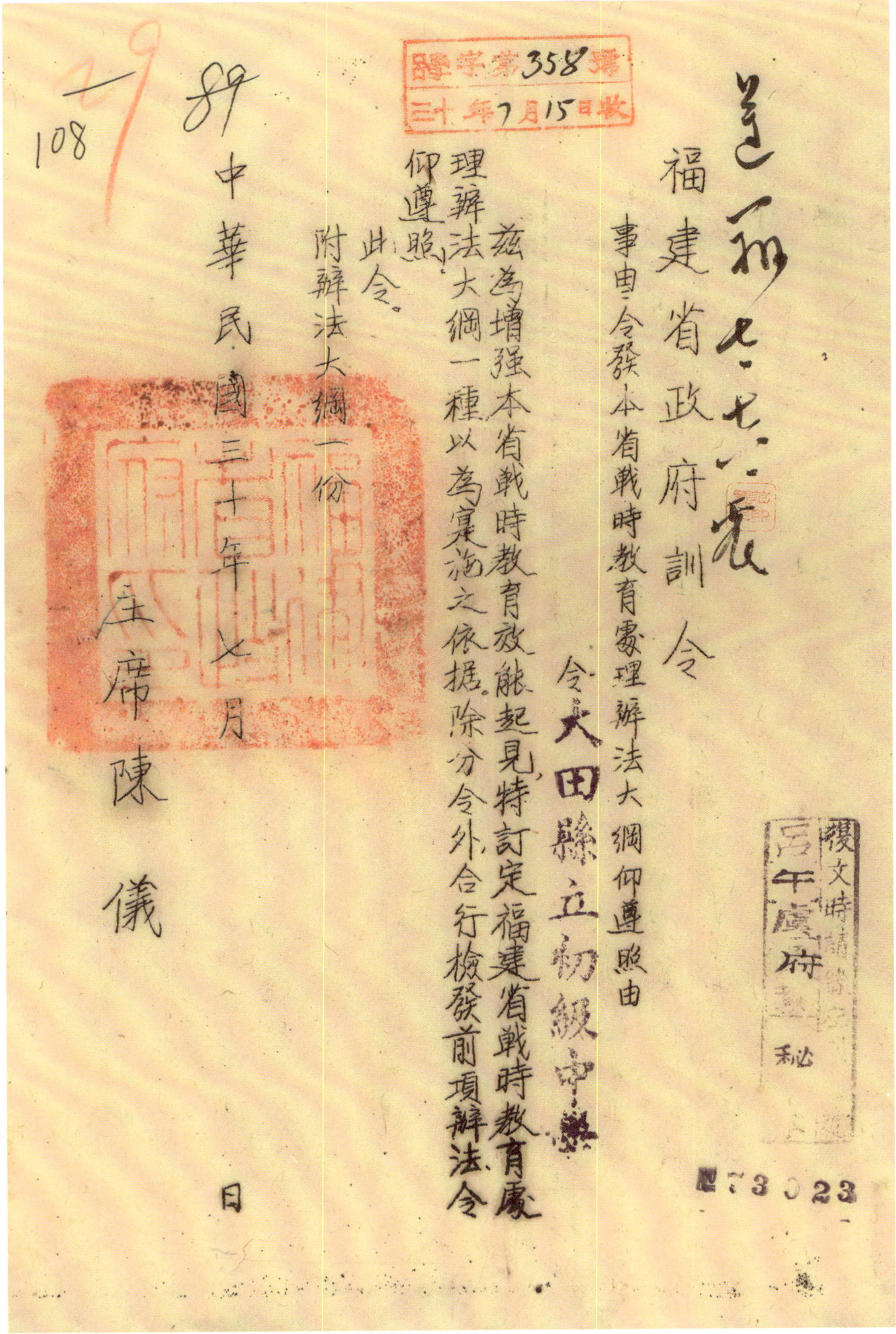

福建省政府訓令

事由：令發本省戰時教育處理辦法大綱仰遵照由

令大田縣立初級中學

茲為增强本省戰時教育效能起見，特訂定福建省戰時教育處理辦法大綱一種，以為實施之依據。除分令外，合行檢發前項辦法令仰遵照。此令。

附辦法大綱一份

中華民國三十年七月　日

主席　陳儀

福建省戰時教育處理辦法大綱

甲、中等教育

一、戰區及鄰近戰區中等學校之遷移依左列規定辦理：

1、各校遷移地点由省就後方適宜縣份分别指定。

2、各校應籌措緊急準備費備作遷移之用。

3、各校遷移經過地点，所在地縣政府應予協助，必要時由省派員指導。

4、各校重要設備應由校自行遷移，無力籌措遷運費者，得由省貸給，如原校停办，前項設備得由省撥借臨時中學應用。

5、成績優良之私立學校，遷移後方經費確屬困难者，由省酌予補助，其任意解散之學校，即予停辦，原有員生由省收容。

二、戰區及鄰近戰區各校員生之收容救濟依左列規定辦理。

1、原校遷移後方，學生應隨校遷移，但有特殊情形經核准後得向後方各校借讀。

2、原校停辦者，其學生由省臨時中學收容，能自備膳費者，得向後方各校借讀。

3、學生應携帶書籍、被帳、服裝等必需品，隨校遷移。

4、戰區及鄰近戰區初中或小學畢業生有志升學初高中而無力負担學膳費者，應投考臨時中學。有志升學師範者應儘先分配簡師、簡易師範科或本科及乙種、

簡易班（升學師範者，如無力負担任何費用由省發給赴校旅費并津貼書籍學用品等費）

5、各校籍隸戰區及鄰近戰區縣份之學生，暫時無力繳納膳費者，得声請短期膳食貸金，於學期内清還。其無力負担膳食者，由省照師範生待遇供給膳食，暑期則留原校予以訓練。

6、各校教職員應隨校遷移，旅應費由校負担，原校停辦者由省分配工作，其赴任旅費由政府發給，必要時得予貸款分期清還。

三、後方各校應照常上課，但得斟酌情形變更教學時間或疏散郊外，利用環境教學。

乙、國民教育

一、全部淪陷縣區之小學教師及地方教育行政人員由省指定縣份予以登記救濟，並遴選一部加以訓練後派回原服務區域實施戰區教育。

二、局部淪陷之縣區距前線五十里以上之學校應照常維持，但得變更教學時間，必要時由省補助經費。

三、鄰近戰區各小學應準備學生借讀証，於緊急時發給，備赴後方各校借讀。

丙、特種教育

一、全部或局部淪陷之縣施特教縣份應以原有特教人員推行戰區教育。

六、鄰近戰區之中山中心及國民學校應加緊自衛訓練，並設法與戰區教育工作人員秘密通訊，交換情報。

丁、社會教育

一、遣派教育廳各巡迴施教團出發戰區服務，担任慰勞傷兵，搶救难童，振濟義民及拍攝抗戰影片等工作。

二、登記戰區社教机關工作人員，加以組訓後，派赴戰區辦理民衆組訓，從事秘密宣傳及搶運重要文献等工作。

三、鄰近戰區縣份社教机關應將重要設備及當地文献準備遷運後方，交社教机關保管應用。

福建省教育厅关于迅报战区及后方运出图籍器物暨历年散失损毁及现存图书目录致大田县立初级中学的训令（一九四一年七月十八日）

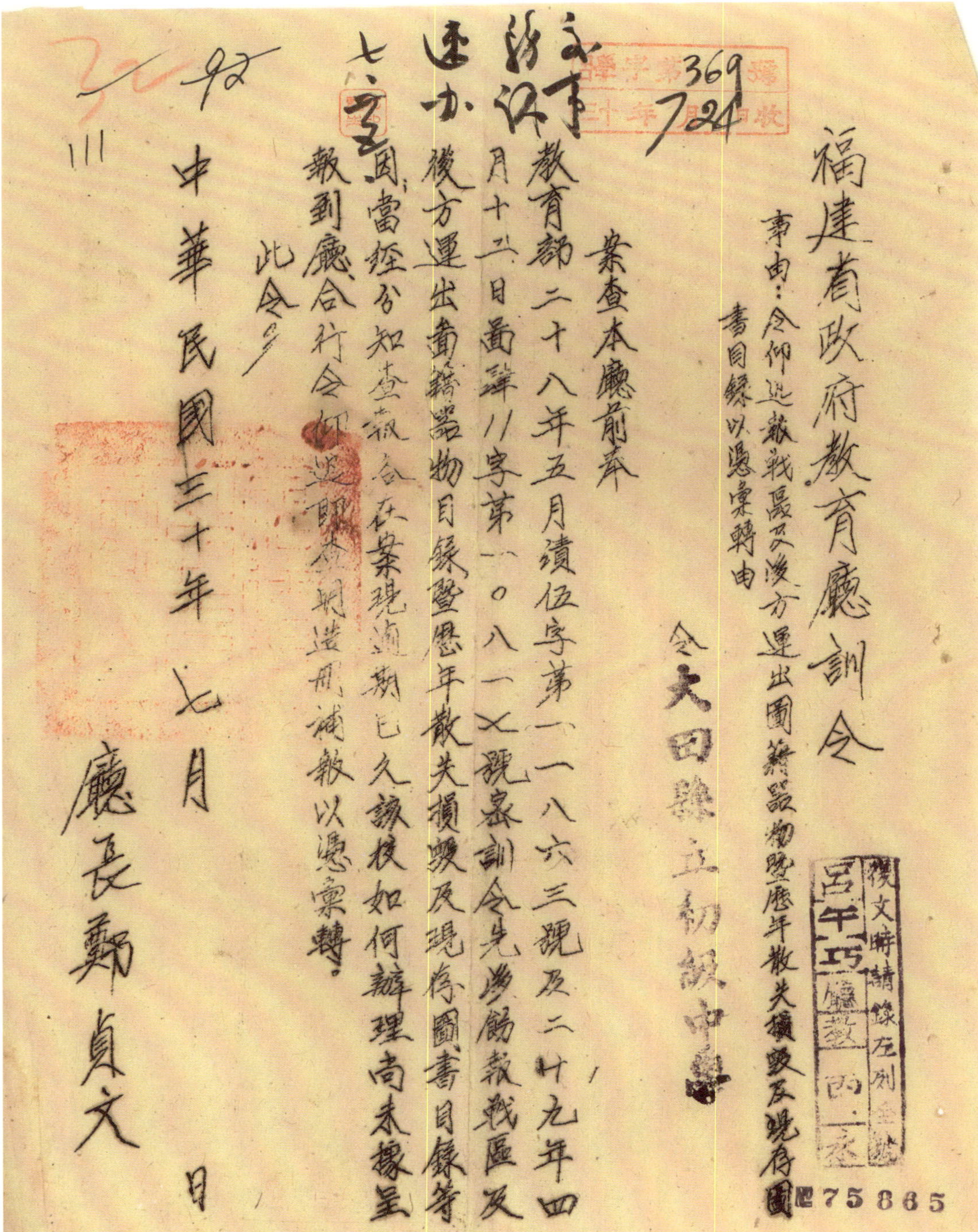

福建省政府教育廳訓令

事由：令仰迅報戰區及後方運出圖籍器物暨歷年散失損毀及現存圖書目錄以憑彙轉由

令大田縣立初級中學

案查本廳前奉

教育部二十八年五月渭伍字第一一八六三號及二十九年四月十二日畫肆川字第一〇八一七號兩訓令，先後飭報戰區及後方運出圖籍器物目錄暨歷年散失損毀及現存圖書目錄等因，當經分知查報各在案。現逾期已久，該校如何辦理，尚未據呈報到廳，合行令仰迅即分別造冊補報，以憑彙轉。

此令。

中華民國三十年七月　日

廳長鄭貞文

福建省教育厅关于转达不得采用成都开明书店最近出版之战时模范国文选致大田县立初级中学的训令
（一九四一年九月三日）

福建省政府教育廳密訓令

事由：奉令轉知成都開明書店最近出版之戰時模範國文選不得採用由

令大田縣立初級中學

案奉

教育部三十年七月廿三日中字第28246號訓令開：「案據四川省教育廳密呈稱：『案據地方教育視導員袁秉書本年三月二十一日呈稱：查成都開明書店最近出版之戰時模範國文選，為中學教材及自修適用，宋雲彬、傅彬然合編，所選多左傾言論，既不載出版年月，又非教部審定，職於視導所至中等學校，除商同學校停授外，理合呈請設法取締等情，據此。當經向該書店函索該項國文選一冊到廳，經審核結果，確多偏激言論，應予嚴禁發售，除通令所屬各校不准採用外，理合檢同是項國文選呈報鑒核，准予嚴令取締，實為公便。』等情，據此，除函請中央圖書審查委員會查禁並分令外，合亟令仰該廳轉飭所屬各中等學校不得採用為要。」等因；除分令外，合亟令仰遵照，此令。

中華民國三十年九月　日

廳長鄭貞文

福建省教育厅关于转发抗建艺术作品竞赛展览会征求作品办法致大田县立初级中学的代电（一九四一年十一月十五日）

福建省政府教育廳代電

事由：轉發抗建藝術作品辦法電仰遵照由

大田縣立初級中學：

案准第三戰區戰地黨政委員會分會戰地宣傳委員會三十年十月二十五日黨宣字第一七二五號公函開：「查藝術宣傳，在抗建期中，極關重要，東南各省，素稱文化薈萃之區，定多抗建藝術傑構，亟應集中展覽，藉廣宣傳，本會有鑒於斯，特舉辦抗建藝術作品競賽展覽會，訂於民國三十一年元旦日在江西上饒舉行公展，茲檢奉征集戰地藝術作品辦法一份，即祈貴廳代為廣事徵集，並盼將各項藝術珍品於本年十一月廿五日以前郵寄過會（江西上饒皂頭），以便編號公展，除分函外，相應函請查照辦理見復為荷」等由，並附辦法到廳，除函復並分電外，合行抄發原附件一份，電仰遵照辦理。省政府教育廳

附徵集戰地藝術作品辦法一份。

中華民國三十年十一月　日

116970

第三戰區黨政分會
戰地宣傳委員會舉辦抗建藝術作品競賽展覽會徵求作品辦法

一、作品內容：
(1)闡揚本黨主義及戰時國策者
(2)暴露敵偽陰謀及獸行者
(3)提倡戰時節約者
(4)關於軍民合作者
(5)關於慰勞前方將士及軍民家屬者
(6)關於徵募寒衣者
(7)宣傳國民精神總動員及新生活運動者
(8)宣傳國民公約者
(9)宣傳戰時農村建設者
(10)宣傳國防建設者
(11)含有美化戰時國民生活及情形者
(12)其他

二、種類
(1)中國畫
(2)漫畫：(1)墨畫(2)鋼筆畫(3)炭畫(4)腊筆畫(5)其他
(3)油畫：(1)布質(2)紙質(3)其他
(4)水彩畫：

(5)版畫：(1)木刻(2)銅刻(3)石刻(4)磚刻(5)鏤蝕(6)其他
(6)粉畫：
(7)工商業美術：(1)圖案(2)腊染(3)漆板(4)其他
(8)彫塑：(1)浮彫(2)立體(3)其他

三、(1)徵集手續：凡應徵者請儘於本年十一月十五日以前將作品寄交江西上饒本會。
(2)凡應征之件於郵寄時必須用油紙包裹外，再包厚紙，如需退者並應於作品背面書「歸還」字樣。
(3)應徵者郵費由本會担任。

四、評判：所有陳列作品，由本會於展覽期間，聘請國內名人及專家評判，評批標準另訂之。

五、給獎：(1)綜合獎：計三名，第一名獎現金弍百元，第二名壹百元，第三名五十元。
(2)分類獎：每類各三名，各獎物品若干種。
(3)其餘經陳列之作品概發給紀念章一枚。

大田县军民合作站指导分处关于端节劳军运动筹备会与举行军民联欢游艺会致县立初级中学的函
（一九四三年六月一日）

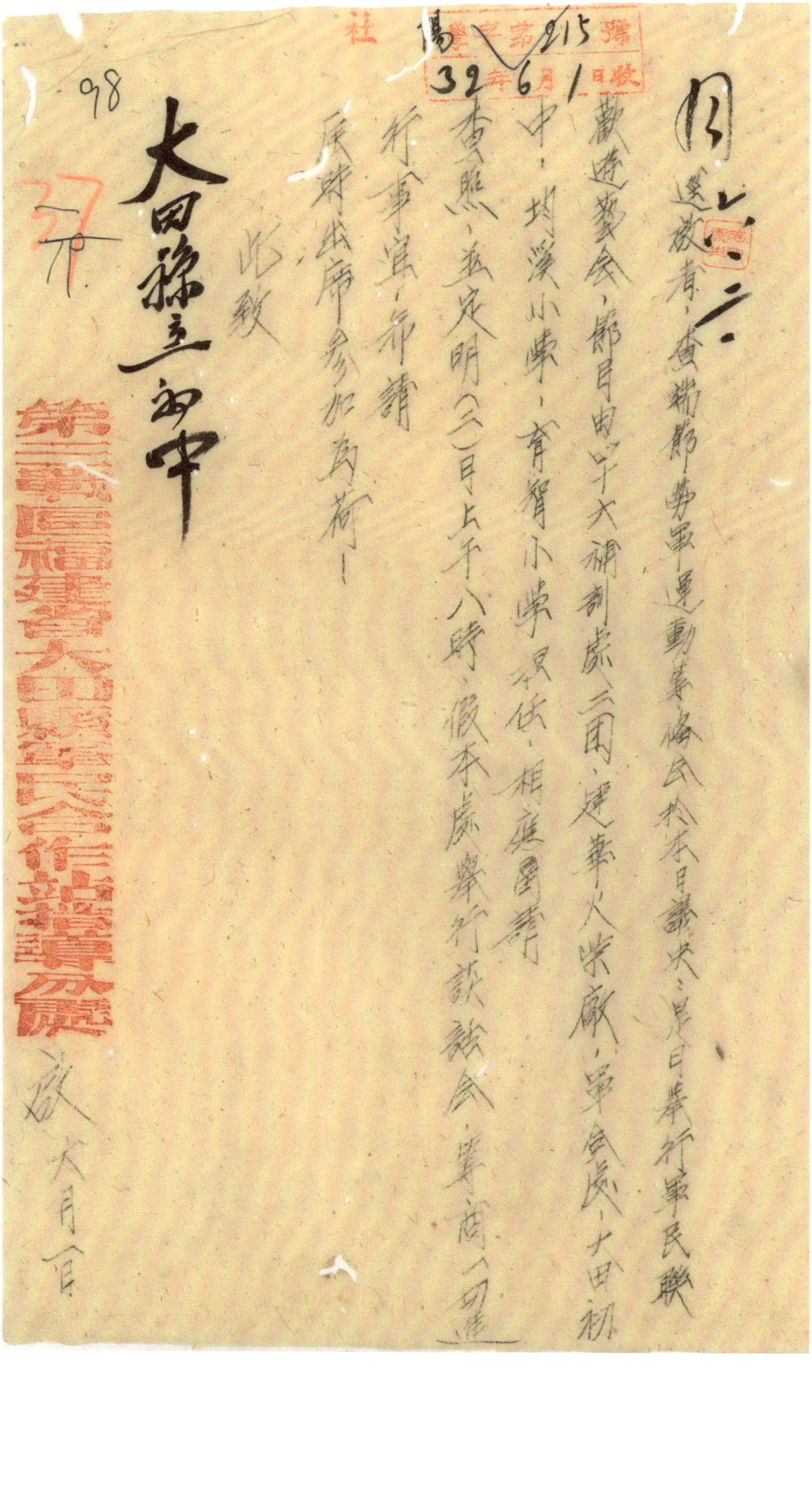
逕啓者：查端節勞軍運動籌備會於本日議決：是日舉行軍民聯歡遊藝會，節目由：大湖剧處、三團、建華火柴廠、軍需處、大田初中、均溪小學、育賢小學担任，相應函請查照，並定明（二）日上午八時假本處舉行談話會，籌商一切進行事宜，希請屆時出席參加爲荷！
此致
大田縣立初中
第三戰區福建省大田縣軍民合作站指導分處 啓
六月一日

福建省政府关于转发音乐戏剧活动筹款募捐应事前呈请主管机关核准办理致大田县立初级中学的训令

（一九四三年十一月二十二日）

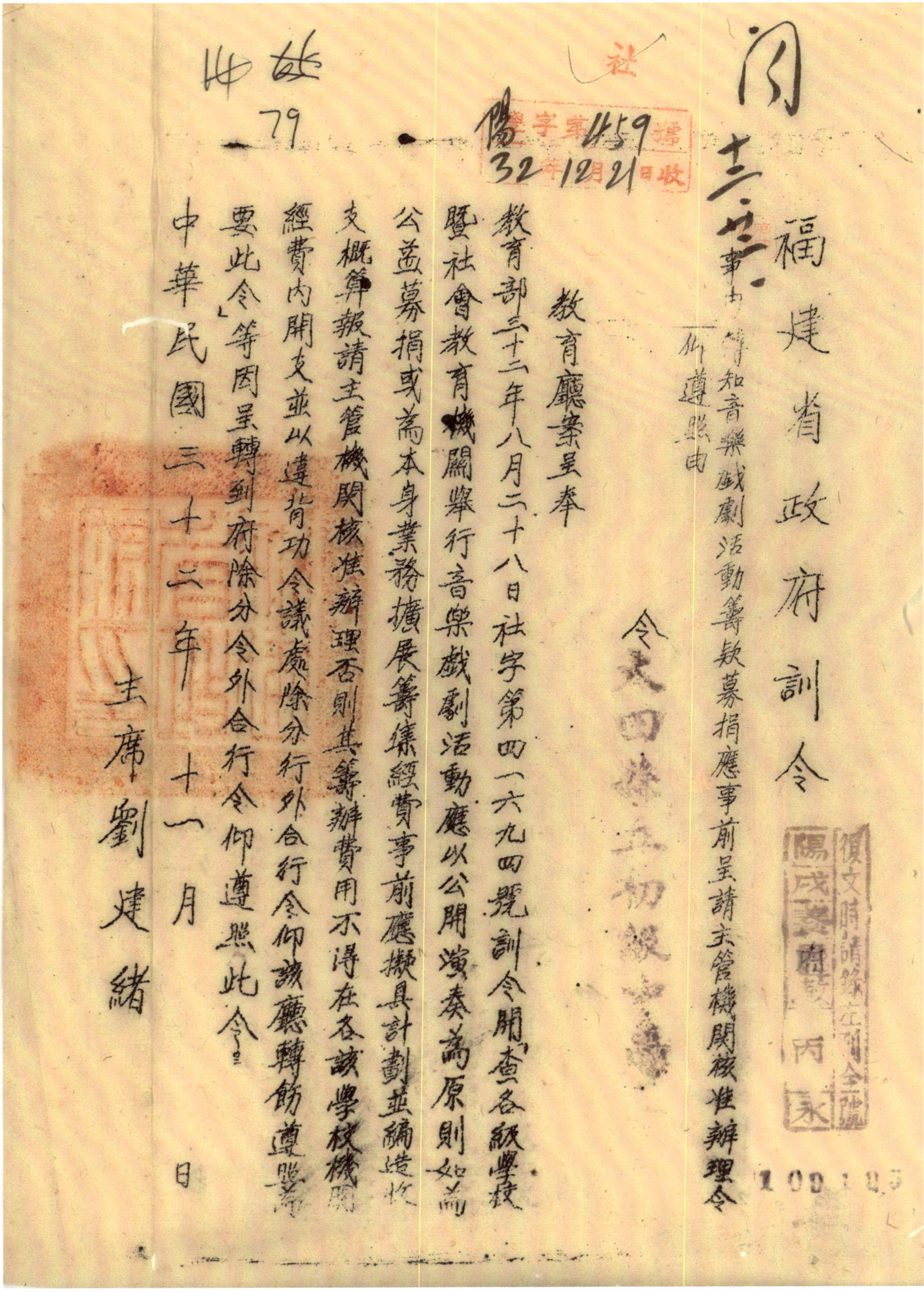
福建省政府訓令

令大田縣立初級中學

事由：轉知音樂戲劇活動籌欵募捐應事前呈請主管機關核准辦理令仰遵照由

教育廳案呈奉

教育部三十二年八月二十八日社字第四一六九四號訓令開：「查各級學校暨社會教育機關舉行音樂戲劇活動，應以公開演奏為原則，如為公益募捐或為本身業務擴展籌集經費，事前應擬具計劃並編造收支概算，報請主管機關核准辦理，否則其籌辦費用不得在各該學校機關經費內開支，並以違背功令議處。除分行外，合行令仰該廳轉飭遵照為要。此令。」等因。呈轉到府。除分令外，合行令仰遵照。此令。

主席 劉建緒

中華民國三十二年十一月 日

三民主义青年团福建支团大田团务筹备员办事处关于举办慰问抗属运动周致县立初级中学的公函
（一九四三年十二月十五日）

三民主义青年团福建支团大田团务筹备员办事处第　组

社

学字第497号
32年12月16日收

阅 十二、十七

公函

中华民国卅二年十二月十五日　时于大田

事由：

奋斗初中

查本年民族复兴节本处举办慰问抗属运动周，兹为扩大宣传，俾各界民众对抗属加以爱护共济助起见，除召开宣传大会及组织慰问抗属队挨户慰问抗属并络慰劳金外，并征求有关文字编印特刊。抗事素宏著述，用特函请查照，惠撰鸿文，依本月廿二日以前送处，以便编印，而光篇幅为荷。

筹备员 林碧兰

交文书股拟批存 阅 十二、十九

发文 田处宣字第229号

大田半周刊社关于青年节及革命先烈纪念特刊征文致农业推广所的公函（一九四四年三月十六日）

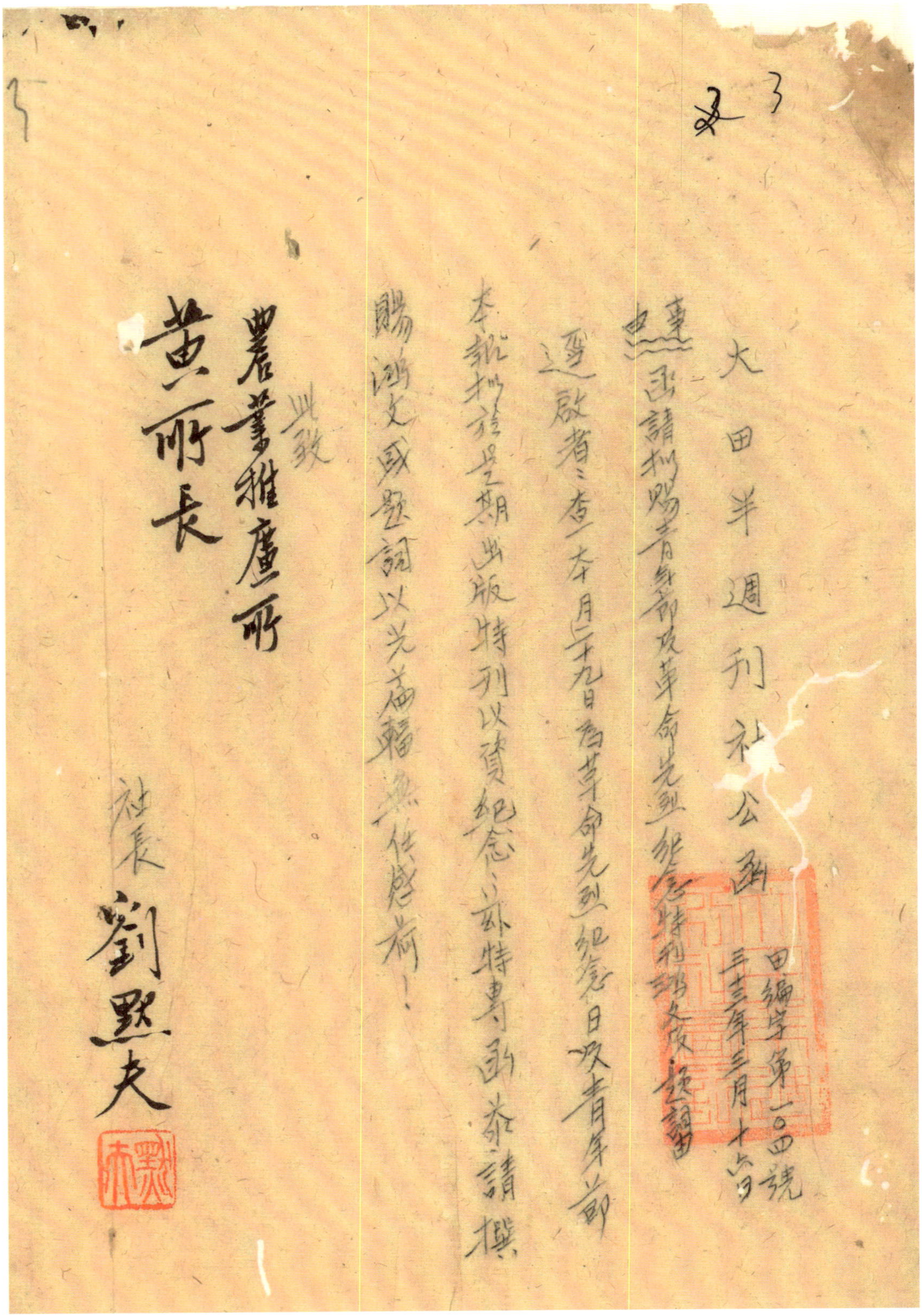

大田半週刊社公函　田編字第一四四號　三十三年三月十六日

事由：函請撰賜青年節及革命先烈紀念特刊鴻文或題詞由

逕啟者：查本月二十九日為革命先烈紀念日及青年節，本報擬於是期出版特刊以資紀念，爰特專函恭請撰賜鴻文或題詞，以光篇幅，無任感荷！

此致

農業推廣所

黃所長

社長　劉默夫

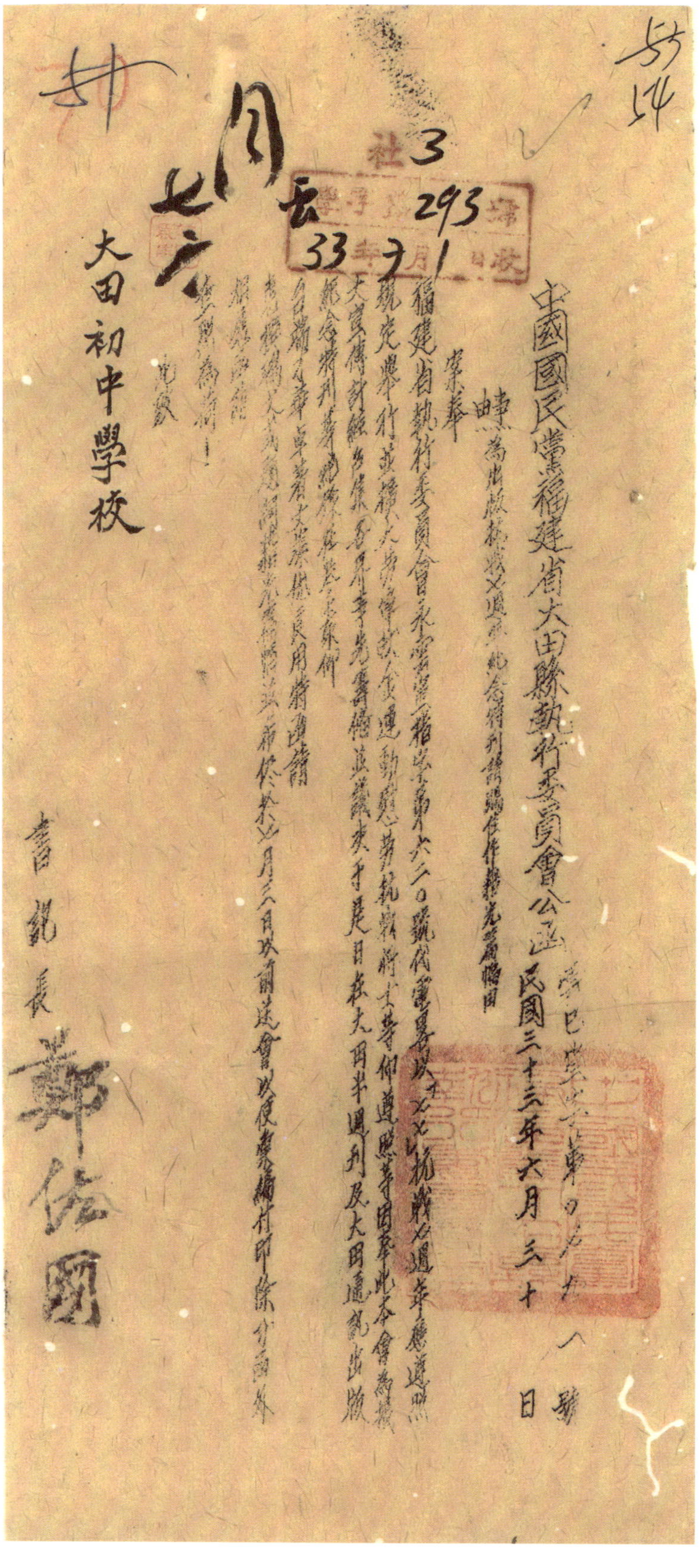

国民党大田县执委会关于出版抗战七周年纪念特刊征文致县立初级中学的公函（一九四四年六月三十日）

关于征集地方文献抗敌史料的一组文件

大田县文化运动委员会关于征集地方文献抗敌史料致县立初级中学的代电（一九四四年十二月十五日）

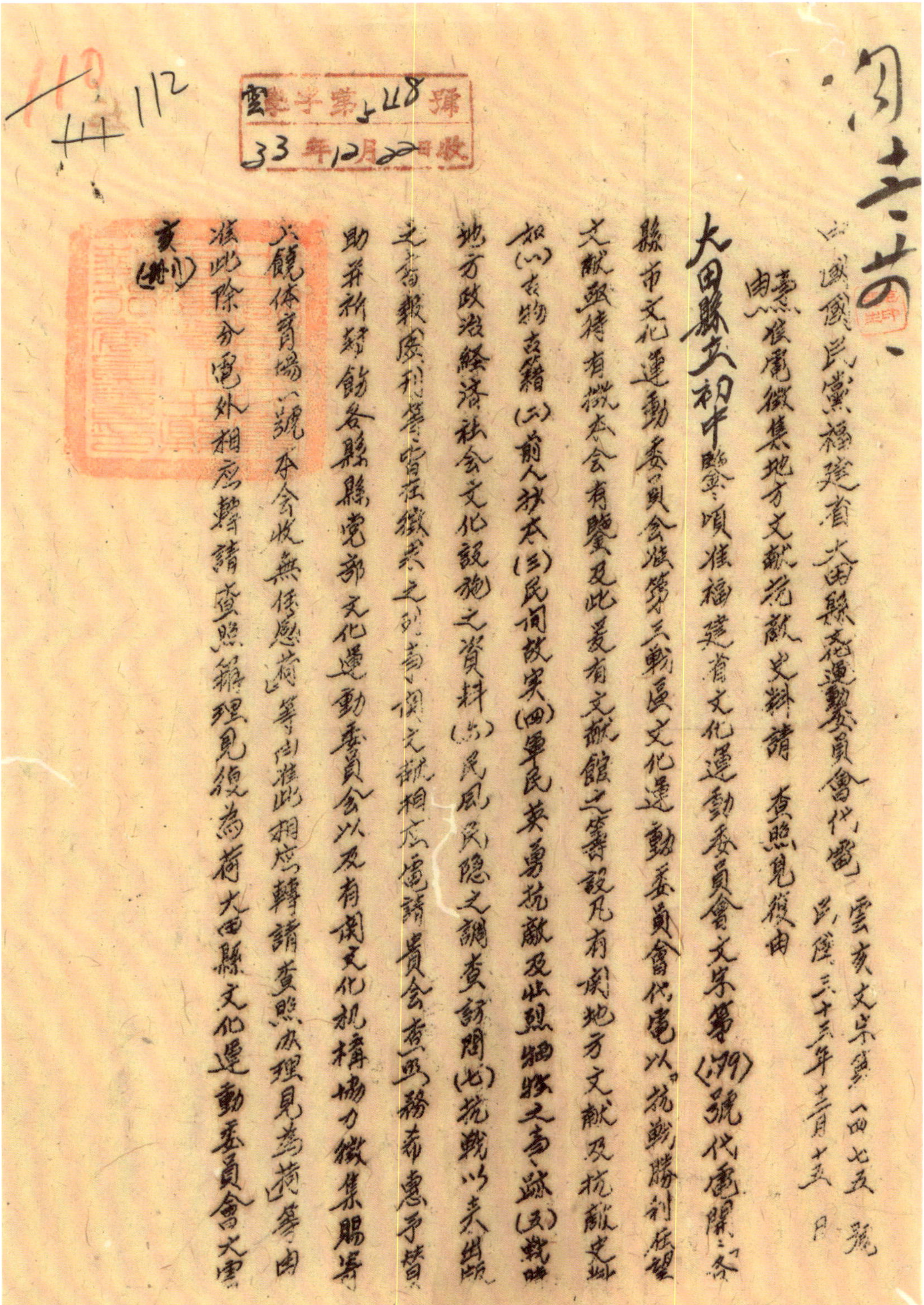
中國國民黨福建省大田縣文化運動委員會代電　雲友文字第一四七五號

事由：惠准電徵集地方文獻抗敵史料請　查照見復由

民國三十三年十二月十五日

大田縣立初中勛鑒：頃准福建省文化運動委員會文字第（179）號代電開：「案據[illegible]縣市文化運動委員會[illegible]第三戰區文化運動委員會代電以抗戰勝利在望，文獻亟待有徵，本會有鑒及此，爰有文獻館之籌設，凡有關地方文獻及抗敵史料，如（一）古物古籍（二）前人[illegible]本（三）民間故實（四）軍民英勇抗敵及[illegible]之事蹟（五）戰時地方政治經濟社會文化設施之資料（六）民風民隱之調查訪問（七）抗戰以來出版之書報[illegible]等皆在徵求之列，[illegible]相應電請貴會查照，務希惠予贊助，并祈轉飭各縣縣黨部文化運動委員會以及有關文化機構協力徵集賜寄[illegible]號，本會收無任感荷」等由，准此，相應轉請查照辦理見為荷」等由，准此，除分電外，相應轉請查照辦理見復為荷。大田縣文化運動委員會文雲

大田县政府关于征集地方文献抗敌史料致县立初级中学的代电（一九四五年一月十二日收）

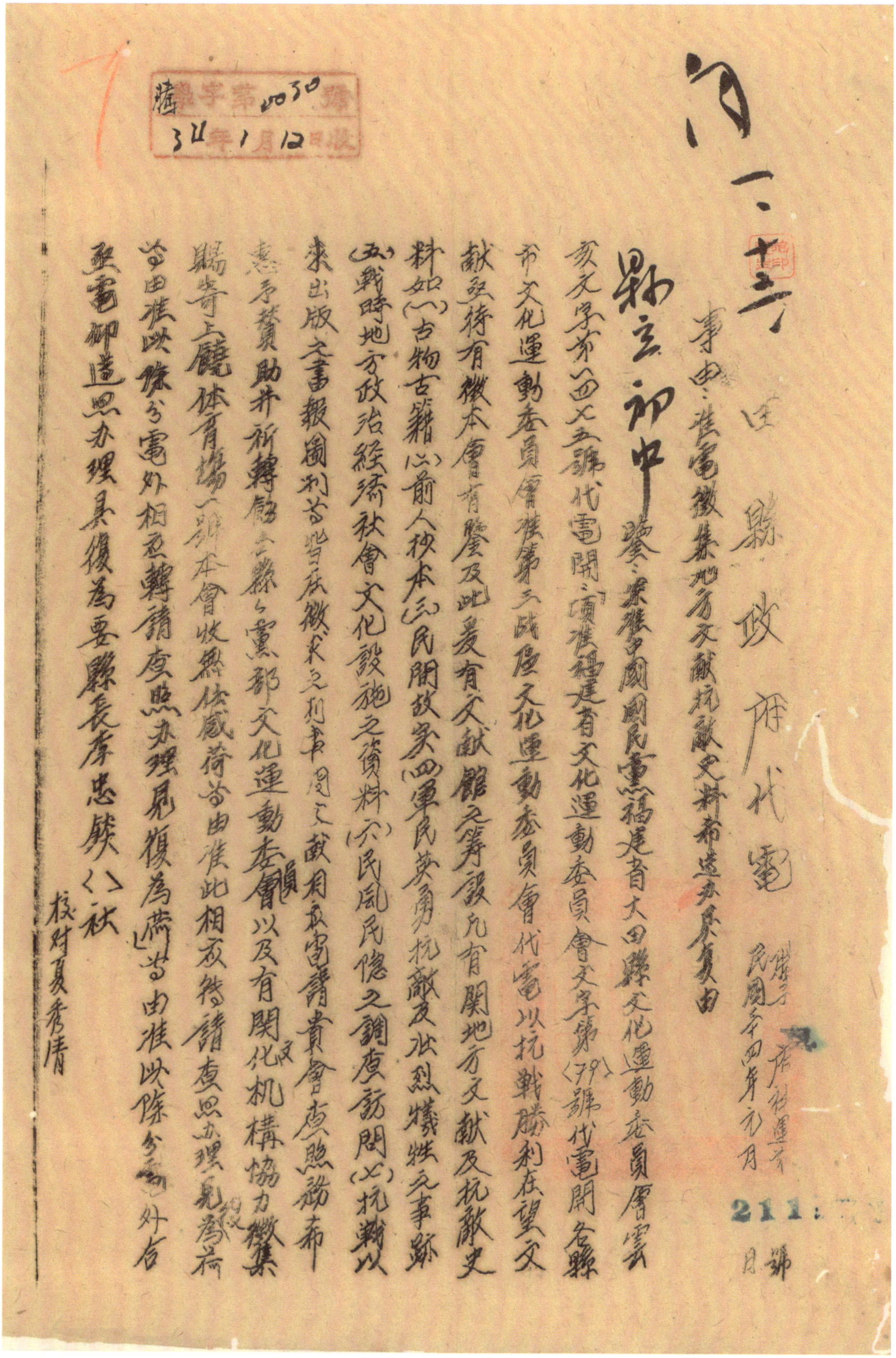
大田县政府代电

民国卅四年元月

事由：准电征集地方文献抗敌史料希遵办具复由

县立初中览：案准中国国民党福建省大田县文化运动委员会亥文字第四七五号代电开："案准福建省文化运动委员会文字第（79）号代电开：各县市文化运动委员会准第三战区文化运动委员会代电以抗战胜利在望，文献亟待有征，本会有鉴及此，爰有文献馆之筹设，凡有关地方文献及抗敌史料，如（一）古物古籍，（二）前人秘本，（三）民间故实，（四）军民英勇抗敌及壮烈牺牲之事迹，（五）战时地方政治经济社会文化设施之资料，（六）民风民隐之调查访问，（七）抗战以来出版之书报图刊等，皆在征求之列，用特电请贵会查照协布惠予捐赠，并祈转饬各县党部文化运动委员会以及有关文化机构协力征集，赐寄上饶体育场一号本会收藏，等由。准此，除分电外，相应转请查照办理见复为荷。"等由，准此，除分电外，合亟电仰遵照办理具复为要。县长

校对 夏秀倩

国民党大田县执委会关于出版抗战八周年纪念特刊致县政府的公函（一九四五年六月三十日）

中國國民黨福建省大田縣執行委員會公函 大騰巳宣字第五八六號

中華民國三十四年六月三十日

事由：為出版抗戰八週年等紀念特刊請惠撰鴻文藉光篇幅由

查抗戰第八週年紀念日，即在國際勝利在望、建國將展之前夕，自應擴大宣傳，鼓勵民衆，以擔當最後階段之艱鉅工作。本會有鑒及此，特擬于是日出版特刊（國民革命軍誓師北伐十九週年紀念及第廿三屆國際合作節等特刊屆時撰文出版）。素仰台端文藻優良，用特函請惠撰鴻文，藉光篇幅，并希於七月三日前送交青年團以便編印。除分函外，相應函請查照為荷！

此致

大田縣政府

書記長鄭依國

擬題：「人人為我，我為人人；抗戰必勝，建國必成。」

五、战时民生救济

大田县政府关于转发抗敌工作报表式样并按月填送汇报致各学校的训令（一九三八年四月三十日收）

附：各级学校及社教机关抗敌后援工作人员奖惩办法、抗敌工作月报表式样

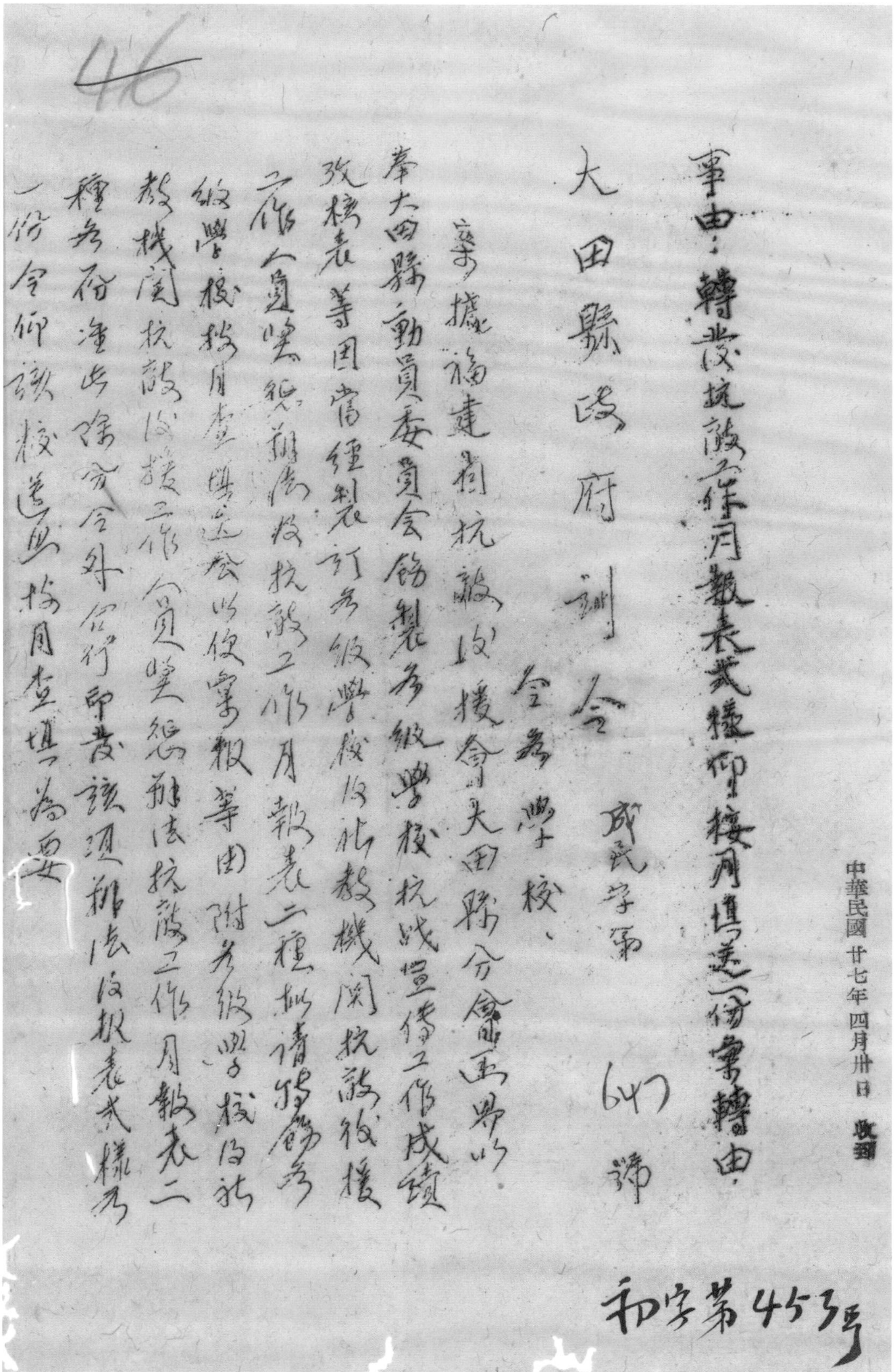

46

事由：轉發抗敵工作月報表式樣仰按月填送（份）案轉由

大田縣政府訓令　成民字第647號

中華民國廿七年四月卅日收到

令各學校、

案據福建省抗敵後援會大田縣分會函開，以奉大田縣動員委員會飭製各級學校抗戰宣傳工作成績考核表等因，當經製訂各級學校及社教機關抗敵後援工作人員獎懲辦法及抗敵工作月報表二種，擬請轉飭各級學校按月查填送會，以便彙報等由，附各級學校及社教機關抗敵後援工作人員獎懲辦法、抗敵工作月報表二種各份過府，除分令外，合行印發該項辦法及報表式樣各一份，令仰該校遵照按月查填為要。

和字第453號

此令

計發：各級學校及行政機關抗戰以後損失人[illegible]總冊、

除抗戰之後月報表式樣二種各份。

60

中華民國三十五年四月　　日

縣長　廖[illegible]

十六 統計

51

工作類別	工作項目	工作計劃	工作實施	比上年度進展情形	上級機關考核意見	備考
統計	編輯縣戰時概況報告	依照省府統計室雲表巧室統丙永四一七四三號訓令頒發調查綱要編制表式以分發各有關部门查填	工作：依照奉頒綱要一面製定表式函分發各有關部门查填 成績：因內容複什至十三月底已辦三分之二條在趕辦中 經費未列預算 人事由統計員兼辦理	上年度是項工作未經舉辦		
	辦理物價調查統計	物價查報表每月十五日派員向指定商號實地調查翌日呈省	工作：每月十五日向指定商號調查一次 成績：每月物價查報表均能依限呈送 經費：無 人事：由統計員調查之	物價查報表每月均能按照規定時間呈送		

統計	切實查報抗戰公私損失	敵機轟炸損失調查表不論有無事實仍按月辦理呈抗戰公私間接損失調查按年度終了以一個月彙編呈報省府並分呈國民政府主計處	一、工作：敵機轟炸調查表本縣均無事實發生，原表仍按月呈送。至抗戰間接損失調查表按年度終了以一個月呈報。二、成績：前項報表均能依限呈報。三、經費：無。四、人事：由統計員辦理。
			前項報表均能按照規定時間呈報

工作類別	工作項目	工作計劃	工作實施	比上年度進展情形	上級机關考核意見	備攷
統計	溫度登記	製定表式，以每日上午八時下午二時為標準，指定人員每日登記兩次。	一、工作：每日上午八時下午二時登記兩次。二、成績：每日均能按時登記。三、經費：無。四、人事：統計員負責辦理。	上年度未經舉辦		
統計	辦理物產調查	照省頒調查表，依調查範圍另製調查表式，分發各鄉鎮公所，備派員實地調查。	一、工作：據各鄉鎮公所呈送資料多係不確，正經會同農業推廣所派員實地調查。二、成績：依調查所得資料估計彙填報省，各鄉鎮填送資	上年度未經舉辦、		

					料不確，經會同農業推廣所派員實地調查，以所得資料較爲精確。三、經費之無。四、人事之困。計劃其農業推廣所聘專任員負責調查。
統計	生命統計	據各鄉鎮所調查戶口異動呈報之出生死亡按月登記，一年十二月份彙訂一次	一、去年二每月向民政科搜取各鄉鎮所造送之戶口異動統計表內出生死亡人數按月登記。二、成績：各鄉鎮未能按期填送，得三個月彙填一次。三、經費：無。四、人事：經辦人員兼辦理。	上年度未經舉辦	

工作類別	工作項目	工作計劃	工作實施	比上年度進展情形	上級機關考核意見	備攷
統計	人民消費外境輸入物品統計	製定表式，分發縣商會及鄉鎮公所，飭按月填報，隨時登記報府	一、工作：製定外境輸入登記表，分發商會及鄉鎮公所，飭按月填報。二、成績：因商會及各鄉鎮不能如期呈報，且數目不確。三、經費：無。四、人事：商會書記及各鄉鎮經濟幹事兼辦，均不大負責、	上年度未經辦理、		

福建省教育厅关于公私立初中以上学校录取学生致予公费待遇致大田县立初级中学的训令（一九四〇年一月二十一日）

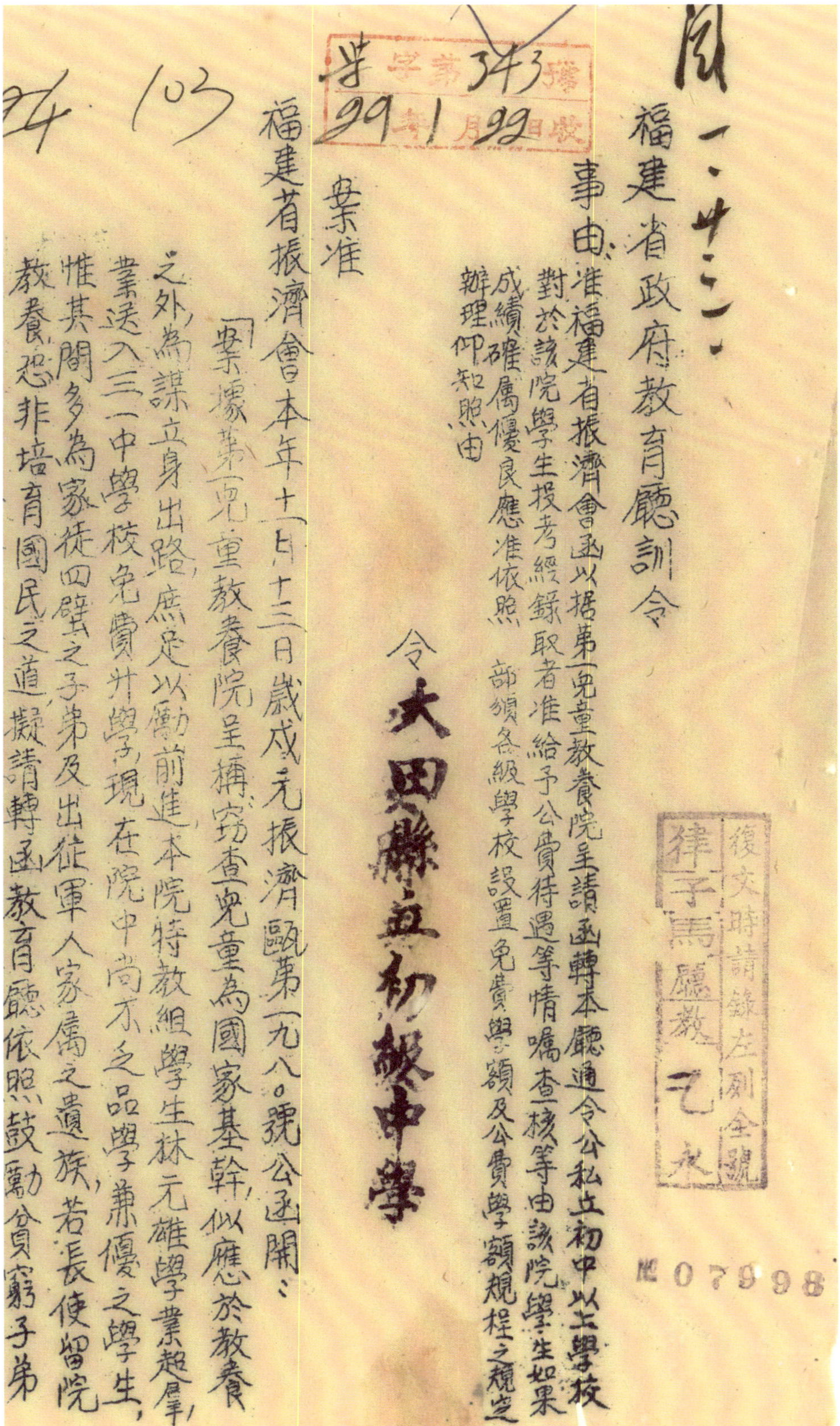
福建省政府教育廳訓令

事由：准福建省振濟會函以據第一兒童教養院呈請函轉本廳通令公私立初中以上學校對於該院學生投考經錄取者准給予公費待遇等情囑查核等由，該院學生如果成績確屬優良應准依照部頒各級學校設置免費學額及公費學額規程之規定辦理仰知照由

令大田縣立初級中學

案准

福建省振濟會本年十二月十二日歲戍元振濟甌第一九八〇號公函開：

「案據第一兒童教養院呈稱：竊查兒童為國家基幹，似應於教養之外，為謀立身出路，庶足以勵前進。本院特教組學生林元雄學業超群，業經入三一中學校免費升學，現在院中尚不乏品學兼優之學生，惟其間多為家徒四壁之子弟及出征軍人家屬之遺族，若長使留院教養，恐非培育國民之道，擬請轉函教育廳依照鼓勵貧窮子弟升學辦法通令本省公私立初中以上學校，准予儘量收容本院升學學生，如經考取及格，其膳食等一切費用一律豁免，以示優異，而重救濟，是否有當，理合具文呈請察核示遵等情，據此查貴廳獎勵清寒學生升學訂有公費生辦法，對於難童似可援案辦理。據呈前情，除指令外，相應函請查照核辦見復。

等由。查各級學校為獎助家景清貧及成績優良之學生，並設置公費學額業經

部頒各級學校設置免費學額及公費學額規程規定有案。該兒童教養院學生間多家境貧寒，無力負担就學費用，如果成績確屬優良，應准依照前項規程之規定給予公費或免費之待遇。除函復並分令公私立中學及職業學校外，合行令仰知照。此令

廳長鄭貞文

中華民國二十九年一月廿一日

福建省政府关于省临时参议会函送提倡购买节约建国储蓄券决议案公报致各县政府的训令

（一九四〇年四月十八日）

附：福建省临时参议会函送关于提倡购买节约建国储蓄券决议案的公报

為送交辦理（各學校自教育廳轉發）具報此令

附抄發參議會決議案一份

議題：擬建議本省黨政軍警各機關及學校人員一律實行節約建國儲蓄以資提倡案

理由：抗戰建國時期國民履行節約為戰時生活最低限度要求。總裁曾通電全國，勗國人切實節約，以維生活，積極以達抗戰目的。國人理宜共濟時艱，竭誠厲行節約，長養國力。節約儲蓄為戰時財政上之政策，於國家於個人有百利而無一弊。總裁昭示吾人：儲蓄即是生產，參加節約建國儲蓄為個人生產，亦即為國家生產。故中央特組織全國節約建國儲蓄運動委員會，以主其事。本年元旦全國一致舉行擴大宣傳，以期國人踴躍參加。惟事實宣傳收效尤大，爰擬建議本省各機關及學校人員一律實行節約建國儲蓄以資提倡。

辦法：(1)本縣首先由黨政軍警首腦機關學校人員自二十九年六月份起
按月實行購買節約建國儲蓄券
(2)月薪五十一元至一百元每月儲蓄五元，月薪一百零一元至
二百元每月儲蓄五元，月薪二百零一元至三百元每月儲
蓄十元，月薪三百零一元至四百元每月儲蓄二十元
(3)每月發薪時由會計人員於發薪時扣存各人儲蓄款
配給之
(4)節約儲蓄推行委員會由各機關首長負責查照所擬
是否有當，敬候 公決
提案人 盧智錕 連署人 林長榮 方如玉 康紹周 李淩貴
林景潤 林希濂 郭董鳳 曾建民
林炳康

决议：照原案通过（第六次大会第五次会议通过　一月二十日）

本省节约建国储蓄团分支团组设参考事项

1、省直辖或特设机关应组设分支团（如各厅处局及直属等为分团，各县区及特区之商会为支团）

2、各机关以所属机关得适设分支机构，如分团可组若干支团，支团可组若干队

3、节约建国储蓄分强储劝储二种

（甲）各机关职员每月强储数额依照省政府二十九年四月十八日府秘会报永第〇〇二三二号（见公报永字第一一五期公牍栏）规定通令办理

（乙）各机关应联系当地声望或热心劝储之人士为该机关所组之分支团之团员，协助办理劝储工作，动员民众扩大推行，其具有优绩者应以协助推行节约建国储蓄奖励办法由福建省节约建国储蓄团（以下简称省团）核呈奖励之

4、办理节约建国储金及储蓄券手续
(1) 节约储蓄储金均由各区分支团经办人送交银行或邮局
存储，并将储金存单交存原储人收执，并填报省团（分支团所
属之支团区队则由各区分团或支团汇报省团）办理
(2) 认储之储蓄券[illegible]续交省团
办理节约储蓄及填报表册等手续，以各区机关原经办人
办理之，各分支团[illegible]表册，应于每月月底汇送，务于次
月三日送省支部
5、各分支团推行数由省团分配通知之，并将认储之款数由省团所
[illegible]者为大俾收实效
6、各分支团经办人员其有劳绩者由省团通知其服务机关

又、各分支團印信可借用原機關印信以資簡便

（表式附表十一）

茲將　　年　　月份本隊推行節約建國儲蓄成績列表報告敬祈

鑒核此上

福建省節約儲蓄團大田支團

隊長　　謹上

年　　月　　日

認儲成績	
隊員人數	（續儲以增加人數為限）
儲金數額	
購券數額	
合計	
繳存行局	
註：本隊服務人數共　　人	

勸儲成績	
勸儲戶數	
儲金數額	
購券數額	
合計	
繳存行局	

本報告由各隊於月終［illegible］支團彙報
總團並須迅速寄［illegible］以憑［illegible］成績

全国节约建国储蓄运动委员会大田县支会关于组织全国节约建国储蓄运动委员会各县支会致县立初级中学的公函（一九四〇年八月二十四日）

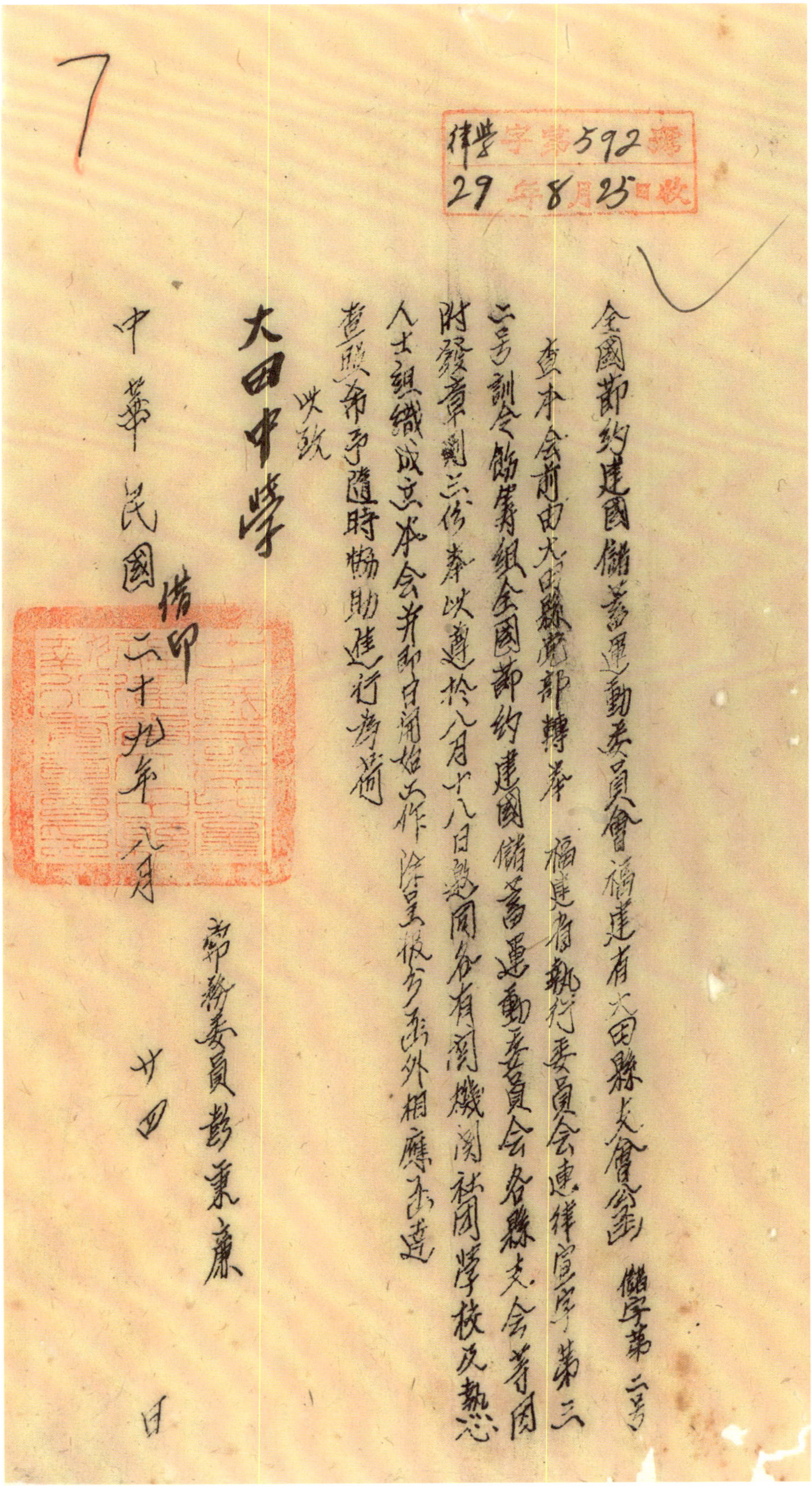

律字第592號
29年8月25日收

全國節約建國儲蓄運動委員會福建省大田縣支會公函　儲字第二号

查本会前由大田縣黨部轉奉　福建省執行委員會達律宣字第三二号訓令飭籌組全國節約建國儲蓄運動委員會各縣支会等因附發章則三份奉此遵於八月十八日邀同各有關機關社團學校及熱心人士組織成立本会并即日開始工作除呈報分函外相應函達查照希予隨時協助進行爲荷

此致

大田中學

常務委員　彭秉廉

中華民國二十九年八月廿四日（借印）

福建省教育厅关于转发「全国各界应努力参加节约建国储蓄运动」致大田县立初级中学的训令（一九四〇年九月二十五日）

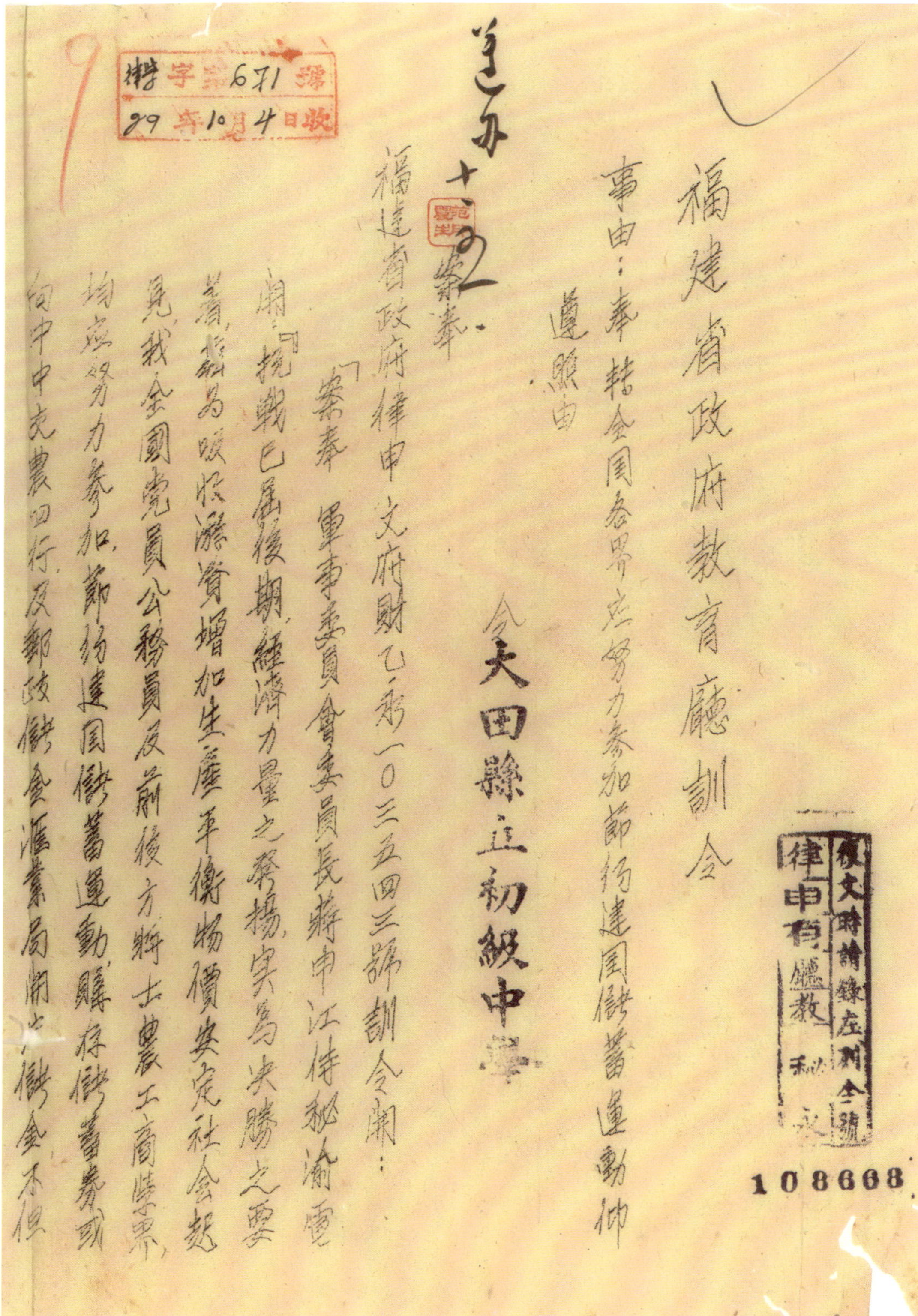

福建省政府教育廳訓令

事由：奉轉全國各界應努力參加節約建國儲蓄運動仰遵照由

令大田縣立初級中學

福建省政府律申文府財乙秀一〇三五四三號訓令開：

「案奉軍事委員會委員長蔣申江侍秘渝電開：『抗戰已屆後期，經濟力量之發揚，實為決勝之要著，茲為吸收游資，增加生產，平衡物價，安定社會起見，我全國黨員公務員及前後方將士農工商學界均應努力參加節約建國儲蓄運動，購存儲蓄券或向中中交農四行及郵政儲金匯業局開戶儲金，不但

108668

自身要逐月繼續做去，並應普遍勸告親友積極
儲蓄，以養成節儉之美德，而達成建國之目的，仰
即切实照辦為要。等因，奉此。除分令外，合行令仰
該廳長遵照，並飭屬遵照。
等因，除分別函令外，合行令仰遵照。此令。

中華民國二十九年九月　　日

廳長鄭貞文

大田县政府关于召开全国邮储总会成立纪念宣传大会致县立初级中学的训令（一九四〇年十一月九日）

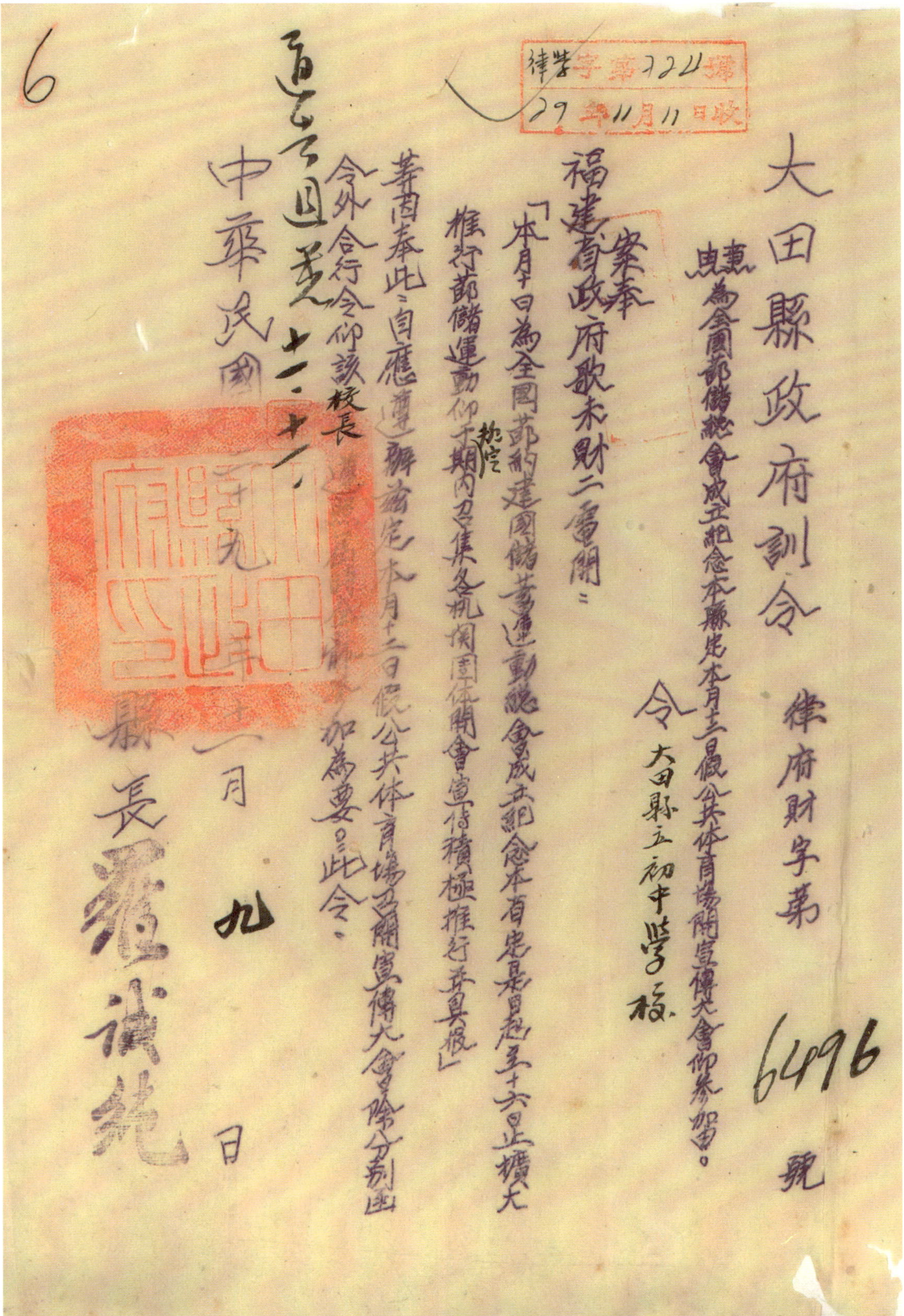

大田縣政府訓令　律府財字第6496號

令大田縣立初中學校

事由：為全國郵儲總會成立紀念本縣定本月十一日假公共体育場開宣傳大會仰參加由。

案奉

福建省政府歌未財二電開：「本月十日為全國節約建國儲蓄運動總會成立紀念，本省定是日起至十六日止擴大推行節儲運動，仰于期內召集各機關團体開會宣傳，積極推行，并具報」等因奉此，自應遵辦。茲定本月十一日假公共体育場召開宣傳大會，除分別函令外，合行令仰該校長……加為要。此令。

中華民國二十九年十一月九日

縣長　羅……

福建省节约建国储蓄团大田县支团关于节约建国储蓄各项规定致县立初级中学的代电（一九四〇年十一月）

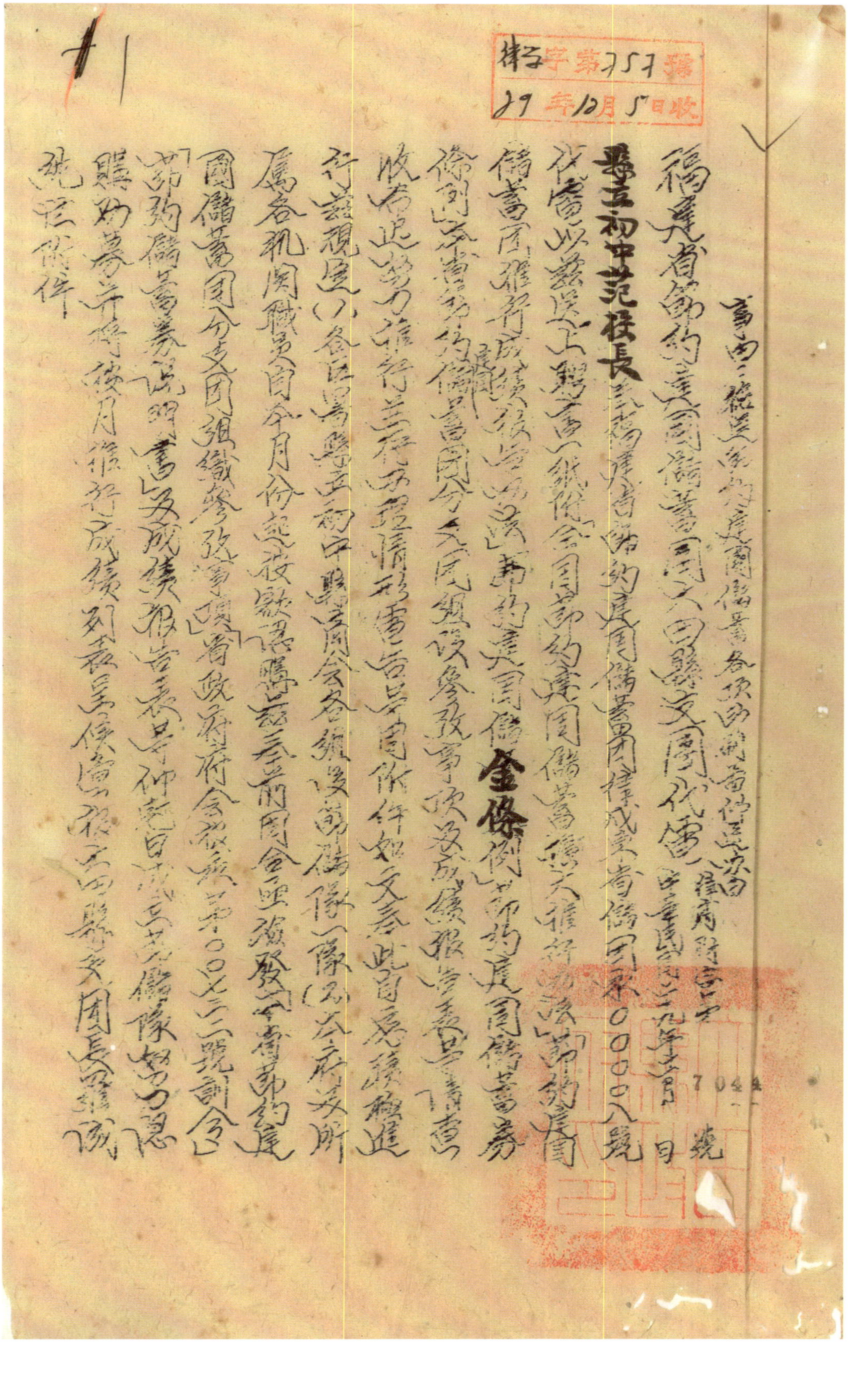

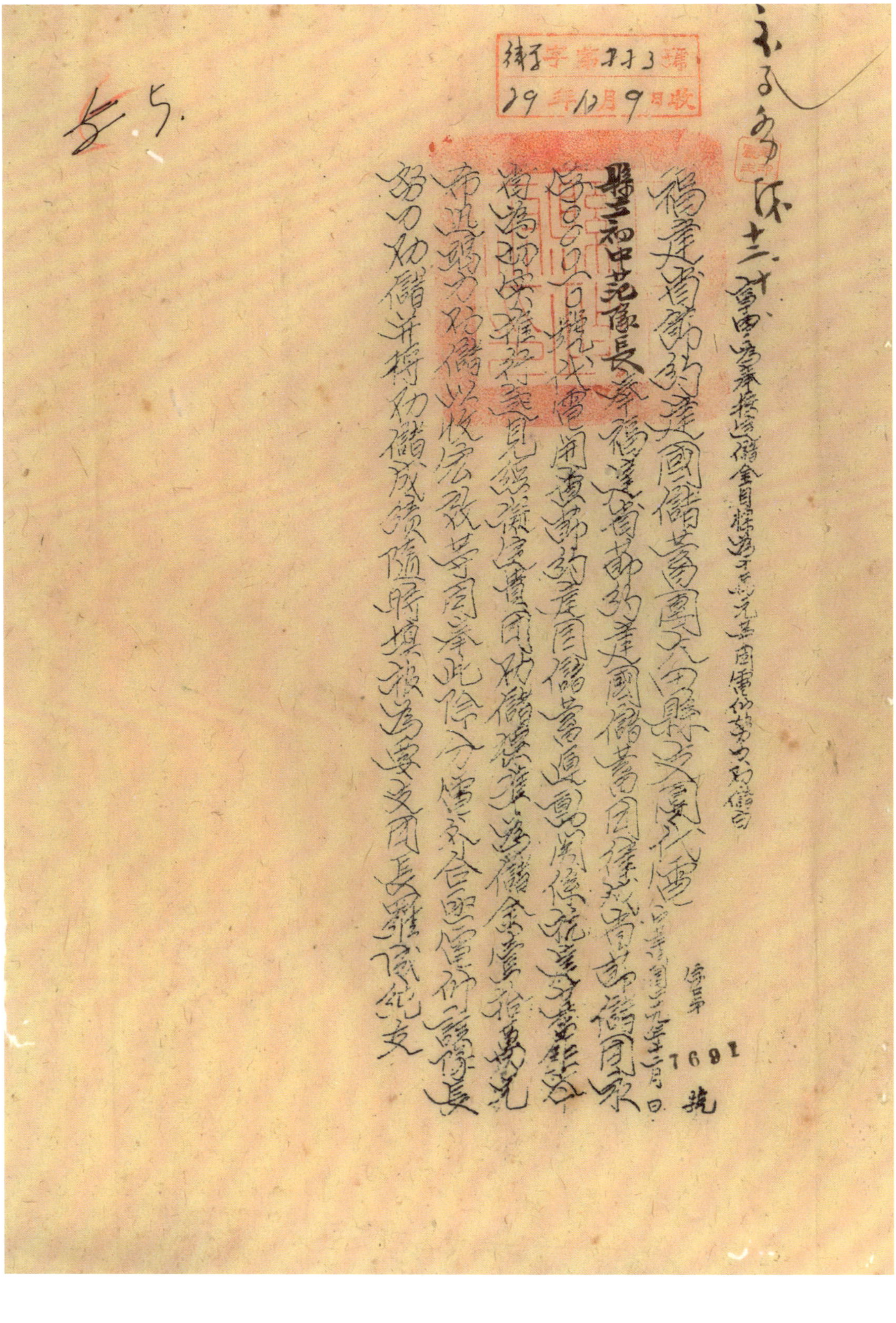

福建省节约建国储蓄团大田县支团关于按定储金目标为十万元费用致县立初级中学的代电

（一九四〇年十二月四日）

福建省教育厅关于准予向有限责任福建省合作金库购买节约储蓄券一案致大田县立初级中学的训令（一九四〇年十二月五日）

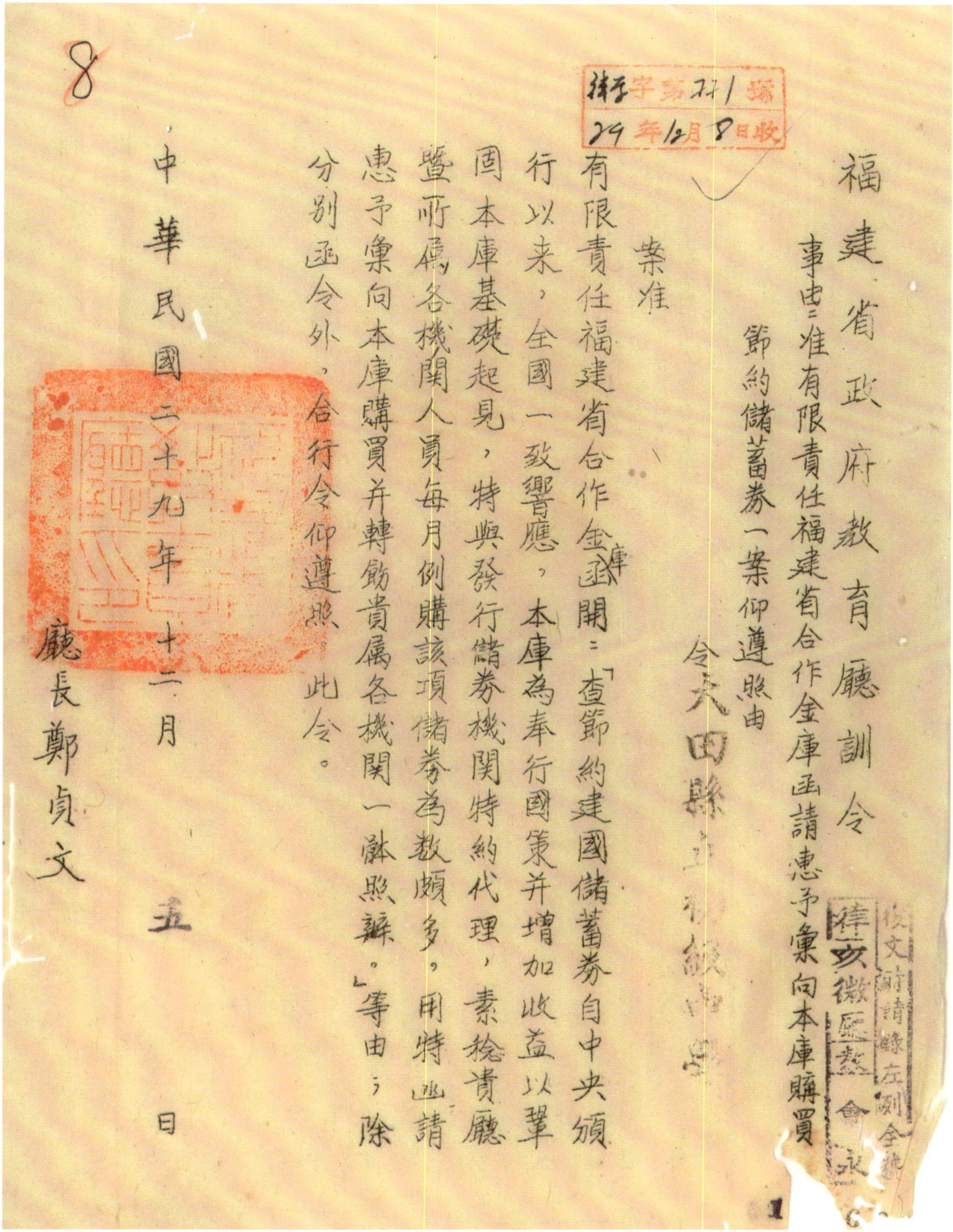

衛字第371號　29年12月8日收

福建省政府教育廳訓令

事由：准有限責任福建省合作金庫函請惠予彙向本庫購買節約儲蓄券一案仰遵照由

令大田縣立初級中學

案准

有限責任福建省合作金庫函開："查節約建國儲蓄券自中央頒行以來，全國一致響應，本庫為奉行國策并增加收益以鞏固本庫基礎起見，特與發行儲券機關特約代理，素稔貴廳暨所屬各機關人員每月例購該項儲券為數頗多，用特函請惠予彙向本庫購買并轉飭貴屬各機關一體照辦。"等由；除分別函令外，合行令仰遵照。此令。

中華民國二十九年十二月五日

廳長鄭貞文

福建省政府关于公布公务人员薪俸减支及战时生活津贴致各县县政府、各特种区署等的训令（一九四一年一月二十八日）

中華郵政立券之報紙

吕學 字第51號 30年2月4日收

福建省政府訓令 府財丙報永字第〇〇二四九號 三〇，一，二八，

爲公務人員薪俸減支及戰時生活津貼業經公布仰遵照

令 各廳處局會（保安處除外）省研究院
各區行政督察專員公署 廈門市政府辦事處
各縣縣政府 省銀行總管理處
省貿易公司 省運輸公司
各特種區署 企業公司

查本省公務人員薪俸減支及戰時生活津貼辦法，業經公布，應自三十年一月一日起實行，其公務機關及教育機關人員所增薪俸，應就各該機關原核定預算額內調整撥注，編具三十年度分配預算表，連同職員俸薪清册呈核，如預算表册前已編送者，應即遵照新頒辦法，改編送核。至營業機關人員薪俸，亦應遵照調整。關於各縣（區）戰時生活津貼數目，由府根據各該月份平均米價，於其次月十五日以前，確定公布，各機關依照本府公布之津貼數目，編造生活津貼分配預算表及職員名册，層轉本府核辦。各職員有家庭負担者，得照章填具申請書，連同保證書，送由主管機關查核，併入前項分配預算表列報。新任及離職人員按服務日數發給，公役政警生活津貼，按其本身計算得領一份，家屬不計。此項戰時生活津貼，省屬機關，由省款開支，縣屬機關由縣款開支，必要時，得酌量就事業及機構儘量節約裁縮，或呈准增加正當稅收，以資挹注。至在臨時費內支薪人員，應就各該原核定預算額內調整，不得另行請款，營業機關人員，仍由各該機關支給，除分令外合行檢發薪俸減支及戰時生活津貼辦法，暨申請書保證書格式各乙份，令仰遵照，並飭屬遵照。（此句專署、廈市辦事處不用）

此令

附發福建省公務人員薪俸減支及戰時生活津貼辦法暨申請書保證書格式各乙份（均見法規欄）

附：福建省公务人员薪俸减支及战时生活津贴办法暨申请书保证书

福建省政府公報 原第一〇五〇期 法規 二八七六

法規

本省法規

福建省公務人員薪俸減支及戰時生活津貼辦法

第一條 福建省政府鑒於戰時物價高漲，公務人員生活困難，爲實行救濟起見，特制定本辦法。

第二條 本辦法所稱公務人員包含左列各種：

一、省政府各廳處局會及其所屬機關之人員（各種技術人員在內。）

二、各行政督察專員公署之人員。

三、省立學校之教職員及社教機關人員。

四、縣政府特種區署及其所屬機關之人員（區署人員在內。）

五、縣立小學以上學校之教職員，及社教機關人員。

六、省營及縣營事業機關之職員。

第三條 本省公務人員（除省立各學院院長教員及技術人員等薪俸折算標準照另定待遇辦法辦理外）薪俸之發給一律改正如左：

一、凡額薪在五十元（五十元含）以內者，照額實發不加折扣。

二、凡額薪在五十一元以上三百元（三百元含）以內者，除五十元部分不折外，其餘一律八折。（例如額薪二百四十元，五十元不折，其餘一百九十元八折，合共實支應爲二百零二元，餘類推。）

三、凡額薪在三百另一元以上者，除五十元不折，及五十一元至三百元部份八折外，其餘一律四折，（例如額薪六百元者，五十元不折，五十一元至三百元計二百五十元八折計二百元，三百另一元至六百元，計三百元四折計一百二十元，合共實支應爲三百七十元，餘類推。）

四、薪俸每月作兩次發給，於月中及月末行之。

第四條 本省公務人員，凡每月額薪在一百五十元以上（一百五十元不含）者，其生活津貼減半發給。

第五條 本省公務人員之生活津貼，依照各縣（特區）米價之高低，分左列十級，（其計算方法另附說明）：

第一級，每月平均米價每百市斤在十六元六角七分以下（十六元六角七分不含）者，每員每月給生活津貼四元。

第二級，每月平均米價每百市斤在十六元六角七分至二十四元九角九分者，每員每月給生活津貼六元。

第三級，每月平均米價每百市斤在二十五元至三十四元九角九分者，每員每月給生活津貼十元。

第四級，每月平均米價每百市斤在三十五元至四十四元九角九分者，每員每月給生活津貼十五元。

第五級，每月平均米價每百市斤在四十五元至五十四元九角九分者，每員每月給生活津貼二十元。

第六級，每月平均米價每百市斤在五十五元至六十四元九角九分者，每員每月給生活津貼二十五元。

第七級，每月平均米價每百市斤在六十五元至七十四元九角九分者，每員每月給生活津貼三十元。

第八級，每月平均米價每百市斤在七十五元至八十四元九角九分者，每員每月給生活津貼三十四元。

第九級，每月平均米價每百市斤在八十五元至九十四元九角九分者，每員每月給生活津貼三十九元。

第十級，每月平均米價每百市斤在九十九元以上（九十五元含）者，每員每月給生活津貼四十四元。

凡有家庭負担，（限於配偶直系尊卑親屬之無職業收入者，但一個家庭內如有二人或二人以上任公務員請領生活津貼時，其列報之受贍養配偶直系尊卑親屬，不准重複計算列報）經同事二人以上之證明，並經主管機關查明屬實者，不問其人口多寡，一律依照上列數目倍之。（例如：應給第三級生活津貼十元者，如有家庭負担，則給二十元。）如有浮報情事，一經發覺，其浮報之本人及其證明人均予嚴處。

第六條　公務人員額薪在一百五十元以下（一百五十元者含）其生活津貼與其每月實支薪俸之和，不得超過額薪一百六十元者所得之薪津總和數目。（例如：某人額薪一百六十元，照本辦法實支爲一百三十八元，并按其服務地點支第八級生活津貼之半數，單身者得支十七元，合本薪爲一百五十五元，有家庭負担者得支三十四元，合本薪爲一百七十二元，則凡該地額薪在一百五十元以下者，其薪津總和，單身者不得超過一百五十四元，有家庭負担者不得超過一百七十二元。）

第七條　各縣（特區）米價之計算，在已成立公沽局地方，依公沽局每月平均之米價，在未成立公沽局地方，依縣（特區）糧食管理委員會每月公布之平均米價。

第八條　公務人員之生活津貼，甲月份者須於乙月十五日以前計算清楚發給之。

第九條　本辦法第二條一、二、三、三項公務人員之生活津貼由省庫發給，四、五、兩項公務人員之生活津貼由縣（特區）庫發給，六、項人員之生活津貼由各該事業機關發給。

第十條　縣（特區）庫負担之生活津貼經費，各由縣政府（特種區署）依各該縣（特區）財政情形，妥擬辦法，呈請省府核定之。

第十一條　各縣（特區）鄉鎮以下之公務人員，應由各該縣政府（特種區署）視實際之需要，妥籌救濟辦法。

第十二條　本辦法施行後凡有關本省公務人員薪俸支給及生活津貼之各項規定，一概廢止。

第十三條　本辦法如有未盡事宜，得隨時修正之。

第十四條　本辦法施行日期，由省政府以命令定之。

生活津貼計算方法說明

（一）生活津貼應爲以下三部份之總和：

一、第一部份爲基本生活費用之戰時補助，並不與米價成正比例，無論米價高低，均須照給，定爲每人每月四元。

二、第二部份爲食米直接虧損。

三、第三部份爲與食米有連帶關係物品之虧損，此項虧損與食米虧損成正比例，但其漲跌不及米價之鉅，應照食米虧損六折計算。

以上可用下列方式表明之：

$$生活津貼 = 4 + \left(\frac{X}{100} \times 30 - 5\right) + \frac{6}{10} \times \left(\frac{X}{100} \times 30 - 5\right)$$

註一X即米價每百市斤幾元

方式中之5字即指現在規定公務員食米由政府保證每元六斤每人每月三十斤應付米價五元

（二）爲便利計，分生活津貼爲十級，每級以其中間之米價爲標準（元以下四捨五入）：

第一級、每月平均米價每百市斤在十六元六角七分以下（十六元六角七分不含），卽每元六斤以上者，每員每月給生活津貼四元。

第二級、每月平均米價每百市斤在十六元六角七分至二十四元九角九分者，照每百市斤二十元計算，每員每月應給生活津貼貴五元六角，湊成整數六元。

第三級、每月平均米價每百市斤在二十五元至三十四元九角九分者，照每百市斤三十元計算，每員每月應給生活津貼十元另四角，減成整數十元。

第四級、每月平均米價每百市斤在三十五元至四十四元九角九分者，照每百市斤四十元計算，每員每月應給生活津貼十五元二角，減成整數十五元。

第五級、每月平均米價每百市斤在四十五元至五十四元九角九分者，照每百市斤五十元計算，每員每月應給生活津貼二十元，仍爲二十元。

第六級、每月平均米價每百市斤在五十五元至六十四元九角九分者，照每百市斤六十元計算，每員每月應給生活津貼二十四元八角，湊成整數二十五元。

第七級、每月平均米價每百市斤在六十五元至七十四元九角九分者，照每百市斤七十元計算，每員每月應給生活津貼二十九元六角，湊成整數三十元。

第八級、每月平均米價每百市斤在七十五元至八十四元九角九分者，照每百市斤八十元計算，每員每月應給生活津貼三十四元四角，減成整數三十四元。

第九級、每月平均米價每百市斤在八十五元至九十四元九角九分者，照每百市斤九十元計算，每員每月應給生活津貼三十九元二角，減成整數三十九元。

第十級、每月平均米價每百市斤在九十五元以上（九十五元含）者，照每百市斤一百元計算，每員每月應給生活津貼四十四元，仍爲四十四元。

生活津貼表

米價每百市斤幾元	生活津貼	附註
$ 16,67以下	$ 4,00	
$ 16,67—24,99	$ 6,00	
$ 25,00—34,99	$ 10,00	
$ 35,00—44,99	$ 15,00	
$ 45,00—54,99	$ 20,00	
$ 55,00—64,99	$ 25,00	
$ 65,00—74,99	$ 30,00	
$ 75,00—84,99	$ 34,00	
$ 85,00—94,99	$ 39,00	
$ 95,00以上	$ 44,00	

申請書

（格式）

申請人家庭負擔實況

服務機關職別	姓名	籍貫	年齡	服務地點	月薪額支	被贍養人與本人關係	姓名	年齡	現住地點	被贍養原因

本人家庭內其他公務人員記載

姓名	與申請人關係	服務機關及職務	被其贍養人

謹遵福建省政府所頒公務人員薪俸減支及戰時生活津貼辦法第五條之規定申請准照核定生活津貼數目加倍支給填報如有不實及遇有變動後漏報或浮報者願受嚴重懲處

謹呈

福建省政府（省屬機關用）

公司董事會（省營機關用）

福建省縣政府或特種區署（縣區用）

申請人　　　簽名蓋章

年　　月　　日

保證書

所申請事項確係實在如有浮報情事保證人願與申請人　同受懲處　謹呈

福建省政府

（福建省　公司董事會）
（　縣政府或　特種區署）

保證人　（簽蓋）現任職務

被保證人　（簽蓋）　（簽蓋）

年　月　日

主管機關長官審查意見

經查　所申請事項尚屬實在既經　具書保證可照福建省公務人員薪俸減支及戰時生活津貼辦法第五條之規定加倍發給生活津貼

機關長官　簽名蓋章

主管科室長官　主管人事人員

附註

（一）各機關人員符合福建省政府所頒公務人員薪俸減支及戰時生活津貼辦法第五條末項之規定者均得填送

（二）新任人員應於就職後填送離職人員應由主管人事科股於其離職之日呈報註銷

（三）在職人員已經填送者如無變動不必按月填送新任人員其聲請書保證書應併同生活津貼分配預算表送核

（四）每人應填三份除本機關抽存一份外其餘二份呈送省政府分交秘一科財二科查存

（五）未經填送之人員縱有家庭負擔仍發生活津貼一份不得以任何理由請補

（六）遇有被贍養人死亡或免受贍養之變動時應立即隨時補報如填報不實或變動後漏報浮報一經察覺或被檢舉申請人保證人均應嚴重懲處

改定減支薪俸表

三十年一月份起實施

第級	薪額	實支數	說明
委任	50.00	50.00	（一）凡額薪在五十元（五十元含）以內者照額實發不加折扣。 （二）凡額薪在五十一元以上三百元（三百元含）以內者除五十元部份不折外其餘一律八折。 （三）凡額薪在三百另一元以上者除五十元不折及五十一元至三百元部份八折外其餘一律四折。
	55.00	54.00	
	60.00	58.00	
	65.00	62.00	
	70.00	66.00	
	75.00	70.00	
	80.00	74.00	
	85.00	78.00	
	90.00	82.00	
	95.00	86.00	
	100.00	90.00	
	110.00	98.00	
	120.00	106.00	
	130.00	114.00	
	140.00	122.00	
	150.00	130.00	
	160.00	138.00	
	170.00	146.00	
	180.00	154.00	
薦任	190.00	162.00	
	200.00	170.00	
	210.00	178.00	
	220.00	186.00	
	230.00	194.00	
	240.00	202.00	
	250.00	210.00	
	260.00	218.00	
	270.00	226.00	
	280.00	234.00	
	290.00	242.00	
	300.00	250.00	
	320.00	258.00	
	340.00	266.00	
	360.00	274.00	
	380.00	282.00	
簡任	400.00	290.00	
	430.00	302.00	
	460.00	314.00	
	490.00	326.00	
	520.00	338.00	
	560.00	354.00	
	600.00	370.00	
	640.00	386.00	
	680.00	402.00	

福建省政府关于解释本省公务人员战时生活津贴办法第五条内疑点的代电（一九四一年二月二十六日）

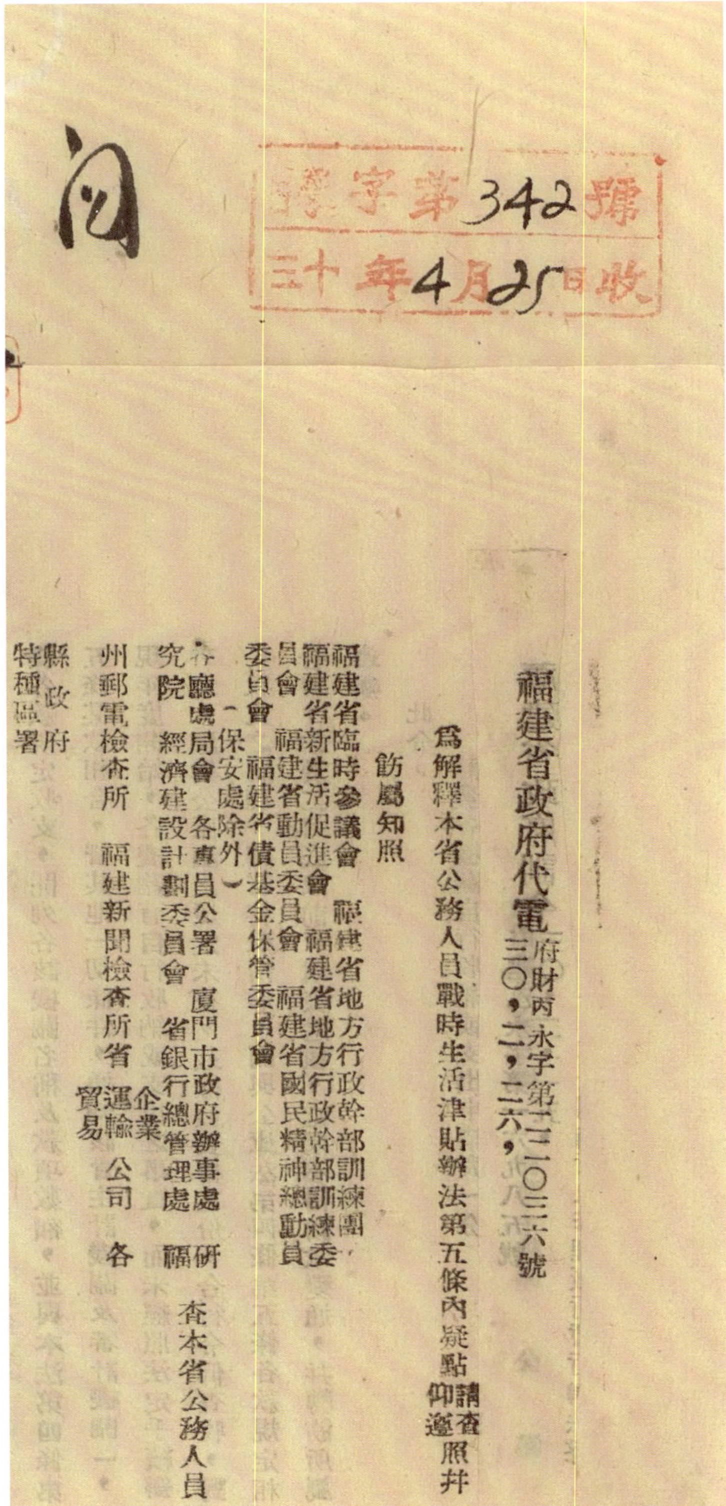
福建省政府代電 府財丙永字第三三〇三六號 三〇，二，二六，

為解釋本省公務人員戰時生活津貼辦法第五條內疑點請查照并仰遵照飭屬知照

福建省臨時參議會 福建省地方行政幹部訓練團 福建省新生活促進會 福建省地方行政幹部訓練委員會 福建省動員委員會 福建省國民精神總動員委員會 福建省債券基金保管委員會 各廳處局會（保安處除外）各專員公署 廈門市政府辦事處 研究院 經濟建設計劃委員會 省銀行總管理處 福州郵電檢查所 福建新聞檢查所 省企業運輸公司 省貿易公司 各縣政府 特種區署 研 查本省公務人員

特種區署

薪俸減支及戰時生活津貼辦法，業經本府製定公布施行在案。茲悉各機關對於該辦法第五條含義，間有疑點，補充說明如下：（一）所稱無職業收入，係包括「無職業」，「無收入」，「無職業收入」，即該被贍養人確屬不能自養，必須由該公務員贍養者，該公務員每月之生活津貼始得倍給之，（此點各機關於審核申請書時，應特別注意）。（二）凡公務員在一個家庭內，無論配偶或直系尊卑親屬，最少有一人受其贍養者，每月生活津貼得倍給之。（三）配偶均爲公務員，有尊卑親屬二人以上受其贍養者，每月生活津貼，均得倍給之。（四）一個家庭內有二人或二人以上任公務員，僅有一尊卑親屬受其贍養者，以被贍養人所在地之公務員每月生活津貼倍給之，倘二人或二人以上均爲一地公務員，或被贍養人均不隨同各公務員在一地域，其每月倍結之生活津貼，得使一公務員聲請具領。（五）夫妻均爲公務員，妻之生母或父無職業收入，應由其妻之親屬贍養，妻之生活津貼不得倍領。以上各點，除分別電知外，合亟電請查照並轉飭所屬知照。省政府（財三印）

大田县立初级中学教职员工战时生活津贴清册一组

大田县立初级中学一九四一年度员工战时生活津贴清册（一九四二年五月）

大田縣立初級中學三十年一月員工戰時生活津貼清册

職别	姓名	應領數	實領數	蓋章	印花	備考
校長	范震生	三〇元	三〇元〇〇			有家庭負担
教導主任	吳卓峯	一五九	一五元〇〇			無家庭負担
事務主任	陳兆年	三〇元	三〇元〇〇			有家庭負担
教員	董克明	三〇元	三〇元〇〇			有家庭負担
教員	蘇舜英	一五元	一五元〇〇			無家庭負担
教員	吳卓人	三〇元	三〇元〇〇			有家庭負担
教員	呂潛	三〇元	三〇元〇〇			有家庭負担
教員	葉占春	三〇元	三〇元〇〇			有家庭負担

會計	鄭佐國	三〇元	三〇元	〇〇	有家庭負担
生產訓練助理員	范起甲	三〇元	三〇元	〇〇	有家庭負担
辦事員	范霖生	三〇元	三〇元	〇〇	有家庭負担
辦事員	鄭鶴皋	三〇元	三〇元	〇〇	有家庭負担
辦事員	蕭振文	三〇元	三〇元	〇〇	有家庭負担
辦事員	陳星鶴	三〇元	三〇元	〇〇	有家庭負担
勤務	李昆業	一五元	一五元	〇〇	
勤務	范再東	一五元	一五元	〇〇	
勤務	林秉鵬	一五元	一五元	〇〇	

大田縣立初級中學三十年二月員工戰時生活津貼清冊

職別	姓名	應領數	實領數	蓋章	印花	備攷
校長	范震生	三〇〇〇	仝上			有家庭負担
教導主任	吳卓人	三〇〇〇				仝
事務主任	陳兆年	三〇〇〇				仝
教員	董克明	三〇〇〇				仝
	呂瑠	三〇〇〇				仝
	葉古春	三〇〇〇				仝
	留福銀	三〇〇〇				仝
會計兼農業指導員	鄭佑國	三〇〇〇				仝

職別	姓名						備考
辦事員	范霖生	三〇	〇〇				仝
	鄭鶴年	三〇	〇〇				仝
	蕭振文	三〇	〇〇				仝
	陳星福	三〇	〇〇				仝
生產訓練助理員	范起甲	三〇	〇〇				仝
勤務	李足業	五	〇〇				[illegible]
	范壐東	五	〇〇				
	林永成	五	〇〇	一五	〇〇		

大田縣立初級中學三三年三月員工戰時生活津貼清冊

職別	姓名	應領數	實領數	蓋章	印花	備考
校長	范震生	三〇〇〇	仝上			有家庭負担
教導主任	吳草八	三〇〇〇	—			仝
事務主任	陳兆年	三〇〇〇	—			仝
教員	董克明	三〇〇〇	—			仝
	呂躍	三〇〇〇	—			仝
	葉吉春	三〇〇〇	—			仝
	留福銀	三〇〇〇	—			仝
會計兼農業指導員	鄭佑國	三〇〇〇	—			仝

辦事員	范霖生	三〇	〇〇				仝
	鄭鶴年	三〇	〇〇				仝
	蕭振文	三〇	〇〇				仝
	楊章編	三〇	〇〇				仝
生産儲訓處助理員	范起甲	三〇	〇〇				仝
勤務	李足業	一五	〇〇				[illegible]
	范重東	一五	〇〇				
	林永成	一五	〇〇	一五	〇〇		

24

大田縣立初級中學三十年度八九月份員工戰時生活津貼清册

職別	姓名	應領數	實領數	蓋章印花	備攷
校長	范震生	三○○○	三10 00		有家庭負担
教導主任	沈錫沌	三○○○	三○○○		有家庭負担
事務主任	陳兆年	二○○○	三○○○		有家庭負担
教員	吳卓人	三○○○	三○○○		有家庭負担
教員	呂濬	三○○○	三○○○		有家庭負担
教員	葉占春	三○○○	三○○○		有家庭負担
教員	留福銀	三○○○	三○○○		有家庭負担
會計	鄭佐國	三○○○	三○○○		有家庭負担

(A4 210×297 ...)

圖書儀器管理員兼出納	范起甲	三○	○○	三○	○○		有家庭負担
幹事	范霖生	三○	○○	三○	○○		有家庭負担
幹事	李文艷	一五	○○	一五	○○		無家庭負担
幹事	王惠民	三○	○○	三○	○○		有家庭負担
勤務	李是業	一五	○○	一五	○○		有家庭負担
勤務	林永成	一五	○○	一五	○○		有家庭負担
勤務	范垂東	一五	○○	一五	○○		有家庭負担

大田县立初级中学关于报送一九四二年度一至四月份员工战时生活津贴清册的呈（一九四二年六月三日）

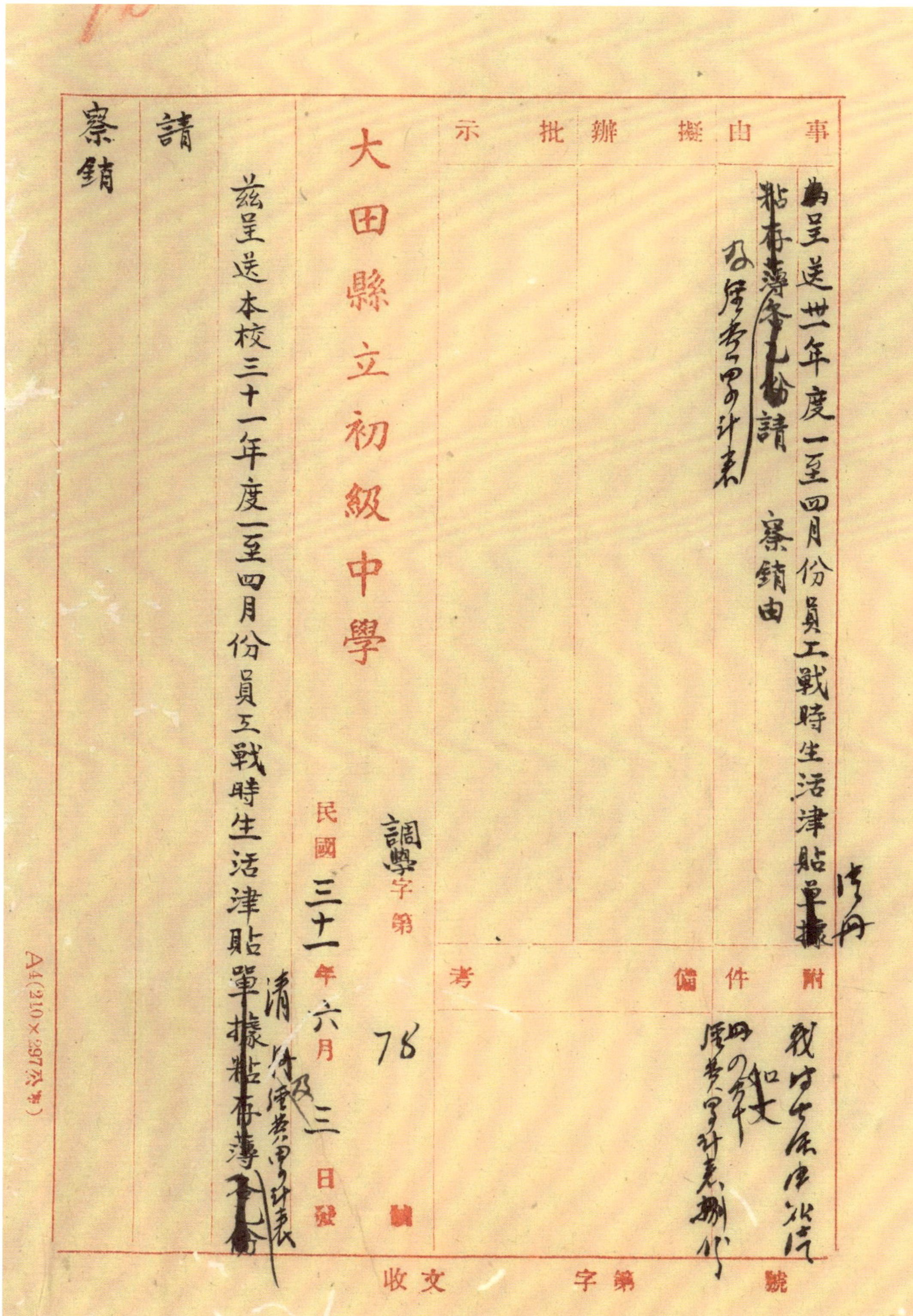

大田縣立初級中學

事由：為呈送卅一年度一至四月份員工戰時生活津貼單據粘存簿各一份請察銷由

擬辦

批示

附件

備考

茲呈送本校三十一年度一至四月份員工戰時生活津貼單據粘存簿各一份

請

察銷

民國三十一年六月三日發

調學字第78號

收文　字第　號

A4(210×297公厘)

謹呈

大田縣縣長羅

[illegible]年度一一〇月份至[illegible]各二份

~~附單據粘存簿四份~~

大田縣立初級中學校長范震生

附：大田县立初级中学一九四二年度一至四月份员工战时生活津贴清册

稿

大田縣立初級中學三十一年度一月份員工戰時生活津貼清冊

職別	姓名	應領數	實領數	蓋章	印花	備註
校長	范震生	四〇〇	四〇〇	[印]		有家庭負担
教導主任	沈錫純	四〇〇	四〇〇	[印]		〃
事務主任	陳兆年	四〇〇	四〇〇	[印]		〃
教員	吴卓人	四〇〇	四〇〇		此欄無再蓋章貼印花另月有續付後	〃
〃	吕潜	四〇〇	四〇〇	仝	欠	〃
〃	葉占春	四〇〇	四〇〇	[印]		〃
〃	留禎銀	四〇〇	四〇〇	[印]		〃
會計	鄭佑國	四〇〇	四〇〇	[印]		〃

圖書儀器管理員兼幹事	范尅甲	四〇〇〇	四〇〇〇	（印）	〃
幹事	范靄生	四〇〇〇	四〇〇〇	（印）	〃
〃	李文艷	二〇〇〇	二〇〇〇	李文艷印	無家庭負担
〃	王惠民	四〇〇〇	四〇〇〇	王惠民印	有家庭負担
勤務	李是業	二〇〇〇	二〇〇〇	（印）	
〃	林承成	二〇〇〇	二〇〇〇	林承成印	
〃	范靈東	二〇〇〇	二〇〇〇	范靈東印	

存

三、卅、

大田縣立初級中學三十一年度四三二月份員工戰時生活津貼清冊

職別	姓名	應領額	實領額	蓋章	印花	備註
校長	范震生	二〇〇〇	二〇〇〇	[印]		英 [illegible]
教導處主任	沈錫純	二〇〇〇	二〇〇〇	[印]		〃 [illegible]
事務處主任	陳兆年	二〇〇〇	二〇〇〇	[印]		〃 [illegible]
專任教員	朱廷耀	二〇〇〇	二〇〇〇	[印]		〃 [illegible]
〃	葉占春	二〇〇〇	二〇〇〇	[印]		〃 [illegible]
〃	張光世	二〇〇〇	二〇〇〇	[印]		〃 [illegible]
〃	留福銀	二〇〇〇	二〇〇〇	[印]		〃 [illegible]
會計兼農業指導員	鄭依國	二〇〇〇	二〇〇〇	[印]		〃 [illegible]

職別	姓名					
幹事	范霖生	二〇〇〇	二〇〇〇			[illegible]
〃	范庭材	二〇〇〇	二〇〇〇			[illegible]
〃	范起甲	二〇〇〇	二〇〇〇			[illegible]
書記	李文艷	二〇〇〇	二〇〇〇			[illegible]
勤務	李昊業	一〇〇〇	一〇〇〇			[illegible]
〃	林永成	一〇〇〇	一〇〇〇			[illegible]
〃	范垂東	一〇〇〇	一〇〇〇			[illegible]
〃	鄭玉河	一〇〇〇	一〇〇〇			[illegible]

大田县立初级中学关于造送本校一九四二年度五至七月份员工战时生活津贴清册的呈（一九四二年十月三日）

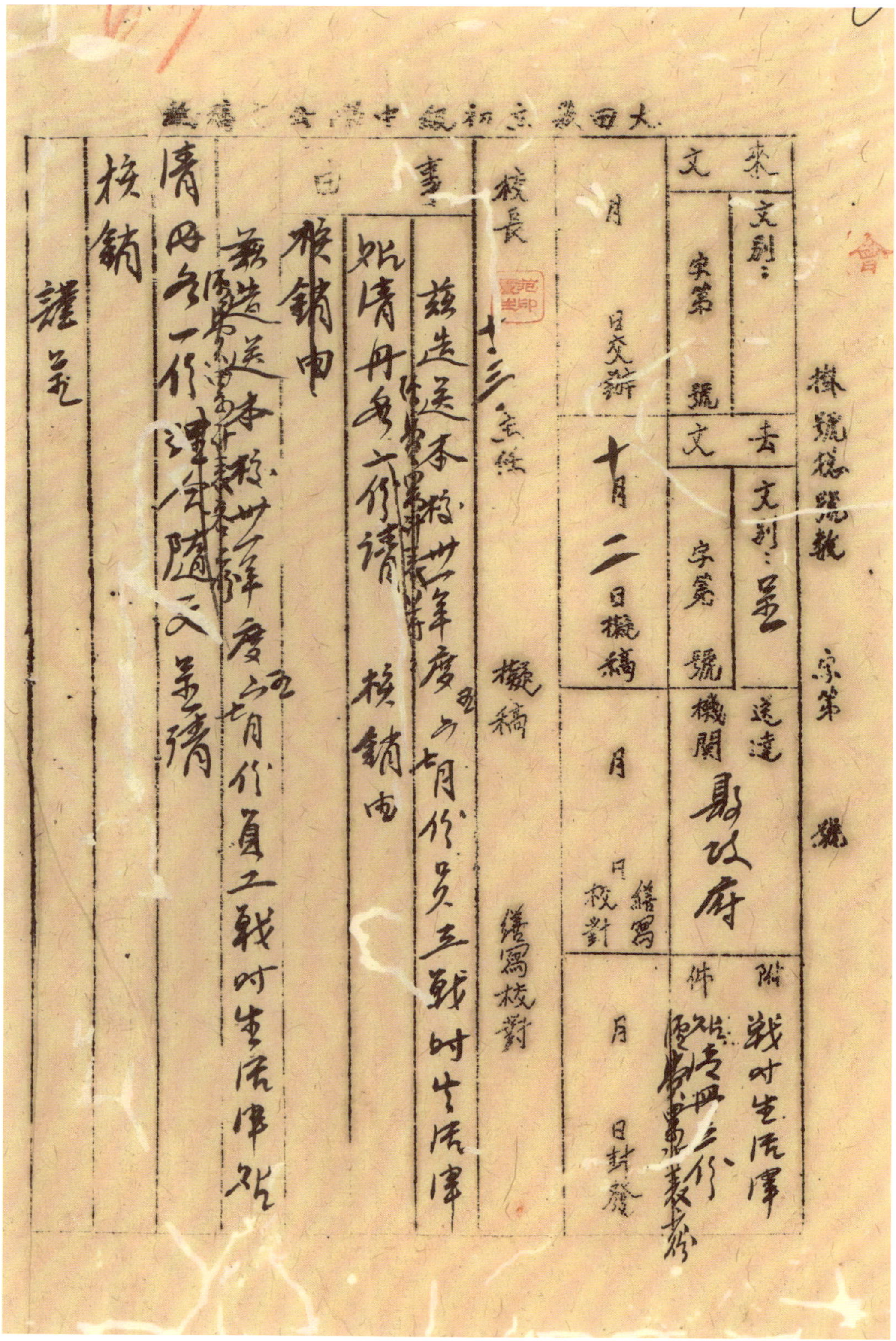

大田县立初级中学公函稿纸

挂号总号数 字第 号

来文 文别： 字第 号 月 日交办

去文 文别：呈 字第 号 十月二日拟稿

送达机关 县政府

附件 战时生活津贴清册三份

校长 十三

拟稿 缮写校对

事由 兹造送本校卅一年度五六七月份员工战时生活津贴清册三份请核销由

兹造送本校卅一年度五六七月份员工战时生活津贴清册一份，连同收据随文呈请

核销

谨呈

大田县县长罗

附送：本校卅年度一、二月份员工战时生活津贴清册三份，经费累计表六份

衔名

附：大田县立初级中学一九四二年度五至七月份员工战时生活津贴清册

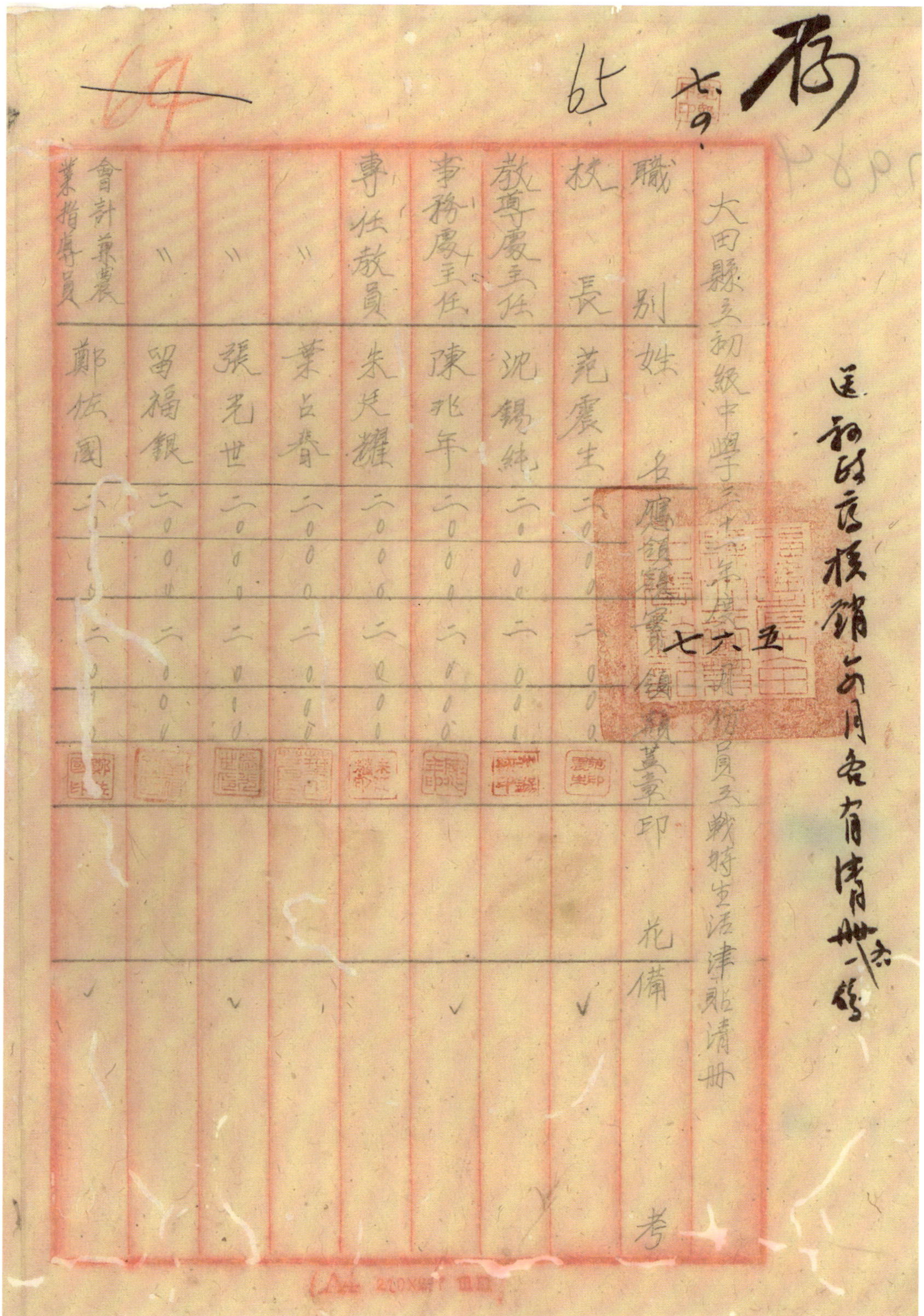

大田縣立初級中學三十一年度五至七月份員工戰時生活津貼清册

職別	姓名	應領金額				蓋章印花	備考
校長	范震生	二〇	〇〇	二〇	〇〇	[印]	✓
教導處主任	沈錫純	二〇	〇〇	二〇	〇〇	[印]	
事務處主任	陳兆年	二〇	〇〇	二〇	〇〇	[印]	✓
專任教員	朱廷耀	二〇	〇〇	二〇	〇〇	[印]	
〃	葉占春	二〇	〇〇	二〇	〇〇	[印]	
〃	張光世	二〇	〇〇	二〇	〇〇	[印]	✓
〃	留福銀	二〇	〇〇	二〇	〇〇	[印]	
會計兼農業指導員	鄭佐國	二〇	〇〇	二〇	〇〇	[印]	✓

七六五

送新政區核銷六月份名冊清册　杰

65　七〇

职别	姓名			盖章	
幹事	范霖生	二〇〇〇	二〇〇〇	[illegible]	✓
〃	范起甲	二〇〇〇	二〇〇〇	范起甲印	✓
〃	范庭材	二〇〇〇	二〇〇〇	[illegible]	✓
書記	李文艷	二〇〇〇	二〇〇〇	李文艷印	
勤務	李是業	一〇〇〇	一〇〇〇	[illegible]	✓
〃	范垂東	一〇〇〇	一〇〇〇	范垂東印	✓
〃	林永成	一〇〇〇	一〇〇〇	[illegible]	
〃	鄭玉河	一〇〇〇	一〇〇〇	鄭玉河印	✓

大田县政府关于同意本县公务员战时生活补助增加为八十元的指令（一九四二年十月十一日）

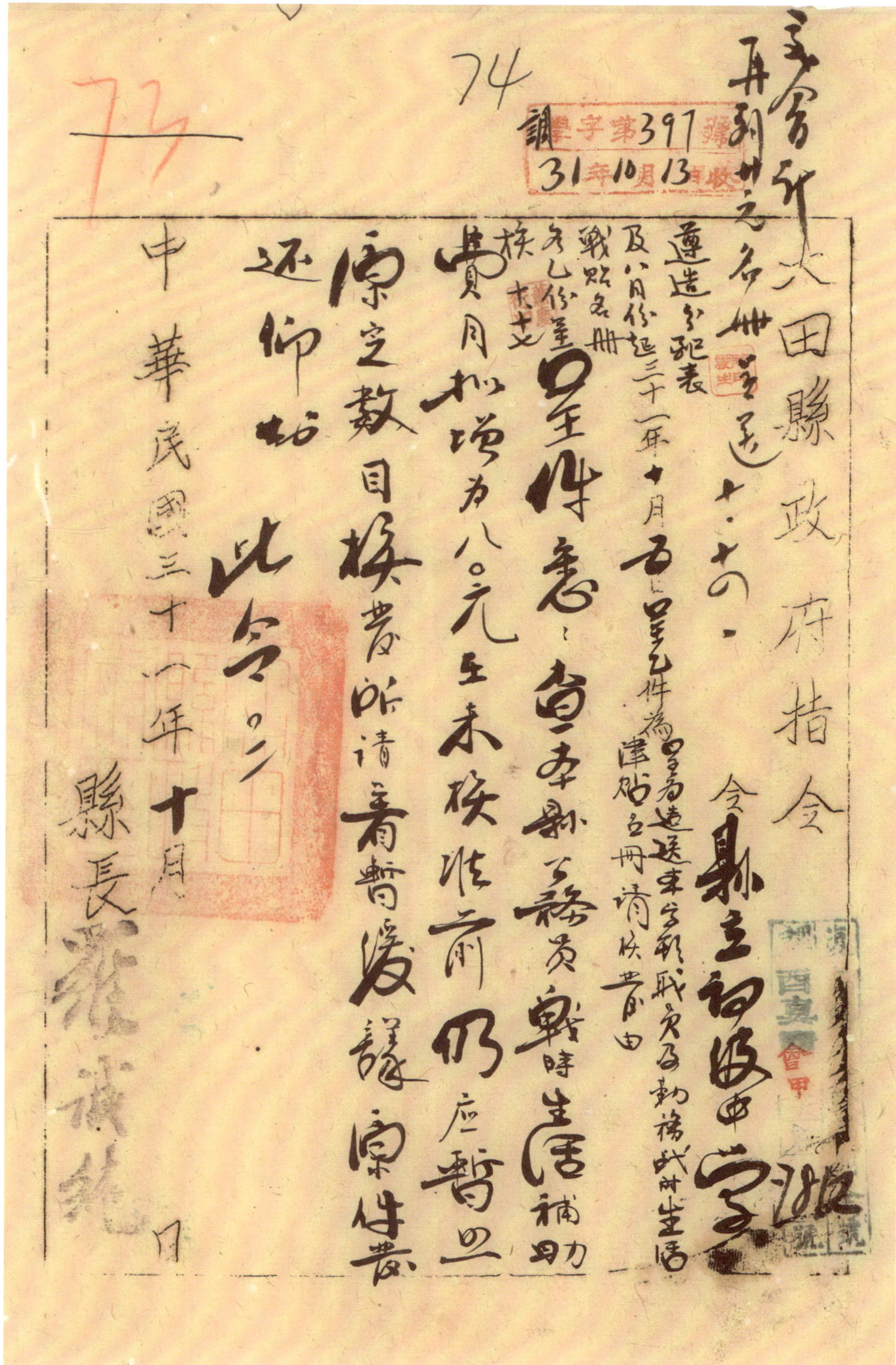

大田县立初级中学一九四二年度八月份起职教员及勤务生活津贴名册（一九四二年十月）

79

大田縣立初級中學三十一年度八月份起職教員及勤務生活津貼名册

民國三十一年十月　日造

大田縣立初級中學三十一年度八月份起職教員及勤務戰時生活津貼名冊

職別	姓名	應領津貼額	備註
校長	范震生	八〇〇〇	
教導主任	張取垚	八〇〇〇	
事務主任	陳兆年	八〇〇〇	
專任教員	葉占春	八〇〇〇	
專任教員	吴嘉楨	八〇〇〇	
專任教員	陳其源	八〇〇〇	
專任教員	留福銀	八〇〇〇	
專任教員	湯文彬	八〇〇〇	

校醫	趙希望	八〇	〇〇
幹事兼女生指導員	蔣新珠	八〇	〇〇
會計	蕭慶衍	八〇	〇〇
幹事	陳開明	八〇	〇〇
幹事	范起甲	八〇	〇〇
幹事	范庭材	八〇	〇〇
勤務	李是業	四〇	〇〇
勤務	范垂東	四〇	〇〇
勤務	鄭玉河	四〇	〇〇
勤務	陳阿穹	四〇	〇〇

大田县立初级中学一九四二年度战时生活津贴分配预算表（一九四二年十月）

70

69

存

十六、

大田縣立初級中學三十一年度戰時生活津貼分配預算表

民國三十一年十月　日造送

71

大田縣立初級中學三十一年度戰時生活津貼費分配預算表

歲出臨時門臨時部份

款	項	目	節	名稱	全年度預算數	一月份	二月份	三月份	四月份	五月份	六月份	七月份	八月份	九月份	十月份	十一月份	十二月份
1				本校戰時生活津貼	八六〇〇〇〇	五二〇〇〇	二八〇〇〇	二八〇〇〇	二八〇〇〇	二八〇〇〇	二八〇〇〇	二八〇〇〇	一二八〇〇〇	一二八〇〇〇	一二八〇〇〇	一二八〇〇〇	一二八〇〇〇
	1			戰時生活津貼	八六〇〇〇〇	五二〇〇〇	二八〇〇〇	二八〇〇〇	二八〇〇〇	二八〇〇〇	二八〇〇〇	二八〇〇〇	一二八〇〇〇	一二八〇〇〇	一二八〇〇〇	一二八〇〇〇	一二八〇〇〇
		1		職教員戰時生活津貼	七五〇〇〇〇	四六〇〇〇	二四〇〇〇	二四〇〇〇	二四〇〇〇	二四〇〇〇	二四〇〇〇	二四〇〇〇	一一二〇〇〇	一一二〇〇〇	一一二〇〇〇	一一二〇〇〇	一一二〇〇〇
			1	職教員戰時生活津貼	七五〇〇〇〇	四六〇〇〇	二四〇〇〇	二四〇〇〇	二四〇〇〇	二四〇〇〇	二四〇〇〇	二四〇〇〇	一一二〇〇〇	一一二〇〇〇	一一二〇〇〇	一一二〇〇〇	一一二〇〇〇
		2		勤務戰時生活津貼	一一〇〇〇〇	六〇〇〇	四〇〇〇	四〇〇〇	四〇〇〇	四〇〇〇	四〇〇〇	四〇〇〇	一六〇〇〇	一六〇〇〇	一六〇〇〇	一六〇〇〇	一六〇〇〇
			1	勤務戰時生活津貼	一一〇〇〇〇	六〇〇〇	四〇〇〇	四〇〇〇	四〇〇〇	四〇〇〇	四〇〇〇	四〇〇〇	一六〇〇〇	一六〇〇〇	一六〇〇〇	一六〇〇〇	一六〇〇〇

70

附註：八月份起職教員十四人各支八〇元月列一一二〇元勤務四人各支四〇元月列一六〇元七月份以前仍照原預算列支

73

校長范震生

會計蕭慶衍

中華民國三十二年十月　日

大田县立初级中学一九四三年度二月起职教员及勤务薪饷册（一九四三年四月）

大田縣立初級中學三十二年度二月份起職教員及勤務薪餉冊

民國三十二年四月　日造送

104

大田縣立初級中學三十二年度二月份起職教員及勤務薪餉冊

職別	姓名	原支薪額	現支薪俸	備攷
校長	范震生	一六〇〇〇	一八〇〇〇	
教導主任	張取垚	一四〇〇〇	一三〇〇〇	
事務主任	陳兆年	一六〇〇〇	一六〇〇〇	
專任教員	葉占春	一六〇〇〇	一六〇〇〇	
〃	陳其源	九〇〇〇	九〇〇〇	
〃	黄福銀	九〇〇〇	九〇〇〇	
〃	馮文彬	一三〇〇〇	一三〇〇〇	
〃	劉二皆	[illegible]	九〇〇〇	本學期新聘原支額無從列入

职别姓名			备注
兼任教员范霖生	二四〇〇	二四〇〇	
〃 许玉本	一四〇〇	二四〇〇	本学期新聘原支樾无从列入
校医赵希望	六〇〇	六〇〇	
会计萧传蕃	八〇〇	八〇〇	本学期新聘原支樾无从列入
干事兼女生指导员张兰芬	八四〇〇	八四〇〇	〃
干事陈开昭	六〇〇〇	六〇〇〇	该员于三月廿一日辞职改聘范训练接充
干事范训练	一五〇〇	六〇〇〇	四月一日起改聘该员接充
干事范起甲	五五〇〇	五五〇〇	
干事范庭材	五五〇〇	五五〇〇	
勤务李是业	二〇〇〇	二〇〇〇	

105

大田縣立初級中學三十二年度二月份起職教員及勤務薪餉冊

職别	姓名	原支薪額	現支薪俸	備
勤務	范垂東	二〇〇〇	二〇〇〇	
勤務	鄭玉河	二〇〇〇	二〇〇〇	
勤務	張志楚	~~二〇〇〇~~	二〇〇〇	

玖

大田县立初级中学本学期付校丁食米公布情况（一九四三年四月）

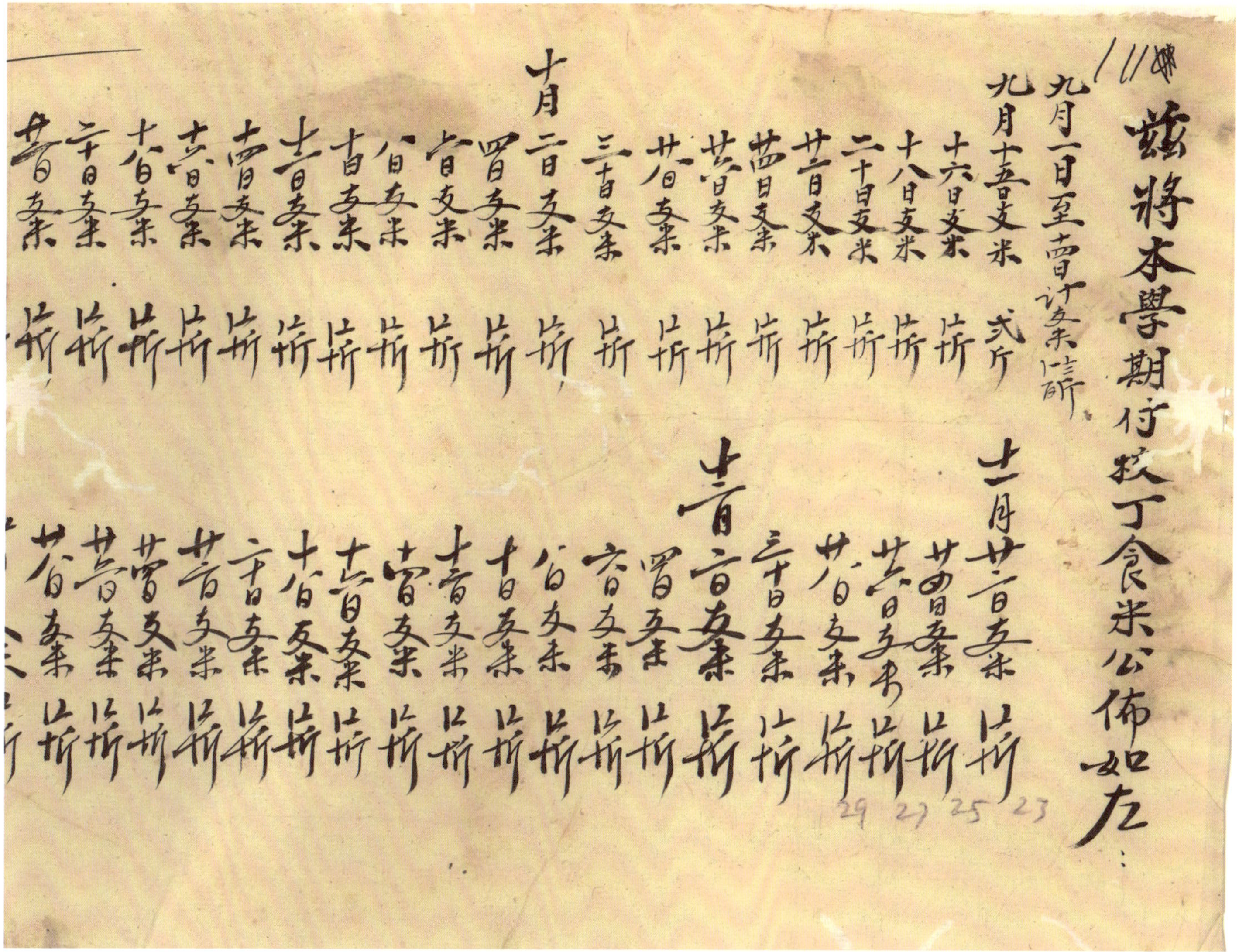

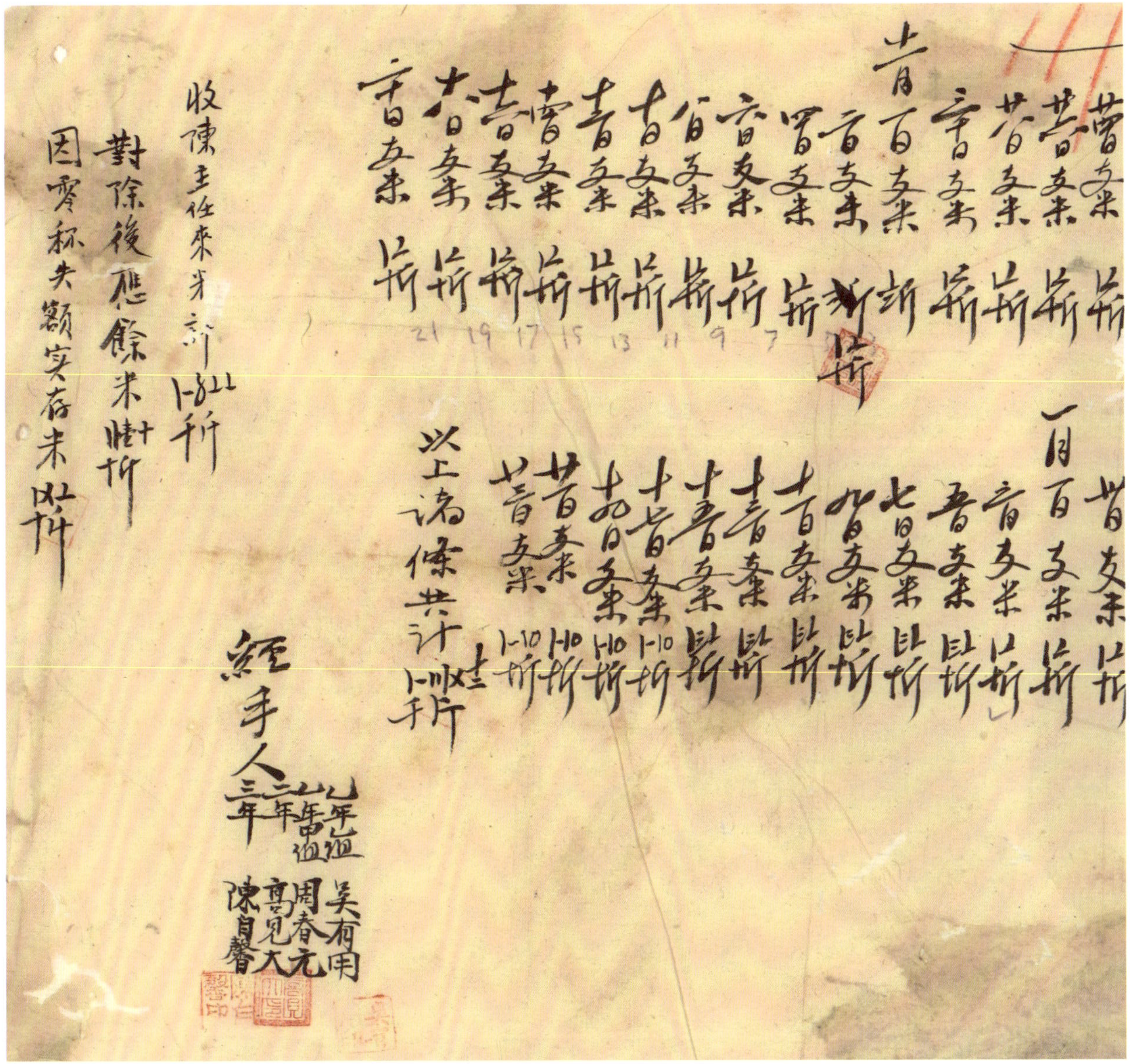
以上論係共計
收陳主任來米
對除後應餘米
因零秤失額實存米
經手人
吳有用
周春元
蔣見大
陳自馨

112 4

莳将本学期终收校丁食米公佈如右

一）池泉清 陳自熬 陳炮文 张振文 郑字光 林良材 林鳳侯 郑玉光 陳世玉 廖孝虎 王上位 唐有班

余友三 罗上府 唐国辛 郭秉忠 翁肖照 胡良谢 吴慶雲 林志超 蒋廷光 杜清彪 池浪清 陳廷玉

蒋绍清 陳宗理 陳祥雲 连英献 柯金鍾 张振氏 叶潮钦 刘伟武 林鐘陵 高见大 罗孝巡 乐松

陳廷材 叶延然 苏永来 林永大 郑仍银 陳文奎 陳扬光 吴龍光 郑宗忠 郑文華 陳大作 余廷土

郑光陞 王思诚 周孝元 王奕燮 刘元武 张流芳 高秋波 魏慶栽 乐有滄 吴荣光 池廷焕 高超尧

高加缎 林乃晴 高立出 杨倩和 陳文明 高超鑾 林岳鏗 郑文光 叶腾彬 叶良树 郑坡光 吴明新

姜读虞 刘苿虎 陳廷荣 罗联凌 张进鏘 高秋沭 王英政 张炳全 郭绍仁 陳荣代 陳良日 陳閤華

林文仲 乐光壇 林有仿 田寿斗 陳孟雨 连守土 郭绍義 郑光漢 苏仰高 陳達文 陳为梁 叶腾芳

苏英闌 陳文俊 张尹奎 连礼儀 陳冠群 林有才 魏慶基 叶桃贞 郑閤族 俞初和 郭兆和 林秋明

罗旋袍 陳超才 王此俟 陳焕勲 陳子达 吴有雨 陳逢荣 陳國七 池湛靖 徐英和 林黄英 陳閤楚

叶桂芳 林桂香 罗蓮妹 郭娇娥 陳淑清 叶菊芳 郝秀穀 翁時城 郑财青 陳玉英 卢焕荣 肖世英

陳志肯　盧月華　以上卅八人每人廿八斤计米壹千零叁拾贰斤

（二）池華請　王佐國　□里　連天化　罗联慶　盧焕光　吴國桢　林冠俤　林志旦　林冠華　詹山慶　蘇挺秀

规依嘉　陳春程　以上二人每人廿八斤计米伍拾陆斤

（三）吴吴國贰斤

以上三条计收米壹仟壹佰叁拾斤

经收人陳兆年（印）

外賸公米卅斤折白米卅斤

再计米壹仟壹佰伍拾陆斤陆两（该款均付保管员）

全国节约建国储蓄劝储委员会福建省分会大田县支会关于抄送福建省各界节储实践会组织通则等事项致县立初级中学的代电（一九四二年六月二日）

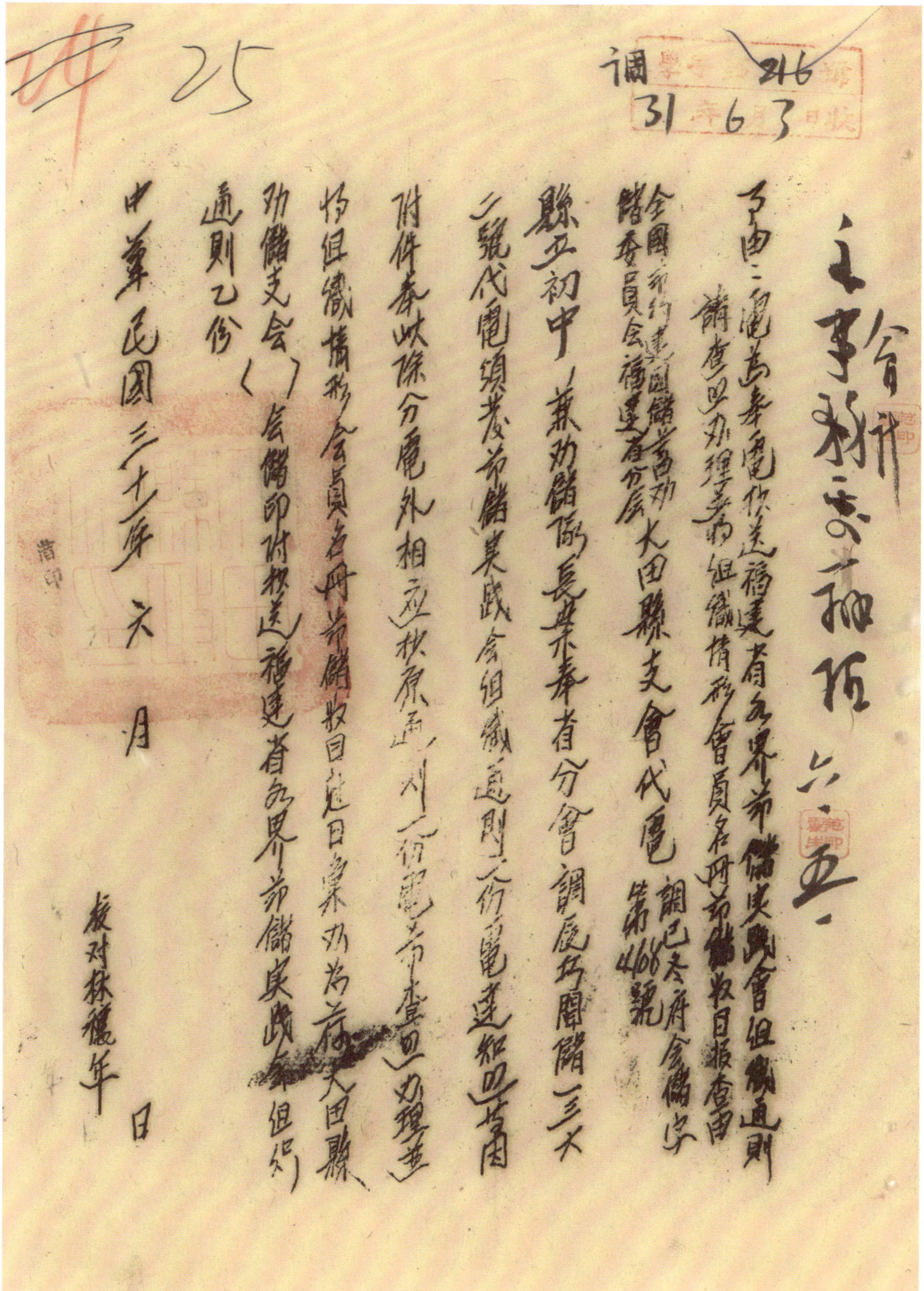
事由：二[illegible]为奉电抄送福建省各界节储实践会组织通则请查照办理并将组织情形会员名册节储收目报查由

全国节约建国储蓄劝储委员会福建省分会大田县支会代电 [illegible]字第468号

县立初中：兼劝储队长案奉省分会调[illegible]节储三大二号代电须发节储实践会组织通则一份电送知照并将附件奉此，除分电外，相应抄原通则一份电希查照办理并将组织情形会员名册节储收目[illegible]呈报为荷。大田县劝储支会（　）会储印附抄送福建省各界节储实践会组织通则乙份

中华民国三十一年六月　日

校对林穗年

附：福建省各界节约实践会组织通则

福建省各界節約實踐會組織通則

第一條 本省各界節約實踐會（以下簡稱各界實踐會）遵照 委員長倡導之節約建國儲蓄運動自動集合同志努力實踐節約儲蓄為宗旨

第二條 各界實踐會分為左列各種受當地勸儲會之指導實行節約儲蓄

甲 機關或社團節約實踐會 凡一機關或一社團不論會員多寡均得組織之定名為福建省（某機關或某社團）節約實踐會 機關或社團組織較大者得按其內部組織分為第一第二第三……節約實踐會由各該機

關社團參酌情形及人數，指定總幹事若干人辦理會
務。會員每月節儲不限數額，但至少須交國幣一
元以上。

乙、商號（包括各公司行號）節儲運動會　以商舖
牌號為單位，分甲乙丙等，甲等每月節儲國幣十
元以上，乙等每月節儲每月國幣五元以上，由當地各
商號會或同業公會、商會等組織之，定名為商號
節儲運動會，其以所在地之商會、商業或同業公會參
酌地方情形，指定總幹事一人、幹事若干人辦理會務。

丙、民眾節儲運動會　以每甲為單位（依現行保甲制度），每
甲以十户為原則，未滿十户或超過十户者，准許酌量保甲

調度之）由保甲長按户勸導組織之是否爲某縣（區市）某區某鄉鎮某保某甲節儲建國會保長爲總幹事甲長爲幹事每户每月至少節儲國幣壹元以上貧户雖無力節儲者得由甲長向該甲内富户勸募多儲但每甲每月節儲金額不得少於標準數之單位

第三條 參加本建國會之會員應服膺左列信條

甲、厲行儉樸生活

乙、儘量採用土産

丙、節省非必需品之享用

第四條　各界某某會會員儲蓄不限種類，凡節約建國儲金、儲券、特種有獎儲蓄券、普通儲蓄存款及其他儲蓄會單均可，但應向中央、中國、交通、農民四行、中央信託局、郵政儲金匯業局或其他代理機關（以下簡稱收儲行局）存儲之。

第五條　各界某某會會員應按月自動向所在地收儲行局存儲，領取收據或憑證，交由勸儲事務員報告當地勸儲會，所在如無收儲行局或因路途關係，會員不便自動存儲者，得由勸儲事務員或當地勸儲會辦理，或將全年認儲數額分期存儲，並於未到期

新儲款連同存摺交由所服務之機關代向當地收儲行局或其他指定機關存儲之

第六條　各界實踐會會員如遇失業疾病婚喪等特別事故需用儲款或停止儲蓄得提出足資證明文件經當地勸儲會認可證明後於未屆期前向存儲行局提取之但特種有獎儲蓄券有獎儲蓄會單不在此限

第七條　各界實踐會總辦事處應將組織情形及名冊暨節儲數目按月報告當地勸儲會以便隨時派員調查

第八條　各界實踐會會員儲違不履行節儲義務之處罰公約互相檢舉及獎勵

第九條　本通則自全國節約建國儲蓄勸儲委員會福建省分會議決通過函請福建省政府通飭施行並呈報總會備案修正時亦同

大田县立初级中学关于电送本校举行卫生运动周情形报告表致善后救济总署福建办事处的代电

（一九四二年六月十四日）

快郵代電　大田縣立初級中學

字號：酉巳寒校庠字第　號

事由：電送本校舉行衛生運動週情形報告表請　查照由

福州善後救濟總署福建辦事處公鑒：查本校教職員蒙饋送軍用食品協助舉行防疫宣傳工作一節，業經依照規定辦理，並檢送本校舉行防疫宣傳衛生運動週活動情報告表一份，至軍用食品報銷表已於五月十日以兩辰灰校字第66號送換在案，相應電請　查照為荷。兼大田縣立初級中學師範學校校長范成鋼。（附衛生運動週情形報告表一份）

中華民國卅一年六月十四日發

附：学校举行防疫宣传卫生运动周活动情形报告表

（　　　　）学校举行防疫宣传卫生运动周活动情形报告表

活动项目	活动情形								
讲解疫病之预防常识	时间	纪念周其他集会	讲演者	吴祥芝	出席人数	70	讲题	预防疫病三种	
利用卫生教学加讲疫病常识	教师姓名	魏卫生	班级	二年	讲题	流行病预防方法			
督促学生注射菌苗	预防名称	霍乱	伤寒	牛痘					
	注射人数	67	68	40					
组织学生宣传及劝导民众预防注射	活动地区	全初中	工作人数	40人					
举行讲座改善学校卫生	全初中								
组织卫生队检查学校环境卫生	全初中								
班级宿舍举行清洁竞赛	全初中								
出版卫生壁报	全初中								
举行卫生演讲比赛	全初中								
其他									
附注	对于本会所赠送之军用药品之实施及感想： 全初中								

福建省教育厅关于抄发各市县组织劝储队领销节约建国储蓄券通则暨全国节储运动一九四二年度竞赛及核奖办法致大田县立初级中学的代电（一九四二年九月二十一日）

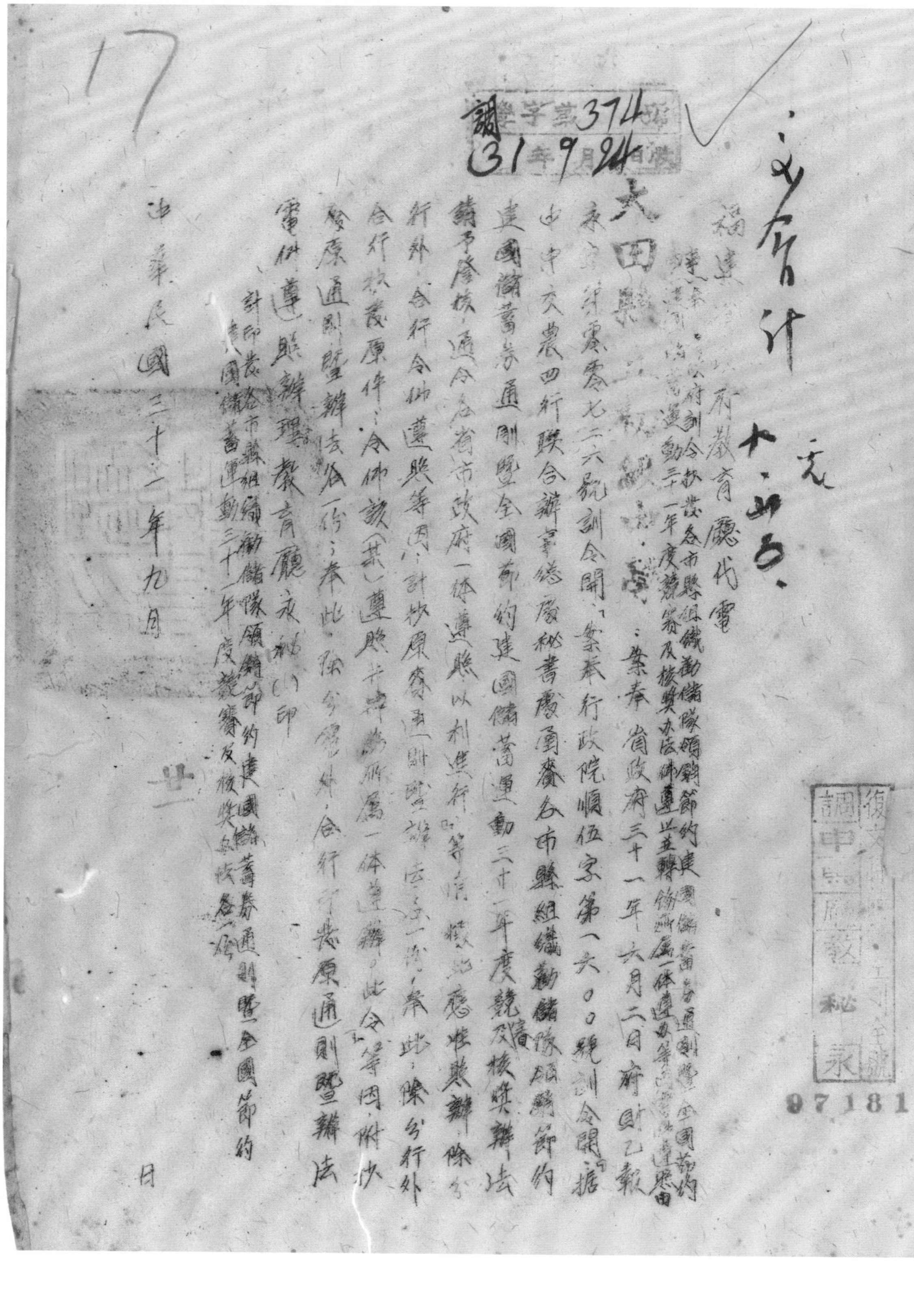

福建省政府教育廳代電

事由：為奉 省政府訓令抄發各市縣組織勸儲隊領銷節約建國儲蓄券通則暨全國節約建國儲蓄運動三十一年度競賽及核獎辦法飭遵照並轉飭所屬一體遵照等因電仰遵照由

大田縣立初級中學：案奉 省政府三十一年六月二日府財乙報秘字第[illegible]七二六號訓令開：「案奉行政院順伍字第一六〇〇號訓令開：據中中交農四行聯合辦事總處秘書處呈賫各市縣組織勸儲隊領銷節約建國儲蓄券通則暨全國節約建國儲蓄運動三十一年度競賽及核獎辦法請予修核通令各省市政府一體遵照以利進行等情。據此，應准照辦。除分行外，合行令仰遵照等因。計抄原賫通則暨辦法各一份。奉此，除分行外，合行抄發原件，令仰該（某）遵照，并轉飭所屬一體遵辦。」此令等因，附抄發原通則暨辦法各一份。奉此，除分電外，合行抄發原通則暨辦法電仰遵照辦理。教育廳亥秘（ ）印

計印發各市縣組織勸儲隊領銷節約建國儲蓄券通則暨全國節約建國儲蓄運動三十一年度競賽及核獎辦法各一份

中華民國三十一年九月 廿一 日

附（一）各市县组织劝储队领销节约建国储蓄券通则

各市縣組織勸儲隊領銷節約建國儲蓄券通則

一、中央信託局、中國銀行、交通銀行、中國農民銀行、郵政儲金匯業局（以下簡稱各行局）為普遍推行節約建國儲蓄業務，便利各市縣組織勸儲隊領銷儲蓄券起見，特會同全國節約建國儲蓄勸儲委員會訂定本通則。

二、勸儲隊由各市縣勸儲支會就當地鄉鎮公所及各機關團體學校工廠組織之，依次編號登記，並按照其範圍人數及資力分配推銷目標，以為競賽之標準。

三、領銷之儲蓄券以甲種為限，一律以現款領銷。

四、現款領銷手續：（1）由市縣勸儲支會于組織勸儲隊時，預發每隊空白領銷單一本，並于內指定領券行局，（2）勸儲隊領券時，應將需領券額、張數填明領銷單，連同現款向指定行局領購推銷，各勸儲隊所需周轉現款由原機關於公款內墊撥。（3）行局於收款時得照代銷券辦法給予千分之五手續費，但每月領銷超過十萬元者，仍以十萬元計算。該項領銷單由收款行局蓋章註明，送市縣勸儲支會，列為競賽成績，照章給獎，但無領銷單者不得援例請獎。（4）現款領銷之儲蓄券，均由行局簽字蓋章並加當日之發行日戳，須而未銷之券，於原機關結賬時，視同剩餘現款。

五、當地無行局者，由勸儲支會商請縣政府墊款，向附近行局照前條現款領銷手續辦理。

六、勸儲隊推銷儲蓄券，應以勸導為主，其願按月認購儲蓄券者，可將姓名列單，附於領銷單，請勸儲支會發給節儲實踐會會員證。

七、本通則實行時，應由市縣勸儲支會商請縣政府佈告嗣後勸儲一律憑儲蓄券收款，不得發給臨時收據，預收儲款，以杜流弊，並將節儲之有益及存取之便利，詳加說明，俾人民咸能認識，踴躍認購，以養成良善之習慣。

八、市縣政府及所屬機關團體，推行節約建國儲蓄為改造社會運動主要工作之一，總列為行政考績，應認真辦理，力求普遍與持久，並將勸儲隊名單分配競賽目標，以及每月推行成績呈報該省勸儲分會，以憑考核。

九、本通則經四聯總處核准，各省市分別審行，並函請各省市政府規定實行日期公佈之。

附（二）全国节约建国储蓄运动一九四二年度竞赛及核奖办法

全國節約建國儲蓄運動三十一年度競賽及核獎辦法

一、競賽期限　自三十一年一月一日起至十二月三十一日止，以每兩月為一期，年終為成績總結算期。

二、競賽目標分為甲乙兩項：

甲項競賽：以每期節約建國儲蓄淨增二億元為目標，於年終達到淨增十二億元為總目標，由各級勸儲分會、儲蓄團及勸儲隊參加競賽，

乙項競賽：以每期各種儲蓄淨增三億四仟萬元為目標，於年終達到淨增二十億元為總目標，由中央信託局、中國銀行、交通銀行、中國農民銀行、郵政儲金匯業局及其分支行局處參加競賽。

三、競賽單位，分為三級：

一級單位：

1.中央各院部會儲蓄團。

2.各省及院轄市勸儲分會。

3.海外儲蓄團。

4.各總行局。

二級單位：

1.中央各院部會儲蓄團之分支團。

2.各省及院轄市勸儲分會之各廳局處各社團勸儲大隊各市縣勸儲支會。

3.海外儲蓄團之各分團。

4.各行局之各分支行局處，

5.三級單位：市縣以下之勸儲隊。

四、競賽標準　競賽以同級單位互較為標準，其同級單位範圍人數及資力相差懸殊者，由其上級於分配競賽目標時斟酌增減，使其競賽能力均等。所有各級單位數之分配數額，應逐級陳報由一級單位列表彙送勸儲總會，以為核獎之根據。

五、成績陳報　參加競賽單位應按期將成績照下列規定逐級陳報。

1.三級單位應於期滿後三日內陳報二級單位，

2.二級單位應於期滿後七日內陳報一級單位，

3.一級單位應於期滿後十五日內陳報勸儲總會。

□報告　力求迅速，其逾期者，應照前期數額列報。

（一）本年成績，先于十二月二十日結報一次，統須最遲

（二）全年成績報告，由一級單位於年內彙總電報，至遲年底前期限列報。

各級單位報告成績，合於下列規定者，隨時先予嘉獎，并登報宣揚，

（一）一級單位于十月底以前到達全年目標者，由勸儲總會主席函獎，

（二）二級單位於六月底以前到達全年目標者，由其一級單位陳請勸儲總會主席函獎，於八月底以前到達全年目標者，由其一級單位函獎。

（三）三級單位於六月以前到達全年目標者，由其二級單位陳請一級單位函獎，於八月底以前達到全年目標者，由其二級單位函獎。

六、給獎等級　各級競賽單位於年終成績總結集時，凡到達原定目標者，由其上級按照超過成績評定名次先後，逐級陳報勸儲總會核定後，依照下列規定給獎。

七、出力人員之獎勵　應獎各級單位之出力人員，除由勸儲分會函請其上級列入本機關考成外，凡其所服務之單位獲得甲乙丙等獎者，得陳請勸儲總會給予同等獎章，每單位以三人為限，但勸儲分支會得以委員人數為限。

八、熱心儲户之獎勵　熱心儲户得照表列之規定，由參加競賽各行局隨時分别報請勸儲總分會給獎。

甲等　儲款達一百萬元以上者，由勸儲總會給予甲等獎狀及獎章

乙等　儲款達伍拾萬元以上者，由勸儲總會給予乙等獎狀及獎章。

丙等　儲款達十萬元以上者，由勸儲總會給予丙等獎

狀及奬章。

丁等儲款達一萬元以上者，由勸儲總會給予丁等奬狀。

戊等儲款達五千元以上者，由勸儲分會給予奬狀。

本條所稱儲款，以各種定期儲蓄為限，按存入數額計算，但購買乙種節約建國儲蓄券者，得按照面額計算。又凡勞苦農人工人店員或家境不豐之人，視其所有從事儲蓄者，得由當地勸儲分會或支會從優奬勉宣揚，或請由分會轉給奬狀。

九、本辦法適用於第二條所列競賽期限，期滿時廢止之，各級經收各行局請奬文件，應於三十二年三月份內送達勸儲總會，逾期停止給奬。

十、本辦法經四聯總處理事會通過施行，前訂協助推行節約建國儲蓄奬勵辦法同時廢止。

人一級單位：

甲等　由勸儲總會給予甲等奬狀：

乙等　由勸儲總會給予乙等奬狀：

丙等　由勸儲總會給予丙等奬狀：

人二級單位：

甲等　第一第二兩名列甲等照一級單位甲等辦理。

乙等　第三至第八名列乙等照一級單位乙等辦理。

丙等　第九至二十名列丙等照一級單位丙等辦理。

丁等　第二十一名以次列丁等由勸儲總會給予丁等奬狀。

人三級單位：

甲等　全省第一名至第五名列甲等照一級單位甲等辦理。

乙等　全省第六名至第十五名列乙等照一級單位乙等辦理。

丙等　全省第十六名至三十名列丙等照一級單位丙等辦理。

丁等　本縣第一名由勸儲總會給予丁等奬狀。

戊等　本縣第二名以次由勸儲分會給予奬狀。

福建省教育厅关于省政府准予劝储分会函以各机关人员应配购储蓄券致大田县立初级中学的代电（一九四二年九月二十一日）

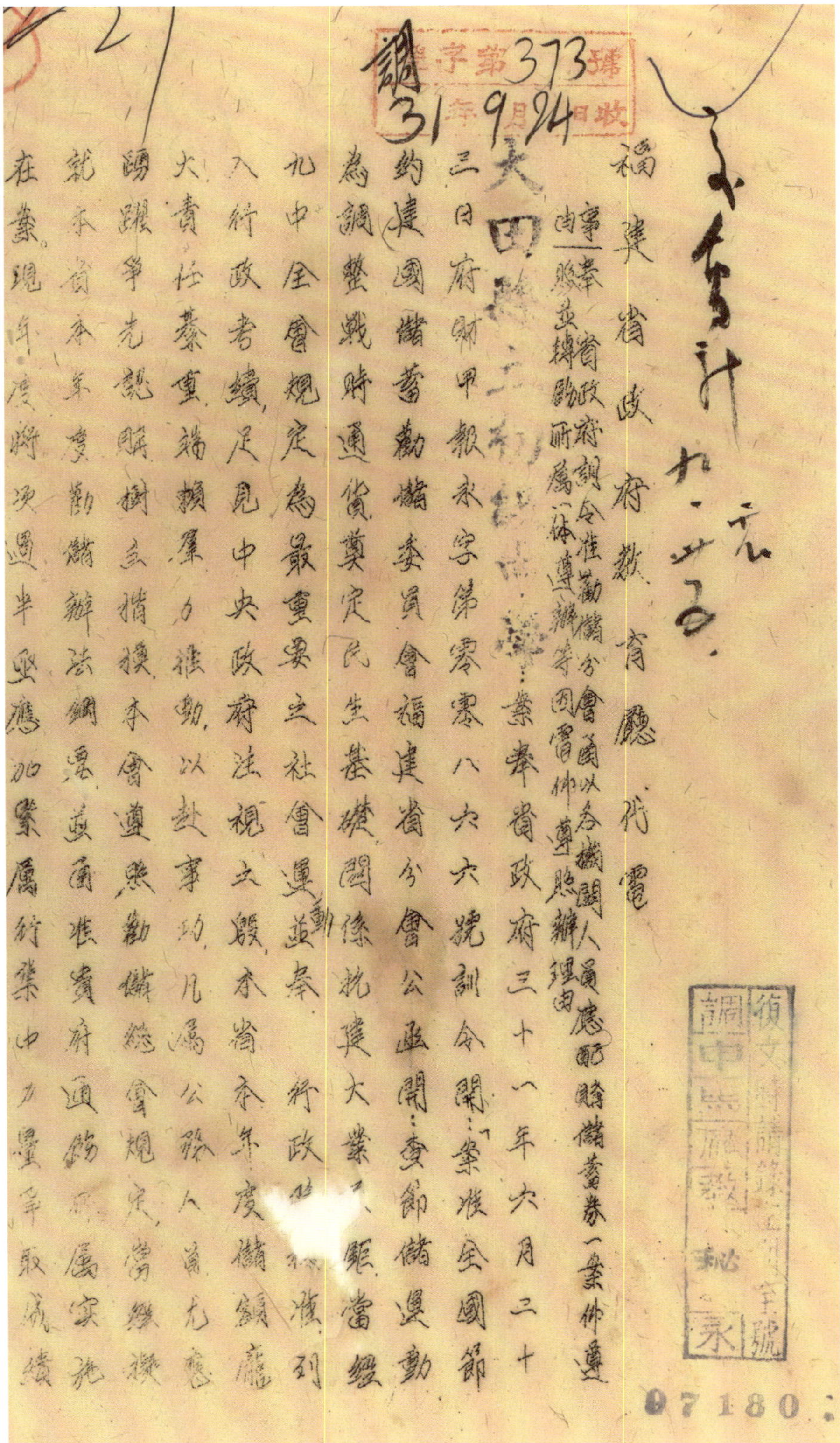

福建省政府教育廳代電

事由：奉省政府訓令准勸儲分會函以各機關人員應配購儲蓄券一案仰遵照並轉飭所屬一体遵辦等因電仰遵照辦理由

案奉省政府三十一年六月二十三日府財甲報永字第零零八六六號訓令開：「案准全國節約建國儲蓄勸儲委員會福建省分會公函開：查節儲運動為調整戰時通貨奠定民生基礎，關係抗建大業至鉅，當經九中全會規定為最重要之社會運動，奉行政院核准列入行政考績，足見中央政府注視之殷。本省本年度儲額龐大，責任綦重，端賴羣力推動，以赴事功。凡屬公務人員尤應踴躍爭先，藉樹立楷模。本會遵照勸儲總會規定，當經擬就本省本年度勸儲辦法綱要，並函准省府通飭所屬實施在案。現年度將近過半，亟應加緊厲行，集中力量，爭取成績

謹再案奉前項勸儲辦法綱要一份，即希查照，惠予協助，推
再轉飭貴府暨所屬各機關人員，按月支薪俸及公費數目，
參照本會勸儲辦法丙項（１）條及丁項（乙）條所規定各標準，
每月配購儲蓄券，以資倡導等由，附件准此，查此案前准該
會來函，經以府財乙叙永字第六五七號訓令連同附件刊
登一二五三期公報，飭遵在案，茲准前由，除分行外，合行令
仰遵照，並轉飭所屬一体遵辦為要，此令等因，奉此，查本案
前奉省政府財乙叙永字第零零六五七號訓令，業經電達
遵照辦理在案，茲○自本年八月份起，應將各員扣繳金額
配購儲蓄券，並造冊呈廳備查，除分電外，特電遵照辦理，教
育廳永秘（　）印

中華民國三十一年九月　　日

廿一

节储实践会办法纲要（一九四二年）

節儲實踐會辦法綱要

全國節約儲蓄勸儲委員會福建省分會

促進福建節儲實踐會引言

國父創知難行易之學說，旨在以科學精神，提高全民智識，達成三民主義五權憲法之宏規，躋於國際平等，世界大同，總裁於革命統一完成後，倡導新生活運動，闡揚立國之四維，指示全民衣食住行之簡易信條，秉承　國父遺教中之心理建設，爲同胞謀福利，爲民族爭光榮，最要在簡而易行，使全民自動自發，溫故知新，成功爲現代國民之期望！

新生活發動後之四年，倭寇謀我日亟，抗戰軍興，浩刼踵至，我最高領袖鑒於最後關頭已到，策動軍民，長期抵抗，統率師旅，禦侮圖存，四載以來，歷次昭告我們以死中求生自力更生之眞諦，頒布抗戰建國綱領，堅定必勝必成信念，一則發動精神總動員，再則發動節約建國儲蓄勸儲會，在此四年中，前方浴血殺敵之愈戰愈强，後方出力出錢之應有盡有，到了現階段，勝利把握，已達預期，而建國大業，完全擔在我們全民的肩上，故此節約儲蓄實爲我們的基本條件，亦即爲 最高領袖的基本要求！

節約儲蓄是建國的主因，建國必成是節儲的後果，這種基本認識，不要說人人都很明瞭，並且中央節建儲蓄勸儲總會在 委員長領導之下曾經發布過許多文告，毋庸再事贅言，我們全民的知識，在此千載一時的大時代中，增加了不少新的發現，舊的淬勵，如統一救國，團結禦侮，防空游擊，戰略攻勢，服兵役，勵生產，施統制，定物價，萬緒千端難知的事，我們都在這不幸的機會裡，得到一點粗知大意，至於節建儲蓄運動，是極其簡而易行利已利羣的事，人人皆知人人已知的常識，尤其在我們中國更是婦孺皆知，從前老生常談的「勤儉持家，精忠報國，節用愛人」等家訓母敎，千百年來印象最深，現在中央發動的節建儲蓄勸儲總會，以及各省市成立的勸儲分會分團，無非是在這抗戰必勝建國必成的前一時期，要求我們全民即知即行，即行即成的一種用意，所以用勸儲的名義，就是看得我們全民已經走上現代國民的路，這點儲蓄問題，難道大家尙感覺行之維艱，力有不逮嗎？

最近中央勸儲總會又發動各省節儲實踐會，頒佈辦法綱要，內容重在以十人團躬行實踐，訂定平易規約，相互監督檢舉，推選幹事處理會務，類似集團中之小組，發揮節建儲蓄之精神，一元起始，萬衆同心，規定各省基本會員，吾閩謹定十五萬人，此種最簡易切實有效辦法，組成強有力領導羣衆份子，俾立己立人建國建家之要圖，胥於是賴，本分會負宣傳勸導使命，對玆實踐會之組織，尤感興奮，特鄭重爲吾閩三千萬同胞，謹致十二萬分的希望，尤其希望各級政府，各個社團，各教育職業機關，特別領導鼓舞，促成社會風尙，庶幾建國大業，成於一旦，富强康樂，萬世蒙庥，我們現以最真摯熱烈之誠，介紹節儲實踐會辦法綱要貢獻此簡單意義，吾閩之父老兄弟諸姑姊妹盍興乎來。

全國節建儲蓄勸儲委員會福建省分會

發動民衆組織節儲實踐會辦法綱要

一、節儲實踐會以遵照委員長倡導之節約建國儲蓄運動自動集合同志努力實踐節約與儲蓄爲宗旨由各市縣勸儲委員會策動各界人士組織之

二、節儲實踐會應遍設於全國各市縣會務由各該地勸儲委員會代辦并受全國節約建國儲蓄勸儲委員會之指導凡有會員十人以上得自行組織分會

三、節儲實踐會之會員應服膺下列信條

（一）厲行儉樸生活

[illegible]儲量採用土產格式）

者（三）節省非必需品之享用

四、節儲實踐會會員每月至少應儲國幣十元

五、節儲實踐會會員之儲蓄不限種類凡節約建國儲金儲蓄券特種有獎儲蓄券及普通儲蓄存款均可但應向中央中國交通中國農民四銀行中央信託局郵政儲金匯業局或其代理機關存儲

六、節儲實踐會會員如遇失業疾病婚喪等特別事故需用儲款時除特種有獎儲蓄券應俟到期提取外得請經收銀行於未到期前提取

七、節儲實踐會之進行以簡單易於實踐爲原則其組織通則等由全國節約建國儲蓄勸儲委員會擬定施行

八、本辦法綱要經四聯總處理事會核准施行

全國節約建國儲蓄運動三十年度競賽及核獎辦法

一、競賽期限自三十年三月份起每二個月爲一期以年度終了時爲成

績總結算期

二、競賽目標　三十年度競賽目標（甲）每期增收儲款一萬萬元（乙）每期增加節儲寶歲會會員二萬人

三、競賽標準　分甲乙兩類

（甲）增收儲款方面分爲1省市競賽以省及院轄市之儲蓄分團爲競賽單位2市縣競賽以省轄市或縣之儲蓄分團爲競賽單位

3海外競賽以海外各地之儲蓄分團爲競賽單位

（乙）增加會員方面分爲1省市競賽以省及院轄市之勸儲分會爲競賽單位2市縣競賽以省轄市及縣之勸儲支會爲競賽單位

以上各競賽單位其範圍人數資力相差懸殊者可就其相差程度斟酌另定比較標準

四、評定成績　分甲乙兩類各競賽單位應於每期終了時將成績報告其評定機關

一、（甲）增收儲款方面省市儲蓄團之成績由總團評定之市縣儲蓄團之成績由省儲蓄團評定之海外儲蓄團之成績由海外節約建國蓄儲團評定之

（乙）增加會員方面省市勸儲分會由勸儲總會評定之市縣勸儲支會由省勸儲分會評定之

五、陳報給奬 分甲乙兩類於成績總結算時行之

（甲）增收儲欵方面（1）省市儲蓄團成績優良者及海外儲蓄團成績優良時由總會評定等級核奬（2）海外儲蓄分團成績優良者由海外儲蓄團評定成績報請總會核奬（3）市縣儲蓄分團成績優良者由省儲蓄團評定成績報請總團核奬

（乙）增加會員方面（1）省市分會成績優良者由勸儲總會評定等級核奬（2）市縣分會成績優良者由省勸儲分會評定等級，報請勸儲總會核奬

六、給奬分下列三等

甲等　由勸儲會主席傳諭嘉奬並給予甲等奬狀

乙等　由勸儲總會給于乙等奬狀

丙等　由勸儲總會給予丙等奬狀

七、勸儲總會應發各等級之奬狀由勸儲總會定之

八、本辦法經四聯總處理事會通過施行適用於第一條規定之競賽期限逾期廢止之

各市縣節儲實踐會組織通則

第一條　本會定名〇〇市〇〇縣節儲實踐會

第二條　本會以遵照　委員長倡導之節約建國儲蓄運動自動集合同志努力實踐節約與儲蓄爲宗旨

第三條　凡願遵守本會章則者均得爲本會會員

第四條　會員入會須先儲蓄國幣五元以上並須填具入會志願書經本

會認可後發給會員証

第五條　本會會員應服膺下列信條

一、勵行檢樸生活

二、儘量採用土產

三、節省非必需品之享用

第六條　本會會員每月至少節儲國幣一元

第七條　本會會員儲蓄不限種類凡節約建國儲金儲蓄券特種有獎儲蓄券及普通儲蓄存款均可但應向中央中國交通中國農民四銀行中央信托局郵政儲金匯業局或其代理機關存儲之

第八條　本會員如遇失業疾病婚喪等特別事故需用儲款時除特種有獎儲蓄券應俟到期後提取外得請經收銀行於未到期前提取

第九條　本會受全國節約建國儲蓄勸儲委員會之指導並由○○市○○縣勸儲委員會分支會代辦會員登記分會組織及成績考查事項

第十條　凡有會員十人以上得自行組織分會議定不履行義務之處罰公約互相檢舉及策勵

第十一條　分會得由會員推定幹事一人辦理會務必要時並得由幹事指定會員協助辦理日常事務如有少數必需費用應由會員自行認捐不足時由所屬會員平均攤付之

第十二條　本通則由全國節約建國儲蓄勸儲委員會訂定施行

（甲）節儲實踐會之發動

節儲實踐會之要義在於提倡社會儉樸風氣開闢人民儲蓄源泉俾國人多節一分之浪費即爲建國多培一分之元氣多儲一分之現欵即爲抗戰多增一分之實力政府可因財力之集中而宏建設之效力人民可因節儲之有恒而致豐富之蓄積積年累月以達於國利民福之境開始發動之時應對「宣傳」「倡導」「組織」「徵求」俱各努力進行茲特概述於后

一、宣傳　應將節約建國儲蓄於國於己兩有裨益之意義參照以前所發資料推陳出新懇切灌輸於一般民衆實踐會之發展卽爲節儲運動深入民間之工作務應使人人明瞭參加實踐爲國民本所當爲之事政府係因其爲福國利民之事業而特加提倡俾咸可因警覺而自由加入成爲極自然之民衆運動普遍與持久之原則亦可達到

二、倡導　應由本會策動當地各界知名之士列名發起以廣號召尤其儉德可風之耆紳必須請其共同提倡俾人人知儉德之可尊實踐會之意義亦可因烘託而益顯著

三、組織　實踐會欲求迅速達於各階層應發揮組織之力量就各界各業各保各甲策動熱心人士使其分頭組織分會俾一而十十而百瞬息可及於社會之任何一角實踐會因求推行便利規定至寬廣組分會之另一目的在利用分會之人數少易於互相策勵檢討故應置重於此以收實效

四、徵求　實踐會除利用組織之力量以發展外對於無意發展分會者亦

應努力徵求利用國民月會各界小組會或親友聚會宗族團聚等機會以進行俾配合宣傳倡導與組織以成全面之運動即如不喜參加集會者亦應說明實踐會之重要及參加之簡易以求盡量收集

節儲實踐會之實務

節儲實踐會爲節儲運動深入民間之工作前已言之會務之發展如何即足以覘本會分支會之組織是否健全工作是否迅速會員之增加與儲款之增亦具有同等重要務應齊頭並進同樹成績其實際事務擇要列後

一、實踐會會員須履行之事項除每月至少節儲國幣一元外不妨因各地之情形於同條中酌定節約項目（例如會員必須履行「不吸煙」「不飲酒」「不請客」「布衣」「步行」等項節約中之一項或數項及……）

二、爲便於推行起見除作各種宣傳外應印單頁說明將實踐會（發起人姓名）緣起組織通則會員入會志願書及組織分會申請書等編入以便徵求組織（附參考格式）

三、實踐會之會員証式樣附寄分會可仿印連同單頁說明併寄支會應用會員如需徽章以爲標識可與承製商店議定最低廉之價格由其逕行製售聽會員自由購用其式樣應力求精緻俾人人喜佩亦可發揮宣傳效力

(一)緣起(發起人姓名)(會址)

(文字以通俗易曉內容以令人警覺爲原則)

(二)通則

(三)欲加入節儲實踐會者只須照章塡寄左列志願書卽可節儲實踐會入會志願書

立入會志願書　　茲願遵照節儲實踐會一切章則加入爲會員並認定履行(一)不吃烟不飲酒不請客布衣步行五項節約中之　　項(二)每月最低除度儲款　　元特立本志願書存證

中華民國　　年　　月　　日立入會志願書人

附註（一）本人年齡　性別　職業　住址　籍貫

（二）本人已照章先向　儲款　元〔行局證明加印〕

（四）欲組織分會者只須照章填寄左列申請書即可入會志願書請自行照式繕寫附送

組織分會申請書

茲同人等願照節儲實踐會組織通則組織分會並推○○○君爲幹事謹附入會志願書　紙即祈

鑒核准予設立並將會員證一併擲下爲荷此上

○○縣市節儲實踐會

發起人　同具

年　月　日

附註(一)因何種關係而集合

(二)通訊處

我們想一想：

國家到危難的時候，還是只願私人享受，後患怎樣？前方將士浴血抗戰，他們的貢獻是怎樣，他們的生活比較我們是怎樣抗戰是勝利了國民不合力參加建設工作國家會平白地强勝起來嗎？

我們再想一想：

衣必華服，食必滿桌，居必巨屋，出必高車，慣了贖了，還有什麽味道？倘使我們大家用土產大布之衣，大帛之冠，安步當車客來便飯彼此仰俛無愧於心虛榮心還會存在麽？倘使我們大家利用餘暇做些有益身心之事不必要的耗費無益的消遣還會不被根本糾正嗎？

我們更進一步打算一下：

倘使不吸烟那麼買烟的錢可省幾何？

倘使不飲酒那麼買酒的錢可省幾何？

倘使不請客那麼請客的錢可省幾何？

倘使常穿布衣價廉又耐久可省多少錢？

倘使出門多步行省錢健身又可省下來幾何？

上面所說節省一項已是不少，統統節省豈不更是可觀，不過省下來的錢而不隨手儲蓄起來這些錢的結果將是怎樣呢？

因此我們的目的要把節省下來的錢，作最有益的處置，存入中央，中國，交通，農民四銀行中央信託局，郵政儲金匯業局一面充裕建國的資金，一面穩固地生利，使「國」與「家」均得保障——組織節儲實踐會目的正是如此！

我們怎樣實踐呢？

起初實踐節約時雖稍有不慣一定要使漸漸成爲習慣由節約一項而及於他項。

節省下來的迅即儲蓄。

全國節約儲蓄勸儲委員會福建省分會

集合親友同事，組織節儲實踐分會人數不必過多，以求便於互相策勵。

單獨加入節儲實踐會不組織分會自己檢討自己控制加入的手續極爲簡便會章的規定極易履行最重要的還在各本志願，持久實踐！

○○市縣節儲實踐會　地址

福建省教育厅节约建国储蓄劝储大队关于修正一九四三年度推行储蓄业务计划纲要致大田县立初级中学的代电

（一九四三年四月十三日）

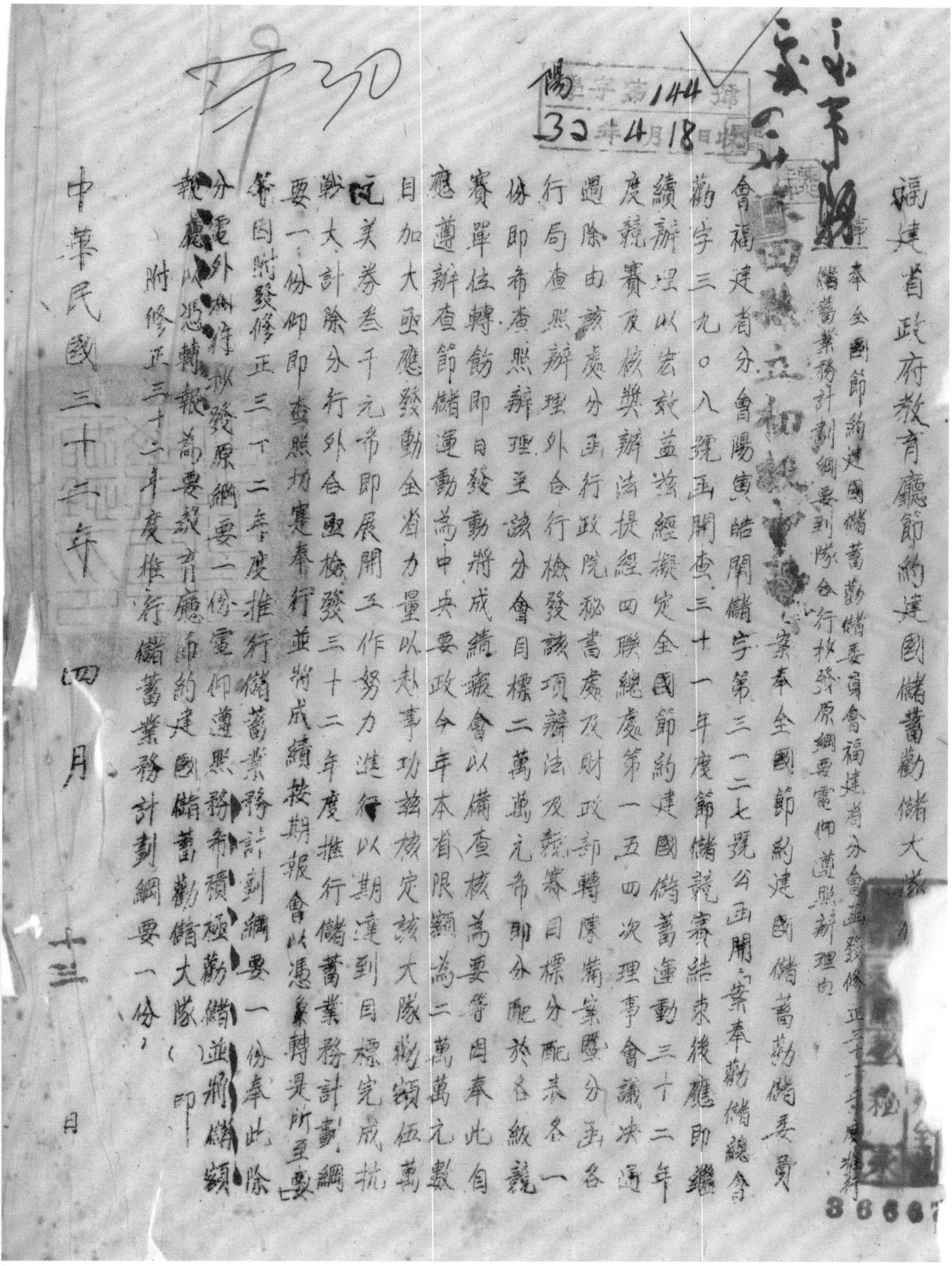

福建省政府教育廳節約建國儲蓄勸儲大隊

奉全國節約建國儲蓄勸儲委員會福建省分會函發修正三十二年度推行儲蓄業務計劃綱要到隊合行抄發原綱要電仰遵照辦理由

大田縣立初級中學：案奉全國節約建國儲蓄勸儲委員會福建省分會陽寅皓開儲字第三一二七號公函開：「案奉勸儲總會勸字三九〇八號函開：『查三十一年度節儲競賽結束後，應即繼續辦理，以宏效益。茲經擬定全國節約建國儲蓄運動三十二年度競賽及核獎辦法，提經四聯總處第一五四次理事會議決通過，除由該處分函行政院秘書處及財政部轉陳核定分函各行局查照辦理外，合行檢發該項辦法及競賽目標分配表各一份，即希查照辦理。至該分會目標二萬萬元，希即分配於各級競賽單位，轉飭即日發動，將成績報會，以備查核為要。』等因。奉此，自應遵辦。查節儲運動為中央要政，今年本省限額為二萬萬元，數目加大，亟應發動全省力量，以赴事功。茲核定該大隊勸額伍萬元，美務為千元，希即展開工作，努力進行，以期達到目標，完成抗戰大計。除分行外，合亟檢發三十二年度推行儲蓄業務計劃綱要一份，仰即查照切實奉行，並將成績按期報會，以憑彙轉。是所至要。」等因。附發修正三十二年度推行儲蓄業務計劃綱要一份。奉此，除分電外，特抄發原綱要一份，電仰遵照，務希積極勸儲，並將儲額報處，以憑轉報為要。教育廳節約建國儲蓄勸儲大隊（印）

附修正三十二年度推行儲蓄業務計劃綱要一份

中華民國三十二年四月十三日

修正三十二年度推行儲蓄業務計劃綱要

一、推行方式　勸儲與強制並進

甲、勸儲方面　以推行國幣及美金儲蓄券普通儲蓄暨有獎儲蓄為主

乙、強制方面　以推行國幣儲蓄券為主

二、推行目標　三十二年度儲蓄總額應增至八十億元

甲、勸儲方面　應到達五十五億元各行局應推行四十億元分配成分另行商定其餘十五億元洽由征購糧物之機關於征購時搭付儲蓄券

乙、強制方面　應達到二十五億元（依照強制儲蓄條例草案所訂標準估計）

三、提資生產

甲、四聯總處核准之各行局生產事業投資及放款應儘先由各該行局所收之儲蓄存款提充以求儲蓄與生產之配合

乙、為達到生產與儲蓄密切配合起見四聯總處應依目前狀況並參照前訂經濟三年計劃實施辦法商同主管部訂定三十二年度提資貼放生產事業實施辦法以為有計劃有

系統之投放

丙、上項運用儲款投資及放款之生產事業應由四聯總處派員稽核並按期公告各該事業之進展狀況

丁、各行局應按月將所收儲款數目及投放情形列表分報財政部及四聯總處

四、推行機構　勸儲委員會之機構應予加強除勸儲總會之工作由四聯總處儲蓄科接辦外各地四聯分支處一律增設儲蓄組接辦勸儲分支會之工作各行局收儲機構應繼續加強及增設以資配合

五、檢查業務　財政部及四聯總處對於各行局應舉行定期（每二月一次）及不定期（隨時舉行）檢查以查考收儲方法及收儲之數額

六、嚴格考成　推行儲蓄業務應為各行局三十二年度第一項主要工作由財政部及四聯總處規定辦理儲蓄各行局及各推行機關考核辦法分別獎懲嚴格執行並絕對杜絕浮飾之弊

福建省教育厅节约建国储蓄劝储大队关于转知代销节储券手续费应照规定发给致大田县立初级中学的代电（一九四三年四月二十七日）

福建省政府教育廳節約建國儲蓄勸儲大隊代電

事由：奉全國節約建國儲蓄勸儲委員會福建省分会公函轉知代銷節約建國儲蓄券手續費應照規定發給等因電仰知照由

大田縣立初級中學：奉全國節約建國儲蓄勸儲委員會福建省分會陽卯齊閩儲字第三一六九號公函開：「奉總會勸儲字第四一〇二號略以各機關商業銀行及勸儲隊代銷節約建國儲蓄券手續費一節業經各行局代表商定其代銷三年以上之儲券（甲種儲蓄券須預加三年期戳記）可增為千分之八代銷未滿三年之儲券仍應以千分之五為限代銷美金儲券亦以千分之五為限至其他一切費用均包括在內不得另計等因奉此遵即函請查照即希轉行知照為要」等因除分電外合行電仰知照

教育廳節約建國儲蓄勸儲大隊（印）

中華民國三十二年四月 廿七 日

福建省教育厅节约建国储蓄劝储大队关于要求积极劝储致大田县立初级中学的代电（一九四三年六月八日）

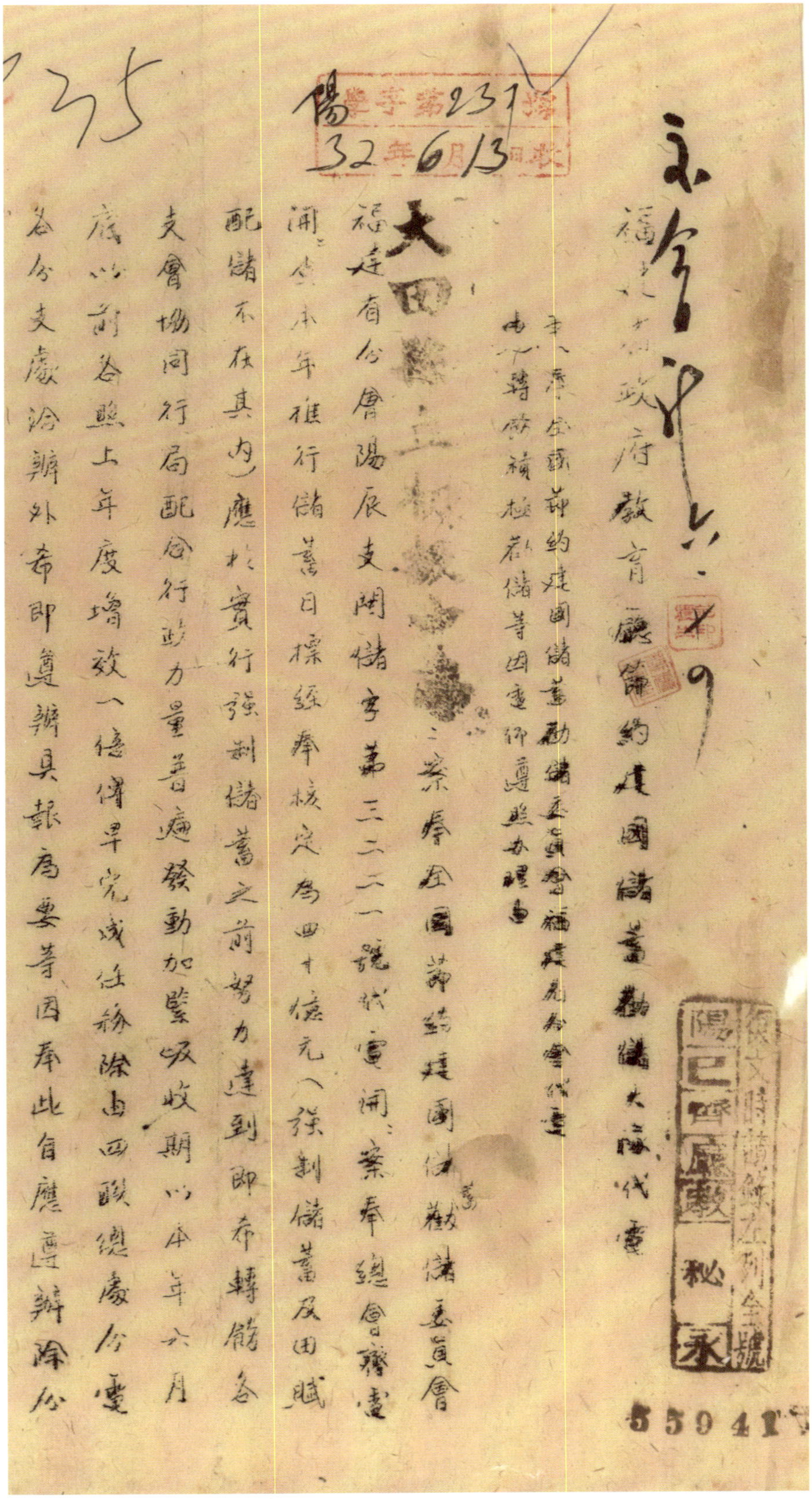

電外，特電希照，即仰其体時艱，積極策進，前此頒發各項章則所定

勸儲標準，聯合各行局，配合黨政力量，盡力普遍發動，以期早達目

標，竟成大業，並將辦理情形依限報會，是為至要。等因。查本縣本年

勸額奉配國幣伍萬元，美金儲蓄券叁千元，前經以陽郊元廳教

[illegible]奉到在案。茲奉前因，除分

電外，合行電仰遵照，務希積極勸儲，並將儲額隨時報廳，以憑轉

報為要。教育廳節約建國儲蓄勸儲大隊〔〕印

中華民國三十二年六月八日

福建省教育厅节约建国储蓄劝储大队关于转发领销单致大田县立初级中学的代电（一九四三年六月八日）

陽學字第235號
32年6月13日收

福建省政府教育廳節約建國儲蓄勸儲大隊代電

事由：轉發領銷單八紙即希查照辦理由

大田縣立初級中學：查本隊前奉全國節約建國儲蓄勸儲委員會福建省分會公函核定本年勸額國幣伍萬元，美金儲蓄券叁千元，飭即展開工作，努力進行等因，並附發修正三十二年度推行儲蓄業務計劃綱要一份到隊，經以陽卯元廳教秘永字第三六六六七號代電轉行遵照辦理在案。茲轉發領銷單八紙，仰即查收，務於向銀行繳贖儲蓄券時，填就該單，送請銀行蓋章證明後，送廳轉報為盼。教育廳節約建國儲蓄勸儲大隊（）印，附領銷單八紙。

中華民國三十二年六月八日

時請錄左列全號 秘 永

5594

存根

第一次

卅二年七月十〇日

領銷　儲金郵票

壹元券　一一〇張

伍角元券　七〇〇張

元券　張

元券　張

共計　四六二元　八一四張

領銷單

第一次　卅二年七月十〇日

茲儲帶現欵四六二元領銷甲種節約建國儲蓄券計壹元券二〇張　伍角元券七〇四張　元券　張　元券　張即請照發並給手續費又介紹節儲實踐會會員　〇　人姓名住址開列後頁統希查照轉達本市縣勸儲支會照章辦理列入競賽成績此致

大田縣市縣第　勸儲隊（大田縣立初級中學　隊）

隊長　范震生

此聯由勸儲隊填交勸儲支會轉交局行

福建省教育厅节约建国储蓄劝储大队关于要求配储全邮票种类及数量并报送数目致大田县立初级中学的代电

（一九四三年七月六日）

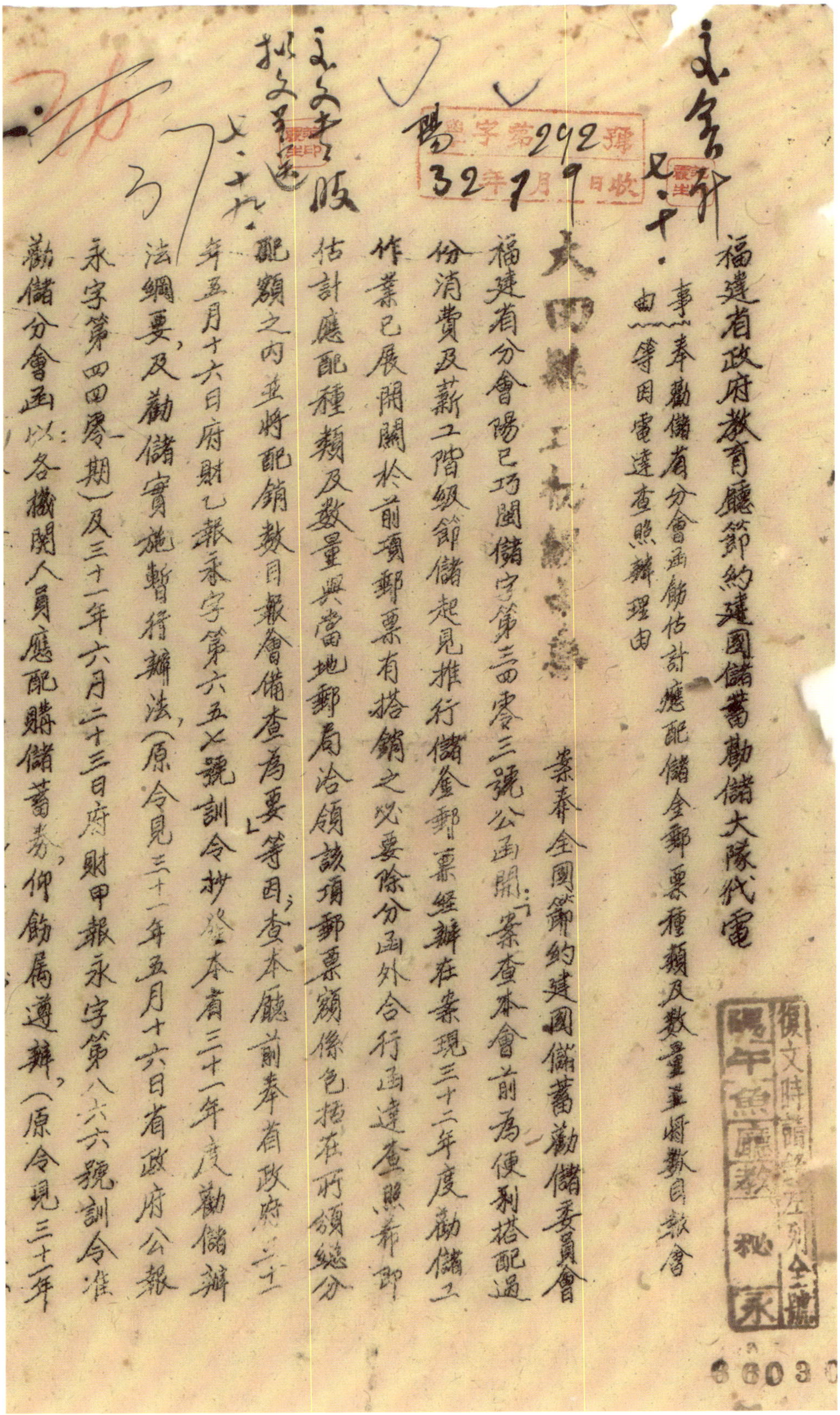

福建省政府教育廳節約建國儲蓄勸儲大隊代電

事由：奉勸儲省分會函飭估計應配儲金郵票種類及數量並將數目報會等因電達查照辦理由

大田縣立初級中學

案奉全國節約建國儲蓄勸儲委員會福建省分會陽巳巧閩儲字第三四零三號公函開：「案查本會前爲便利搭配過份消費及薪工階級節儲起見，推行儲金郵票，經辦在案。現三十二年度勸儲工作業已展開，關於前項郵票有搭銷之必要，除分函外，合行函達查照，希即估計應配種類及數量，與當地郵局洽領該項郵票額，係包括在所領總分配額之内，並將配銷數目報會備查爲要。」等因；查本廳前奉省政府三十一年五月十六日府財乙報永字第六五七號訓令抄發本省三十一年度勸儲辦法綱要，及勸儲實施暫行辦法，（原令見三十一年五月十六日省政府公報永字第四四零期）及三十一年六月二十三日府財甲報永字第八六六號訓令准勸儲分會函，以各機關人員應配購儲蓄券，仰飭屬遵辦。（原令現三十一年

復文時請注明 午魚 廳教秘永 全號

六月二十三日省政府公報永字第四五六期）各等因，經以調串皓廳教秘永字第九七二四號及調由鳥廳教秘永字第九七一八一號代電查照辦理在案。茲奉前因，除分電外，相應電達查照，關於前項儲金郵票，應需數額，希即估計，逕與當地郵局洽領，並將數目報隊轉報，再本隊本年勸額前奉核定爲國幣五萬元，美金券叁千元，經以陽郊元廳教秘永字第三六六六七號電達查照辦理，並以陽已齊廳教秘永字第五五九四一號電催各在案。現年度過半，儲額儲額尤大務，希積極推動，並將勸儲金額，及領銷單證明等，赶速送隊彙轉爲荷。教育廳節約建國儲蓄勸儲大隊（　）印。

中華民國三十二年七月　六　日

大田县立初级中学关于呈送本校本期师生领销节储邮票领销单证明致福建省教育厅节约建国储蓄劝储大队的代电（一九四三年七月二十日）

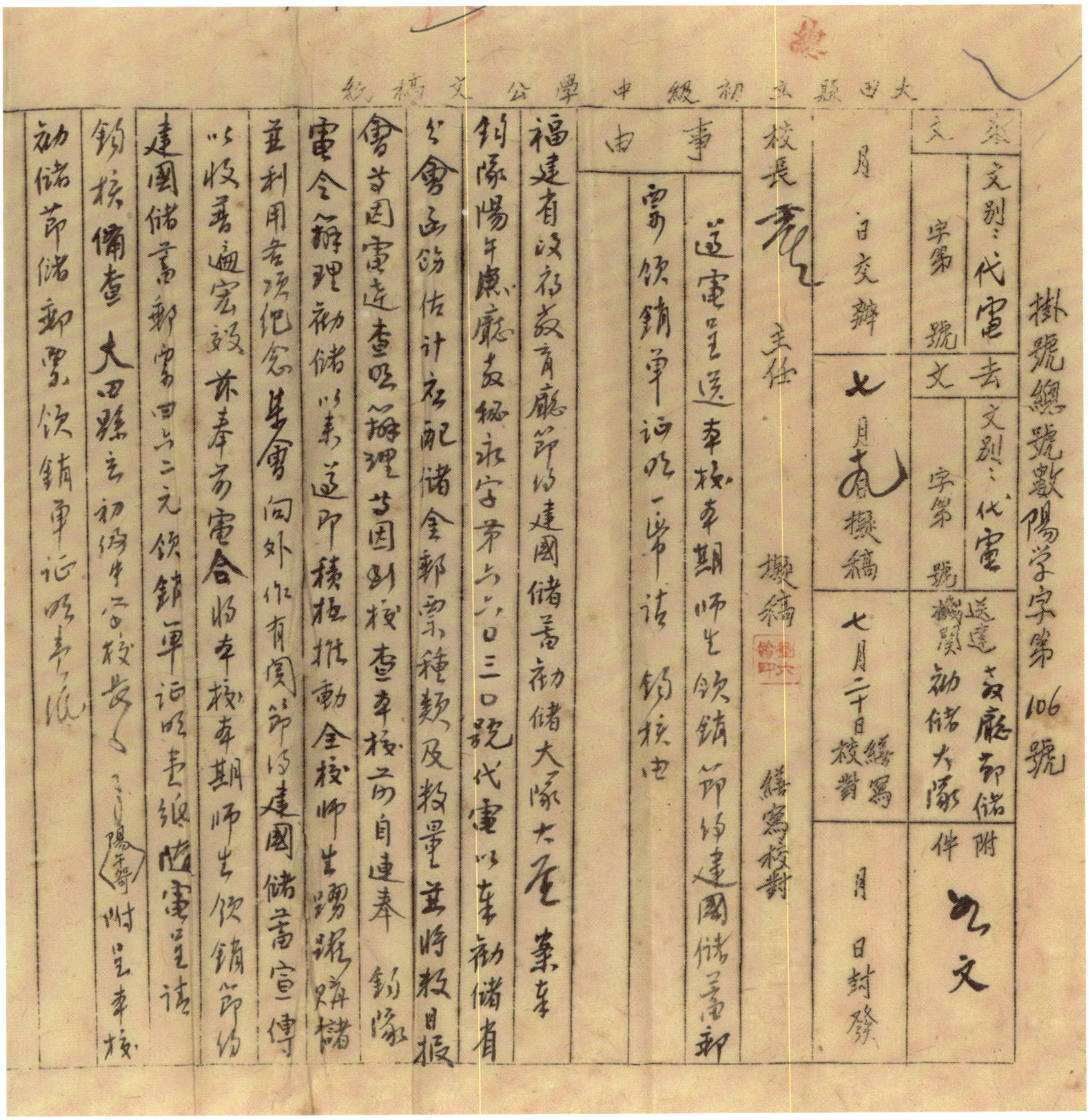

大田縣立初級中學公文稿紙

掛號總號數 陽字字第106號

來文 文别：代電 字第 號 月 日交辦

去文 文别：代電 字第 號 七月 日擬稿

送達機關 教廳節儲勸儲大隊 七月二十日 繕寫 校對

附件 文 月 日封發

校長 主任 擬稿 繕寫校對

事由：送電呈送本校本期師生領銷節約建國儲蓄郵票領銷單證明一紙請鈞核由

福建省政府教育廳節約建國儲蓄勸儲大隊大隊長葉 案奉
鈞隊陽午虞廳教秘永字第六六〇三〇號代電以奉
勸儲會函飭估計分配儲金郵票種類及數量並將校內
會等因電送查照辦理等因到校查本校前自連奉鈞隊
電令辦理勸儲以來遂即積極推動全校師生踴躍購儲
並利用各項紀念集會向外作有關節約建國儲蓄宣傳
以收普遍宏效茲奉前電合將本校本期師生領銷節約
建國儲蓄郵票四六二元領銷單證明書一紙隨電呈請
鈞核備查 大田縣立初級中學校長
附呈本校
勸儲節儲郵票領銷單證明書一紙

六、抗战优待和抚恤

福建省教育厅关于绥远守土战事阵亡军民追悼会在全国一律下半旗致哀致大田县立简易乡村师范学校的训令

（一九三六年三月十一日）

福建省政府教育廳訓令 字第 號

令 大田縣立簡易鄉村師範學校

飭文據請錄左列全驗 蘇寅真 廳教甲一九〇〇七

案奉

福建省政府餘寅佳府秘丙一八三五六號訓令開：

「案奉

行政院院長蔣魚電開：三月十五日在歸綏舉行民國二十五年綏遠守土戰事陣亡軍民追悼大會，是日全國應一律下半旗誌哀，特電飭遵照。

等因；奉此，除分令外，合行令仰該校長遵照！此令。

3425

福建省政府教育廳訓令

事由	奉省政府令知奉行政院院長蔣魚電以三月十五日在歸綏舉行民國二十五年綏遠守土殉難陣亡軍民追悼會全國應一律下半旗誌哀通飭遵照一案令仰知照由。
附件	
擬辦	
批示	
備考	

注意：覆文請註文字號

三月十九日 時列 字第 號

文範字第245號

中華民國二十六年三月十一日

福建省教育廳印

廳長鄭貞文

監印鄭幼雲
校對林斯[illegible]

大田县政府关于抄发抗敌军人子女免费入学致小学校的训令（一九三八年六月四日收）

中華民國廿七年六月四日收到

事由：奉令准予出征抗敌军人子女免费入学由

大田縣政府訓令 成教字第1280號

令　小學校

案奉

福建省政府廿七年五月庭未辰寒庭教乙四五二六號代電開：

案奉教育部漢字第二三三零號訓令開：

「案查『優待出征抗敵軍人家屬辦法』第六條規定：『出征抗敵軍人家屬在校免除勞役，並准優先享受一切公益設施』，本部核准為對於出征抗敵軍人子女就學自應予以特殊優待，以示激勵。查烈士之遺族及革命功勳子女免費就學事項，前大學院曾於十七年八月公布『革命功勳子女就學免費條例』，嗣於廿年八月本部以本年修正陸海空軍抗日陣亡傷殘官佐士兵及革命功勳之規定，凡子女就學時得照上項條例准予優待，亦免費，並令各省市遵照在案。查條例第一條載：『凡革命功勳子女已入公立學校而家貧若不能擔負

初字第502號

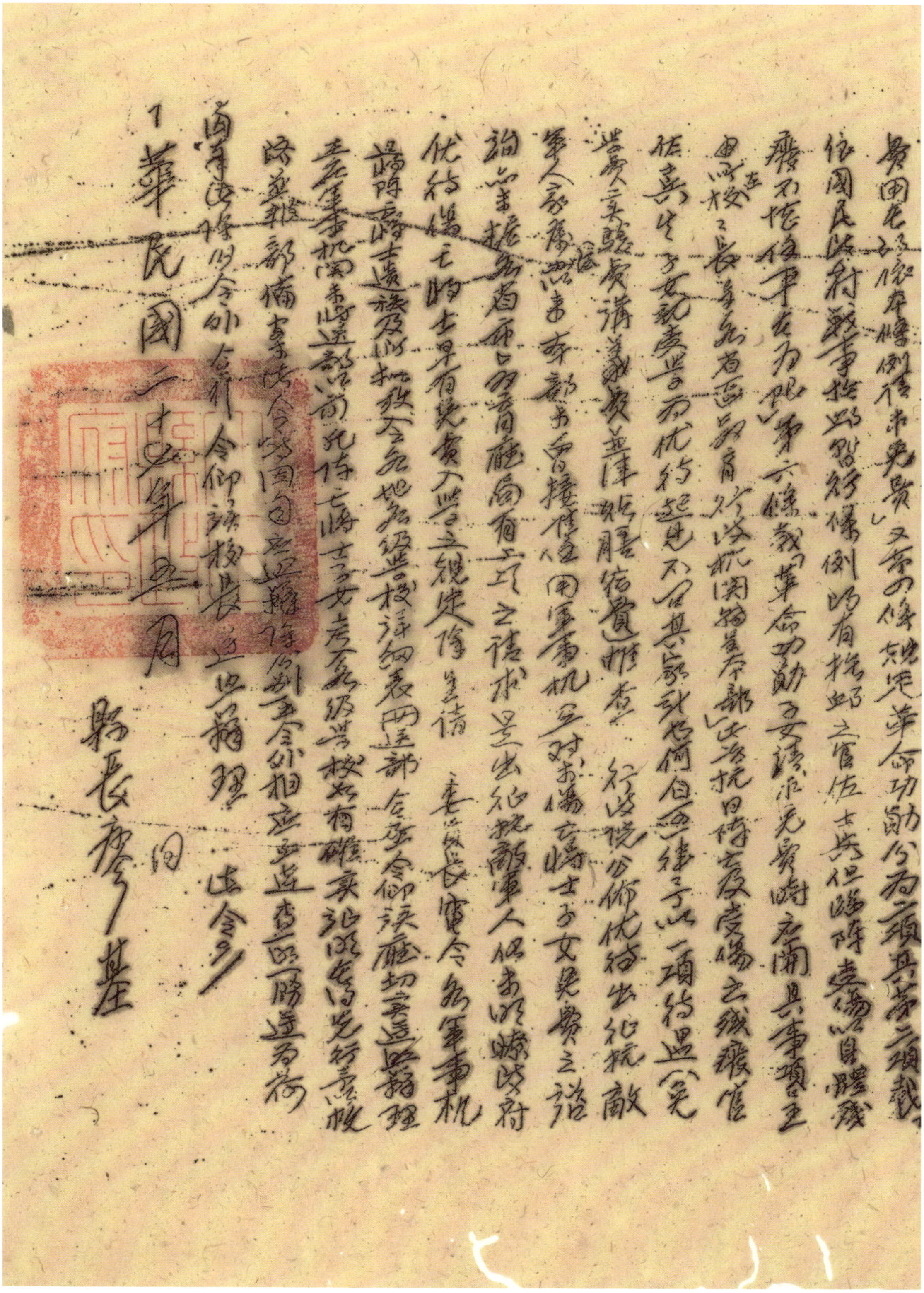

大田县政府关于奉令为漳浦南炉小学教员陈燮昆夫妇自动入伍业饬县传令嘉奖其女升学时均予公费待遇致县立初级中学的训令（一九三九年八月二十三日收）

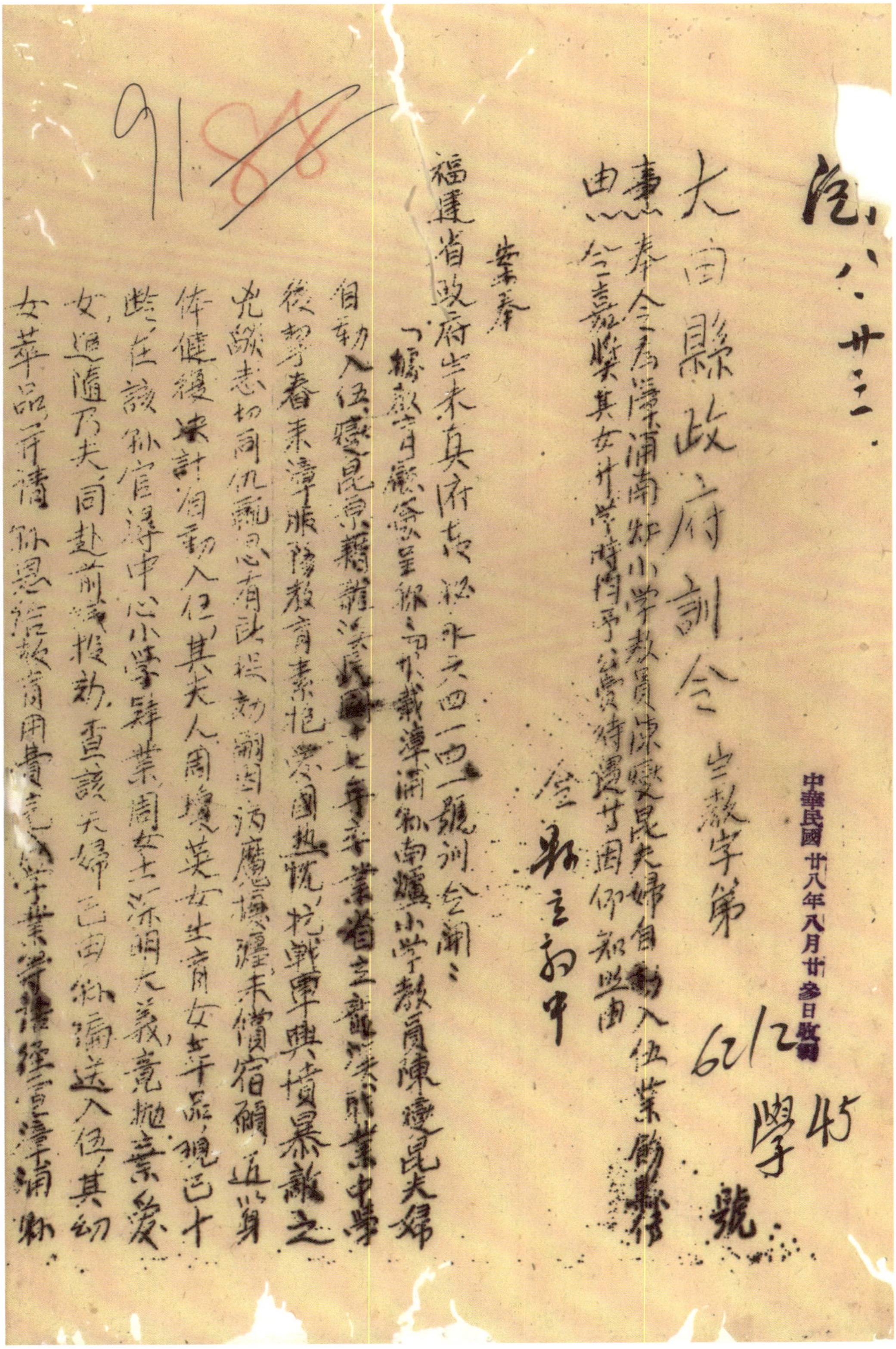

大田縣政府訓令 出教字第 學45 號

事由：奉令為漳浦南炉小學教員陳燮昆夫婦自動入伍業飭縣傳令嘉獎其女升學時均予公費待遇仰知照由

令縣立初級中學

案奉

福建省政府出宋真府長秘永六四一四一號訓令開：

「據教育廳案呈稱：前據漳浦縣南爐小學教員陳燮昆夫婦自動入伍，燮昆原籍龍溪，民國十七年畢業省立龍溪師範中學後，努力春來漳浦服務教育，素抱愛國熱忱。抗戰軍興，憤暴敵之兇殘，志切同仇，飛思有以報効。嗣因防魔擾攘，未償宿願。近以身体健復，決計自動入伍。其夫人周瓊英女士，育女升品，現已十齡，在該縣官浔中心小學肄業。周女士深明大義，竟拋棄愛女，追隨乃夫同赴前線投効。查該夫婦已由縣編送入伍，其幼女升品，并請縣恩給教育用費完成中學業者，應經令漳浦縣

中華民國廿八年八月廿參日收到 6212

政府查復屬實，該陳懋昆夫婦並放棄錄取，挽別愛女，相偕從戎，
誠屬難得可貴，擬請從優議獎，以昭激勵」等情，到府。查該陳
懋昆夫婦自動入伍，忠勇奮發，殊堪嘉尚，所遺幼女華晶，
自三十八年度上學期起，無論在該縣小學畢業後升入本省中學
以至私立大學或專科學校時，均由各該校給予公費生學額，
以示優待。除飭浦城縣政府傳令嘉獎，并分行各區專員、
各縣市政府分轉區屬各校知照，並呈教育部備案
外，合行令仰該廳轉飭所屬各教育機關知照。（此令）
等因，奉此，除分令外，合行令仰知照！

此令。

中華民國三十九年　月　日

縣長　張文成

福建省教育厅关于抄发第三战区征募钱物慰劳伤兵议案致大田县立初级中学的训令（一九三九年十月十四日）

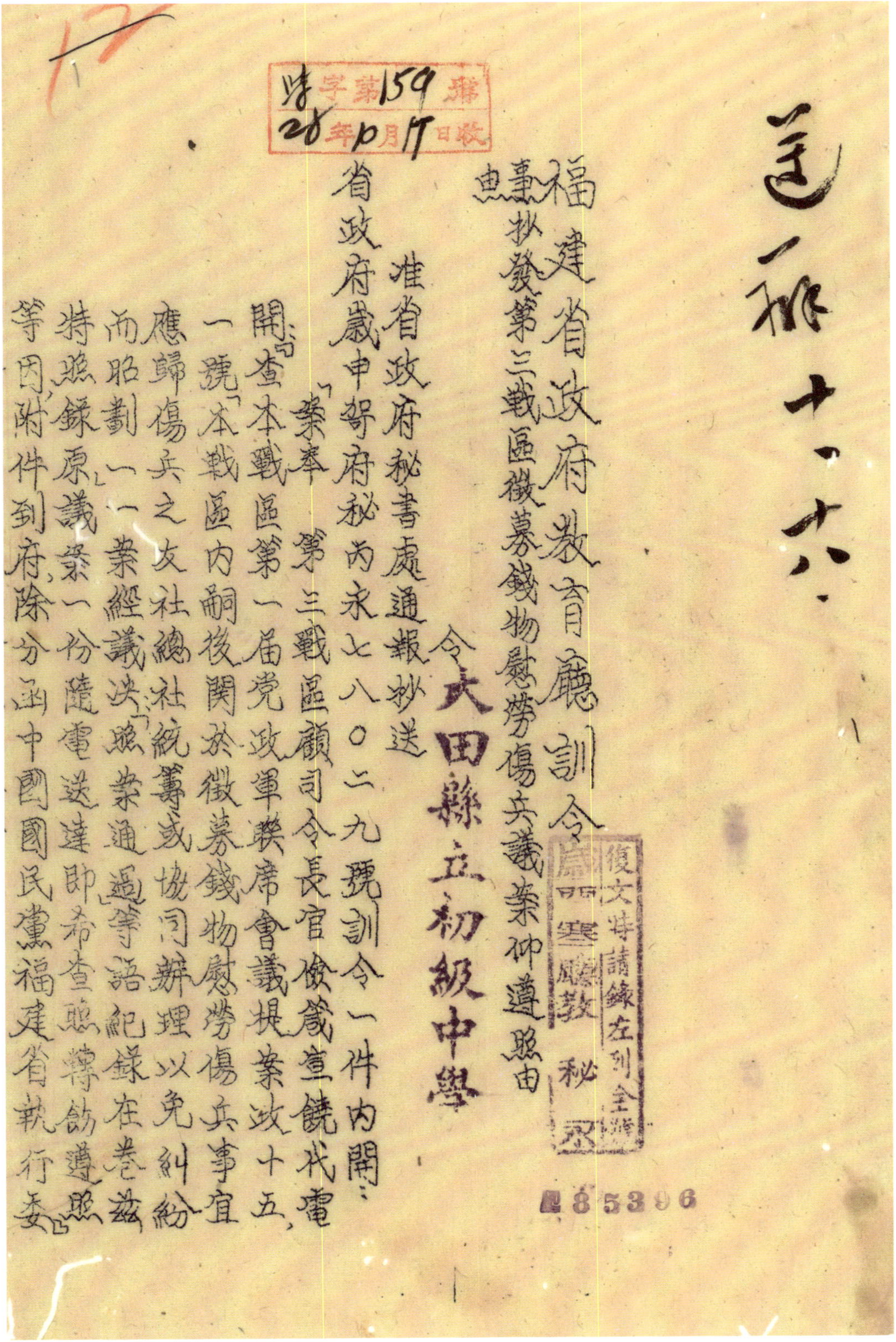

送一科 十一、十六

福建省政府教育廳訓令

事由 抄發第三戰區徵募錢物慰勞傷兵議案仰遵照由

令大田縣立初級中學

准省政府秘書處通報抄送

省政府歲申哿府秘丙永七八〇二九號訓令一件內開：

“案奉第三戰區顧司令長官儉戌宣饒代電開：‘查本戰區第一屆党政軍聯席會議提案政十五號“本戰區內嗣後關於徵募錢物慰勞傷兵事宜應歸傷兵之友社總社統籌或協同辦理以免糾紛而昭劃一”一案經議決“照案通過”等語紀錄在卷茲特照錄原議案一份隨電送達即希查照轉飭遵照’等因，附件到府。除分函中國國民黨福建省執行委員會、省動員委員會、駐閩綏靖主任公署、軍管區司令部、新生活運動促進會，並分令各區行政督察專員、各縣政府、各特種區署、廈門市政府、辦事處、福州警察局、省振濟會外，合行抄發原附件，令仰遵照。

等因；並附件到廳。除分令外，合行抄發原附件，令仰遵照！

此令

附抄發議案一件

中華民國二十八年十月十四日

廳長鄭貞文

附：关于征募钱物慰劳伤兵的议案

14

類別　政十五，一號　第十八號

提案人　第三戰區傷兵管理處處長鍾煥全

案由　本戰區內嗣後關於徵募錢物慰勞傷兵事宜，應歸傷兵之友社總社統籌或協同辦理，以免紛歧而昭劃一案。

理由　查徵募錢物慰勞傷兵工作，各地曾經多方策動，或由醫院主持，或由各界合辦，往往就地徵募，就地分配，其旨皆在禮遇傷兵，固亦深堪佩慰。惟此項辦法彼此分歧，大抵未臻美善，按傷兵醫院及其收容數量，各地分佈狀況不同，社會貧富情形又複因地而異，繁榮之地未必為傷兵密集之區，反之傷兵衆多之地又每為貧瘠之鄉，以言徵募，繁榮之地所獲必豐，貧瘠之鄉所得必薄，衡以當地徵募所得撥之當地傷兵之原則，顯有支配失當苦樂不均之處。茲者本戰區已有傷兵之友社設立，徵募慰勞為該社規定工作之一項，該社總社係以兵站總監部衛生處、司令長官部衛生處、

辦法　政治部及本處等機關為構成份子，於各地分佈醫院稀密與收容傷兵多寡，均皆瞭然詳悉，將來進行徵募慰勞工作，必能統計準確，策劃週密，擬請通飭本戰區內各公益團体嗣後徵募慰勞工作，應歸傷兵之友社總社主持或協同辦理，各地不宜單獨徵募，以一事權而增效能。

決議　照案通過。

福建省地政局关于战时公务员因公受伤核给医药费暂行办法致大田土地陈报办事处的训令
（一九三九年十一月八日）

福建省地政局訓令

民國二十八年十一月八日 歲戌壽局地甲永九三五二六號

奉省政府令奉行政院令抄發戰時公務員因公受傷核給醫藥費暫行辦法仰飭屬知照等因仰知照由

令大田土地陳報辦事處

案奉

省政府歲戌魚府秘丙永九四四三號訓令開：

「案奉 行政院呂字第一二二〇五號訓令開：『案奉 國民政府二十八年八月二十二日渝字第四七一號訓令開：「為令知事。案據考試院二十八年八月十六日第五二一號呈稱：『現據銓敘部本年八月四日呈稱：「案准江西省政府本年七月四日支電開：『查雇員公役因公傷亡給卹暫行標準規定因公受傷未達殘廢或心神喪失程度者，得酌給一個月至三個月之一次醫藥費。委任職以上公務人員依照公務員卹金條例無醫藥費之規定，本省迭據各區各縣呈報委任職以上公務人員因公受傷請求發給醫藥費，如予照准，若無法令依據，概予駁〔〕，以示足資獎勵努力奉公，可否比照上項標準，視其負傷輕重，酌給實支薪額一個月至三個月一次醫藥費之處，自應電請核復為荷」等由准此，查「公務員卹金條例」第五條規定：「因公受傷或致病未達殘廢或心神喪失之程度者，得於其退職時酌給一次卹金」，其因公受傷毋須退職者，得酌給一次醫藥費，尚無規定，如比照戰時雇員公役因公傷亡給卹暫行標準辦理，職務既不相同，給卹標準亦難適用，茲擬定戰時公務員因公受傷核給醫藥費辦法四項，以資救濟，是否可行，理合繕具該項辦法二份，備文呈請鑒核轉呈核准，公布施行。」等情，計附呈戰時公務員因公受傷核給醫藥費辦法二份，據此，查該部所擬辦法係為適應事實，以資救濟起見，似尚可行，茲予該項辦法標題加入「暫行」二字，名為「戰時公務員因公受傷核給醫

附：战时公务员因公受伤核给医药费暂行办法

战時公務員因公受傷核給醫藥費暫行办法

一、公務員因公受傷未達殘廢程度除已退職者應依公務員卹金條例第五條給卹外其毋須退職者得由服務機關長官按其受傷輕重依照左列規定酌給醫藥費

(甲)薦任以上人員得按其一個月俸額內酌給之

(乙)委任人員得按其二個月俸額內酌給之

(丙)長警得按其三個月薪額內酌給之

(丁)聘任及派充人員可援照公務員卹金條例給予卹金者按其月俸數目比照簡薦委任人員酌給

二、前項醫藥費得在各機關原有經費內按照前項办法支給但原服務機關裁撤或經費困难者得由其上級機關支給均作正報銷

三、前項醫藥費經各該机關長官發給後其受傷文官警官及長警應報由內政部核轉銓敘部備案如屬司法官及法警應報由司法行政部核轉銓敘部備案

四、本办法自核准之日施行至抗戰結束時廢止

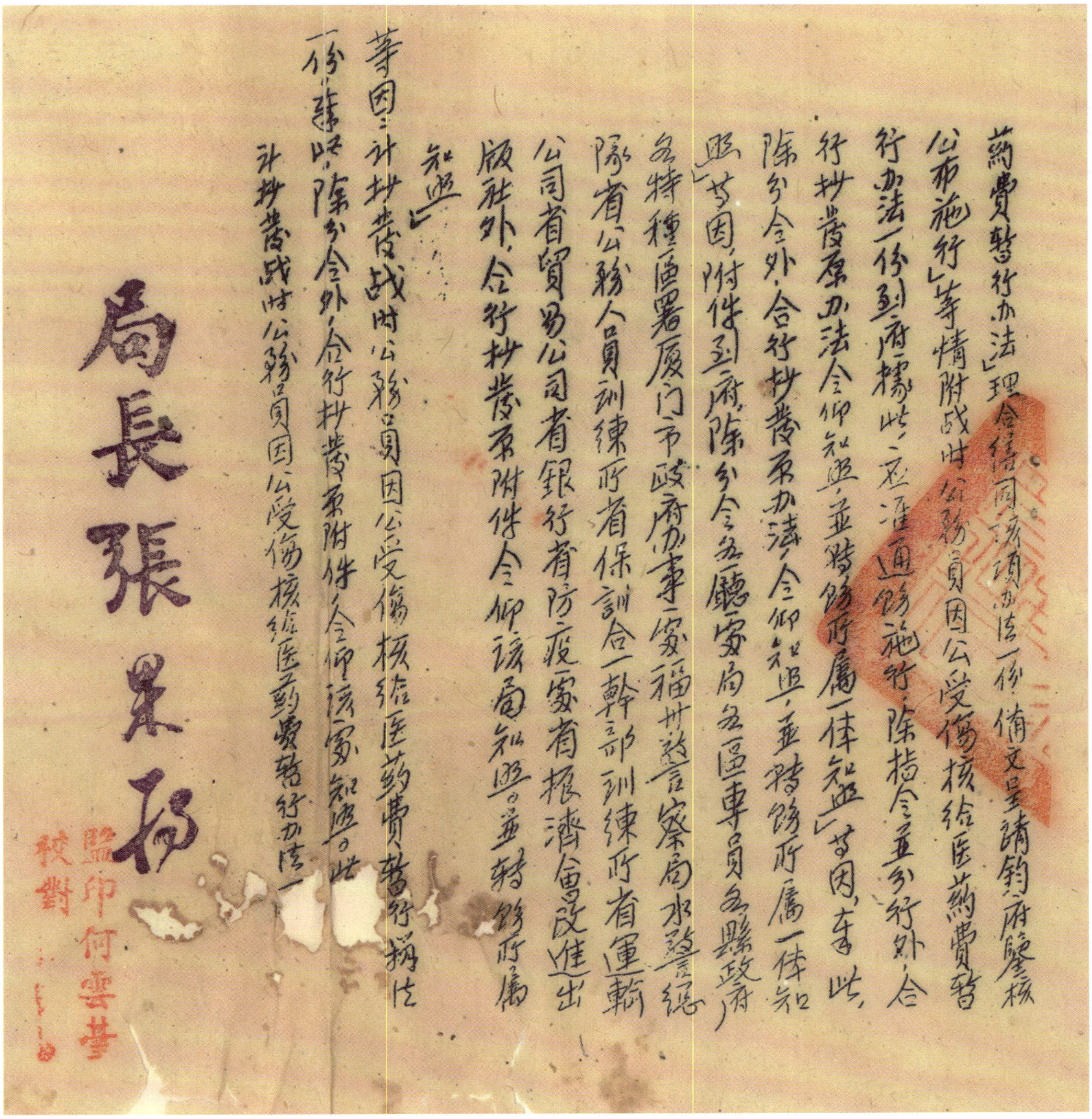

藥費暫行办法」理合備同該項办法一份，備文呈請鈞府鑒核
公布施行」等情，附戰時公務員因公受傷核給醫藥費暫
行办法一份到府。據此，茲准通飭施行，除指令並分行外，合
行抄發原办法，令仰知照，並轉飭所屬一體知照」等因，奉此，
除分令外，合行抄發原办法，令仰知照，並轉飭所屬一體知
照」等因，附件到府。除分令各廳、處、局、各區專員、各縣政府、
各特種區署、廈門市政府、办事處、福州警察局、水警總
隊，省公務人員訓練所、省保訓合一幹部訓練所、省運輸
公司、省貿易公司、省銀行、省防疫處、省振濟會、改進出
版社外，合行抄發原附件，令仰該局知照，並轉飭所屬
知照」
等因，計抄發戰時公務員因公受傷核給醫藥費暫行办法
一份，奉此，除分令外，合行抄發原附件，令仰該處知照。此
計抄發戰時公務員因公受傷核給醫藥費暫行办法一份

局長 張果為

監印 何雲華
校對

福建省教育厅关于修正本省优待出征抗敌军人家属条例施行细则致大田县立初级中学的训令
（一九四〇年三月二十三日）

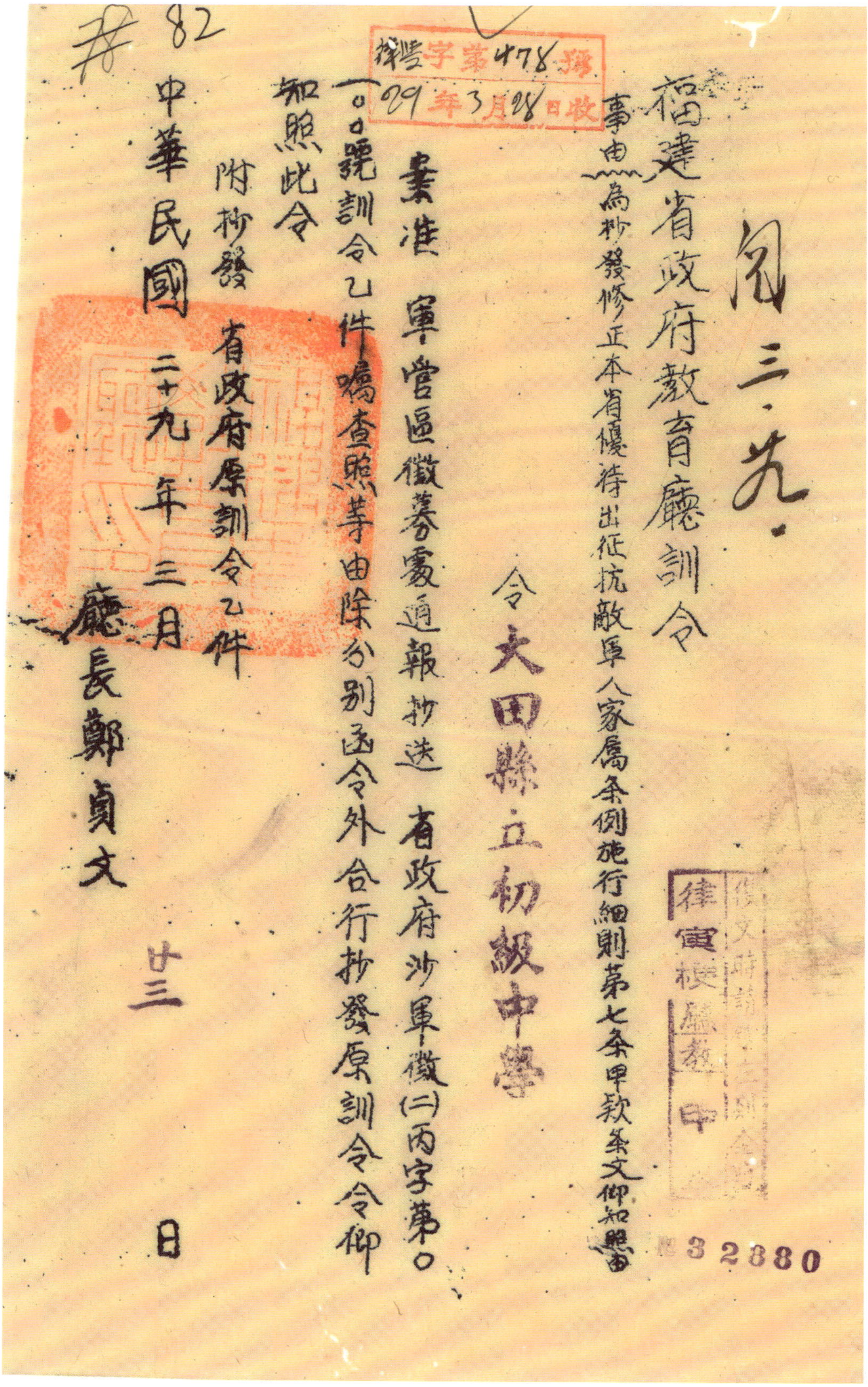

福建省政府教育廳訓令

事由：為抄發修正本省優待出征抗敵軍人家屬条例施行細則第七条甲款条文仰知照由

令大田縣立初級中學

案准 軍管區徵募處通報抄送 省政府沙軍徵(二)丙字第一〇〇號訓令乙件囑查照等由除分別函令外合行抄發原訓令令仰知照此令

附抄發 省政府原訓令乙件

中華民國二十九年三月廿三日

廳長鄭貞文

律字第478號 29年3月28日收

閱 三.先.

32880

附：福建省政府关于修改本省优待出征抗敌军人家属条例施行细则的训令

事由：為修改本省優待出征抗敵軍人家屬條例施行細則第七條甲款條文令仰　照由

福建省政府訓令　沙軍徵(二)丙字第0120号

令

查福建省優待出征抗敵軍人家屬條例施行細則前經本府於二十八年三月十七日以軍役(二)乙字第三九號訓令頒發在案。惟該細則第七條甲款內請求救濟者「其期間至多不得超過一年」之規定，核与長期抗戰優待征人尚欠周至，实有賡續救濟必要，爰經提出本年一月二十四日本府委員会第一八八次會議議決改為「其期間至抗戰終了為止」，藉資激勵，除由府公布並咨請內政、軍政兩部備案暨分令各師「團」管區司令、各行政督察專員、各縣「區」「局」「隊」長、各保安旅長外，合行令仰　照并飭屬遵照。此令。

中華民國二十九年三月　日

主席陳儀

大田县政府关于调查各学校优待征人子女入学情形的训令（一九四〇年四月十三日）

141

由事：令調查各學校優待征人子女入學情形並因仰遵照具報由

大田縣政府訓令

律民役字第2649號

民國二十九年四月十三日

案奉

永春師管區司令部徵字第一六七七號快郵代電開：

「奉軍管區沙徵（二）丙字第二六三二號訓令以首為案移准軍事委員會撫郵委員會函開茲為設計抗戰軍人子女之教養一案，已有各地抗戰軍人家屬職業訓練及子女就學辦理情形及意見函應詳為徵求以資參考，相應函請查照，將是材料惠予檢寄以資研討為荷等因。查出征軍人家屬子女無力教養者，未有優待施行細則第七條丁款曾訂：……由優待委員會轉請主管官署准予免費入學或轉送各工廠學習技藝」之規定，該管區轄內對於辦理此項職業訓練及子女就學情

以何合行令仰查明核同是项材料如具意见限本四月份以前报[illegible]

復等因，特電仰該所切實查明，並限于四月廿五日以前報部彙核，[illegible]

等因。奉此，除分令各縣學校外，合行令仰該校詳將優待征人子女入學情形限四月十[illegible]

日以前具報，以憑彙轉為要。

此令。

縣長 鄒德明

福建省动员会关于举行全国慰劳运动资料展览会征募慰劳材料的代电（一九四〇年四月）

福建省動員委員會代電　律辰陽省動永二二八九號

事准全國慰勞抗戰將士委員會總會電為舉行全國慰勞運動資料展覽會請就地徵集並檢賜各種慰勞材料俾利進行等由請查照由

准全國慰勞抗戰將士委員會總會本年四月六日慰字第一三〇七號代電開查自抗戰以來全國各地各界而鼓勵及援助前方戰士曾不斷舉行各種慰勞運動其於加强軍民合作及激發抗戰情緒頗著成效茲以抗戰進入第四年代為求爭取最後勝利則於前方戰士之慰勞需要更為殷切本會職責所關為提高一般社會對於慰勞運動之認識與推動今後慰勞運動之發展起見擬於本年七月在行都舉行全國慰勞

運動資料展覽會素諗貴會年來對於慰勞運動倡導不遺餘力此類有關材料收存當極豐富用特電請貴會就近或飭屬徵集有關慰勞運動之照片宣傳品各種統計圖表及特殊慰勞品等須於五月底以前以迅速方法賜寄本會以便佈置展覽並將於可能範圍内巡迴各地巡迴展覽藉廣宣傳而利慰勞工作如有珍貴資料必須寄還者亦請分别註明一俟展覽完畢當即寄還以上各項至乞查照辦理等由准此除分電外相應合亟電仰遵照迅將前列有關慰勞運動之各項材料於本年五月二十日以前檢送本會以便彙轉爲要

荷省動員委員會（）印

福建省教育厅关于抄发福建省军管区司令部为发动宣慰团队对出征军人家属暨负伤员兵切实宣慰并尽量代写家信致大田县立初级中学的训令（一九四〇年五月二日）

律字第540號
29年5月4日收

福建省政府教育廳訓令

事由：令為發動組織宣慰團隊对各出征軍人家屬暨負傷員兵切实宣慰并盡量代寫家信一案仰遵照辦理由

令大田縣立初級中學

案准軍管區徵募處通報抄送軍管區司令部沙徵（二）丙字第三三二五號訓令一件囑查照辦理等由除分別函令外合行抄發原附件令仰遵辦此令

附抄發軍管區司令部訓令一件

中華民國二十九年五月二日

廳長鄭貞文

附：福建省军管区司令部关于发动宣慰团队对出征军人家属暨负伤员兵切实宣慰并尽量代写家信的训令

F 94

抄件

福建省軍管區司令部訓令 沙徵(二)丙字第3325號

事由：奉桂林行營代電布轉飭所屬發動組織宣慰團隊對各出征軍人家屬暨負傷員兵切實宣慰並盡量代寫家信等因轉令遵照辦理由

令 縣政府

省政府案移奉

軍事委員會委員長桂林行營政二丑感代電開：

「據本行營政治部主任梁寒操、副主任徐會之本年二月廿日政二1986號簽呈稱：查軍政部先後頒發「出征軍人家屬通訊辦法」及「戰時士兵與家屬通訊補充辦法」，對於前綫戰士與家屬通訊之困難，已予設法解決，洵屬意美法良，切合實際需要。惟是項辦法，對出征軍人家屬與前綫戰士通訊之困難，則尚未能顧及。查出征軍人家屬多數智識低淺，經濟困難，在子弟丈夫出征以後，欲通音問，每感手不能文，託人代書，又殊不便，或則信紙信封郵票等費，均不易籌措，遂致征人日遠，信息日稀，無形中使在戰役者加重思親懷舊之憂，而在家庭者常切懷子望夫之念，影响役政實非淺鮮。又各地後方醫院負傷員兵與家屬通訊，亦均有同樣之困難，似應同時設法予以解決。此次本部組織宣慰出征軍人家屬隊，宣慰桂林市區各出征人家属之结果，深感此种工作之重要，为特备请钧座通令各省府、各省党部饬所属利用各种适当时机，发动各地方团体及各级学校切实组织宣慰团，赴各该地出征军人家属暨各该地后方医院负伤员兵切实宣慰，并尽量代为缮写家信，以资救助，而利役政，是否有当，敬乞核示等情；查所请足属切要，应准照办，除分电各省府、各省党部外，特电达，希转饬所属切实遵照办理为要

等因；除分令各师团管区司令、各行政专员、各县区局队长外，合行令仰遵照办理，并饬属一体遵办为要。此令。

中华民国二十九年四月　日

兼司令陈仪

大田县立初级中学关于拟具本校优待出征军人子女入学办法致县政府的呈（一九四〇年五月十五日）

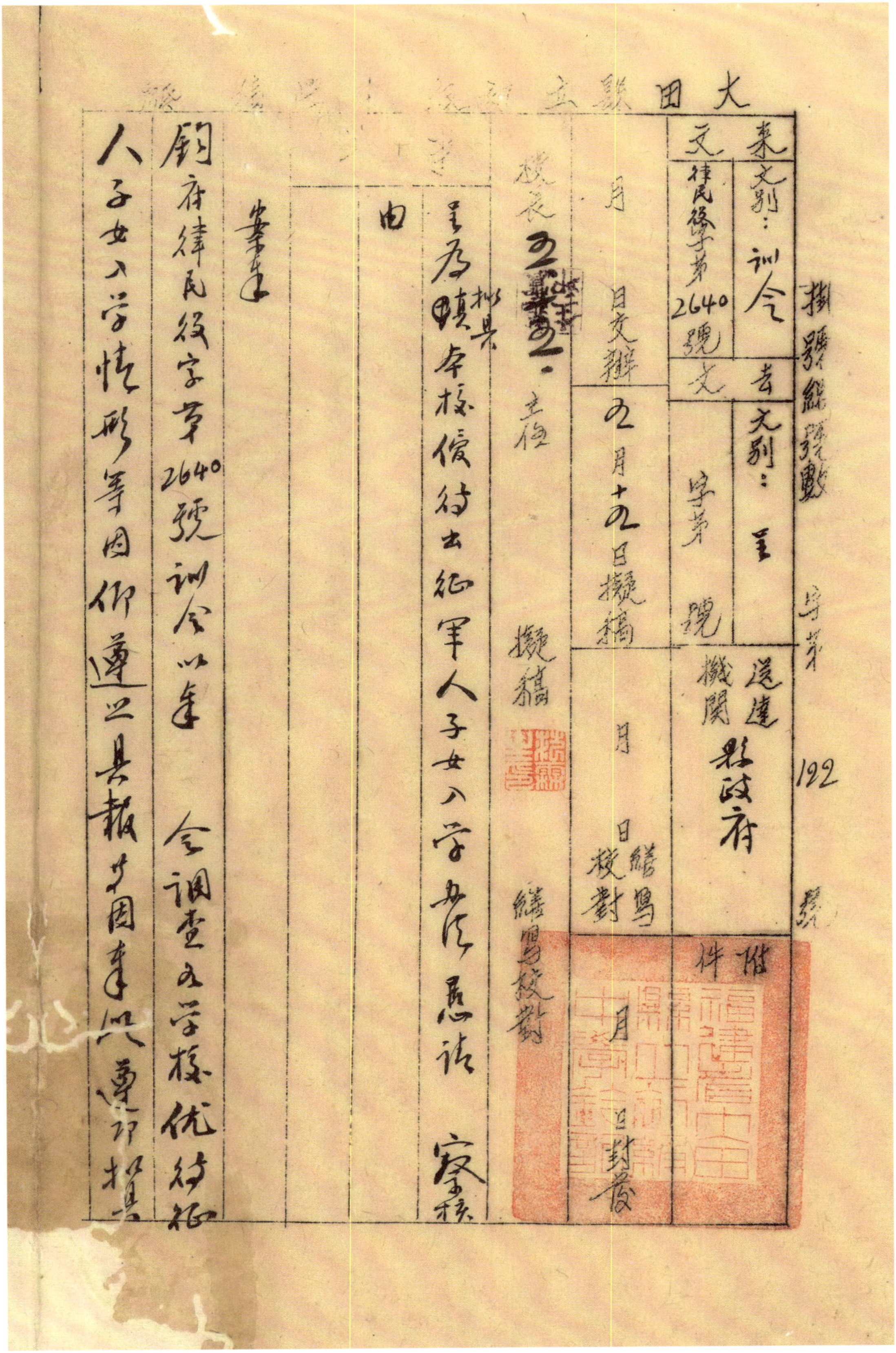

本校优待征人子女入学办法如下（一）凡征人子女概予免收学费
入学（二）家境清寒之征人子女入学除免收学杂费外酌予津贴书籍等费
优待（三）家境清寒之征人子女如成绩优良者除免收学费
外得享受公费生之待遇（四）征人子女须领有保甲长证
明书及优待委员会优待证方得享受以上各项之优待
合将本校优待征人子女入学办法具文呈请
鉴核备查
谨呈
大田县县长 郑
衔名

福建省教育厅关于四月五日公祭阵亡将士及殉难同胞一案改期七月七日举行给大田县立初级中学的训令（一九四〇年六月十二日）

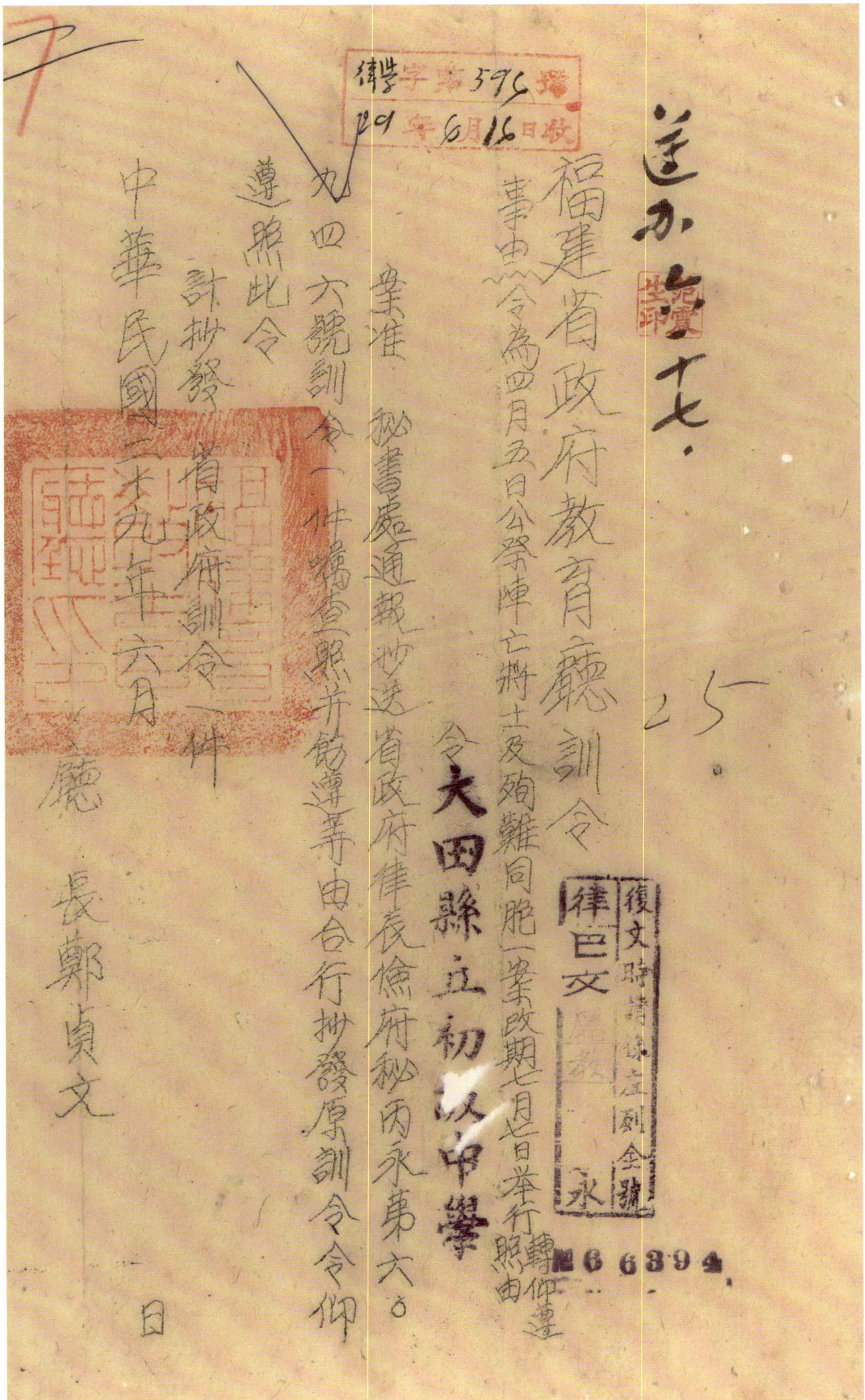

送办 十七

律字第596號 29年6月16日收

福建省政府教育廳訓令

事由：令為四月五日公祭陣亡將士及殉難同胞一案改期七月七日舉行轉仰遵照由

令大田縣立初級中學

案准

秘書處通報抄送省政府律蔭府秘丙永第六九四六號訓令（附件）一件，備查照并飭遵等由，合行抄發原訓令，令仰

遵照。此令。

計抄發省政府訓令一件

廳長 鄭貞文

中華民國二十九年六月 日

復文 律巳文 永

№66394

附：福建省政府关于四月五日公祭阵亡将士及殉难同胞一案改期七月七日举行的训令

抄件

福建省政府訓令 律長儉府秘丙永60746
民國二十九年五月廿八日發

案奉
行政院廿九年四月廿九日陽字九零六零號訓令開：
案准國民政府文官處二十九年四月十九日渝文字第一四八九號公函爲四月五日舉行陣亡將士及殉難同胞公祭（案）經奉核定改期七月七日舉行等由，查此案前奉國民政府令行到院，經於本年四月以冬申二電飭遵在卷，茲准前由，除分令外，合行令仰遵照，并轉飭所屬一体遵照。
等因；自應遵辦，除分别函令外，合行令仰該 遵照，并飭屬遵照。此令。

主席陳儀

大田县政府关于为陈鸿仪从军入伍举行欢送会并筹集慰劳品致县立初级中学校的函（一九四〇年六月二十二日）

逕啟者：查本縣民衆自衛總隊部副總隊長陳鴻臯深明
大義，親送長子陳鴻儀從軍為民倡導，深堪嘉尚。除電請層峰
優予獎勵外，茲定本廿四日上午九時在本府自衛中隊部舉
行歡送大會，務希
查照準時參照，並盡量籌集慰勞品，同時帶會贈送，以壯士氣
為荷。此致

縣立中學校

啟
六月二十二日

福州私立三一中学关于举办四一五被难者追悼会的通知（一九四一年六月三日收）

135

閣

訂六月十日上午五時假大禮堂為

本校四一五被難諸君開追悼會藉叨

學誼肅此奉

聞

惠賜輓章唁詞請寄崇安本校李建中代收

如蒙

福州私立三一中學四一五崇安被難員生追悼會籌備會啟

本校四一五被難諸君行略

校醫張亨寅先生，為閩侯人，年四十七歲，幼學醫于英國基督教派遣醫院卒業後，懸壺鷺江，醫名籍甚，迨廈門淪陷，沿海艱于托足，因而挈眷內遷，初為崇安衛生院醫師，旋委赤石衛生院主任，在職惟謹，活人頗多，客歲秋由本校聘為校醫，本期繼續在職，診病周至，下藥多驗，病者感之，是日敵機之來也　先生以公畢回寓，妻女環坐進膳，一彈轟然，舉家聚殉，慘亦慘矣！聞　先生有母與子，尚在台灣，餘亦不可得其詳也。

167

蔡子儀君，字鴻逵，又字紓懷，閩侯人也。六歲失怙，重闈扶植，愛無倫比，延傅于家塾之學，因是文有根柢，胎息獨厚焉。年十四，卒本校初中業，旋晉高級中學，以高材稱於師友間，民國二十七年秋，依例集訓，旋赴邵武任民教，翌年公畢，回校復課，斯際即其高中學程完滿最後之一學期也。距會考僅兩閱月，不幸罹難而亡，所謂秀而不實者，其如是耶？是日也，空襲警至，敵機隨來，一彈轟然，趨避不遠，竟難脫險，得年十九歲，性聰穎而鋒芒不露，講筵悄坐，終日默識如愚，及試輒冠羣軍，此其難能而可貴者也。待人慷慨尚氣誼，友之困于學者，輒周之，困於病者，輒扶持之。近喜研討声律，尤嗜宋人詩，時以疑難詢師長，師戒以卒業期近，勿以小道廢要學。君自謂學科於我無所苦，餘力學詩，當亦長者見許，師笑而頷之。有叩以升學志願者，謂學求在己，己之外無所擇也。噫，而今已矣！賫志而終，其抱憾為何如耶？！有弟二，子玉，子生，均隨校肄業初中，君死之日，在側視殮，啜啜泣而已。

許君品瑛，閩侯人，字戾天，于民國二十三年入本校初中，二十六年升高級中學，性敏慧于國學有獨長，其他成績，亦不落人後，詩有天材，凡新舊體落筆均精警異常，有「猶憶南園遊釣處，荔支如燒夕陽紅」之句，為師長所贊許，好古文辞，尤嗜史記，時手一編，課暇多所請問，外此則雜覽旁求，無所不窺，本學期為其高中畢業之期，尤致力英數，蓋為應考計也。二十七年，應福安民教工作，归校後學業突進，于人情尤洞達，閒嘗與師長聚處，輒以父困家累，母攖痼疾為念。其天性有獨厚也如此，年來寒暑例假，為國宣傳，不遺餘力，噫！君以一岐嶷有為之青年，而竟罹敵機之慘炸，傷哉！得年二十歲，兄弟四，君其次也，弟品雄亦在學，親視乃兄之死難而啜泣者也。

江履璞君字梅子，永泰籍，世居省垣之橋南倉前山，父以名宦致仕家園，庭訓縝密，故君之品學造詣，非時倫可比，性恬靜寡言，處尊長前，終日默不發一語，然思想深邃，見于文字者類皆中肯，亦諸生中之秀出者也。本學期屆高中畢業，惜天不永其年，竟罹飛禍，傷哉！　君平日在學周謹，從無過失見責，凡遇疑難事，必問而後行，抱負宏大，遇事不苟，嘗因病曠民教工作，居恒以為念，力請當道俾竟其功，蓋未盡其天職，引以為憾也。死難之日，乃弟孟琴，在側視殮，天涯原鶺，獨自悲鳴，見者愴然！

鄭子衡君，閩侯人，居福州南台大廟山，少延傅家學，于經傳亦涉其流，年十七由省立福州初級中學畢業，翌年秋升本校高中，以文藝見稱于師友，在校質實謹厚，遇人無慍容；然理之所在，則滔滔辯論不少假，性疏脫，不事邊幅，每苦体羸病多，時而自艾。以是朝氣銷沉，似重有憂者。客歲寫誰誤了你小說一冊，詞旨均可誦，殆抒其牢騷，而為己寫照歟！是日敵机之來，由宿舍出，蹲于路旁，彈屑傷腦部，溘然即逝，得年廿二歲，時同散于是處者，謂能卧于地或可免，噫！果然耶？抑不然耶？傷哉！

李光遠君，閩侯人也，世居倉前山之施浦鄉，本期屆初中畢業，并附小計之，在校肄業已七年矣。其勤學節用，有人所難能者，　君數載如一日，未稍異，每有學款，輒寄存導師，非當用從無濫支，有經歲未取錙銖者，同級豪于遊，侈于食，　君質素自安，不逐時流，蓋其品格有獨異于人也。課餘手一篇，溫課習作，不以嚴寒溽暑而間斷，是日空襲警至，尚在讀文，及敵机至，始趨于屋外路隅，不幸彈片中腰部，氣隨絕無可救，書猶在手不釋，性友愛，處弟兄間翕如也。去年秋，乃兄光恆卒業归，戀別依依，泣數行下，雖知雁行分手，即其永訣之天，噫！傷哉！

敝校不幸慘遭敵機轟炸，校醫及學生等遇難計達六人之多，斯亦吾閩學校被炸空前最大之慘劇也。第念校址内遷，原為安全起見，遇難 諸君在日不憚遠道，隨校供職，或負笈從學，其志固屬可佳。詎料慘劫難逃，竟死非命，其情不更可哀耶？！敝校以追悼，雖屬一時儀式稱哀，而紀念須求恆久實際，有俾觀感而興敵愾同仇之念。因此擬為被難 諸君募集基金，充作清寒獎學之用，名為福州私立三一中學「四一五」崇安被難員生獎學基金，似此生者既沾實惠，長深憤慨，而歿者志行亦足永垂不朽，想

台端學誼攸關，當亦惻然共表同情也。果蒙

垂矜惠贈

盛賻，即當盡數妥存，充作是項基金，藉期集腋成裘，克襄善事，一舉兩得，當蒙樂助，諸惟

朗鑒，並頌

台綏

如蒙惠賜，請逕寄本校會計梁步禹先生代收

福州私立三一中學全體員生敬啟

大田县政府关于征收免缓役证书费办法致县立初级中学的代电（一九四一年六月十二日）

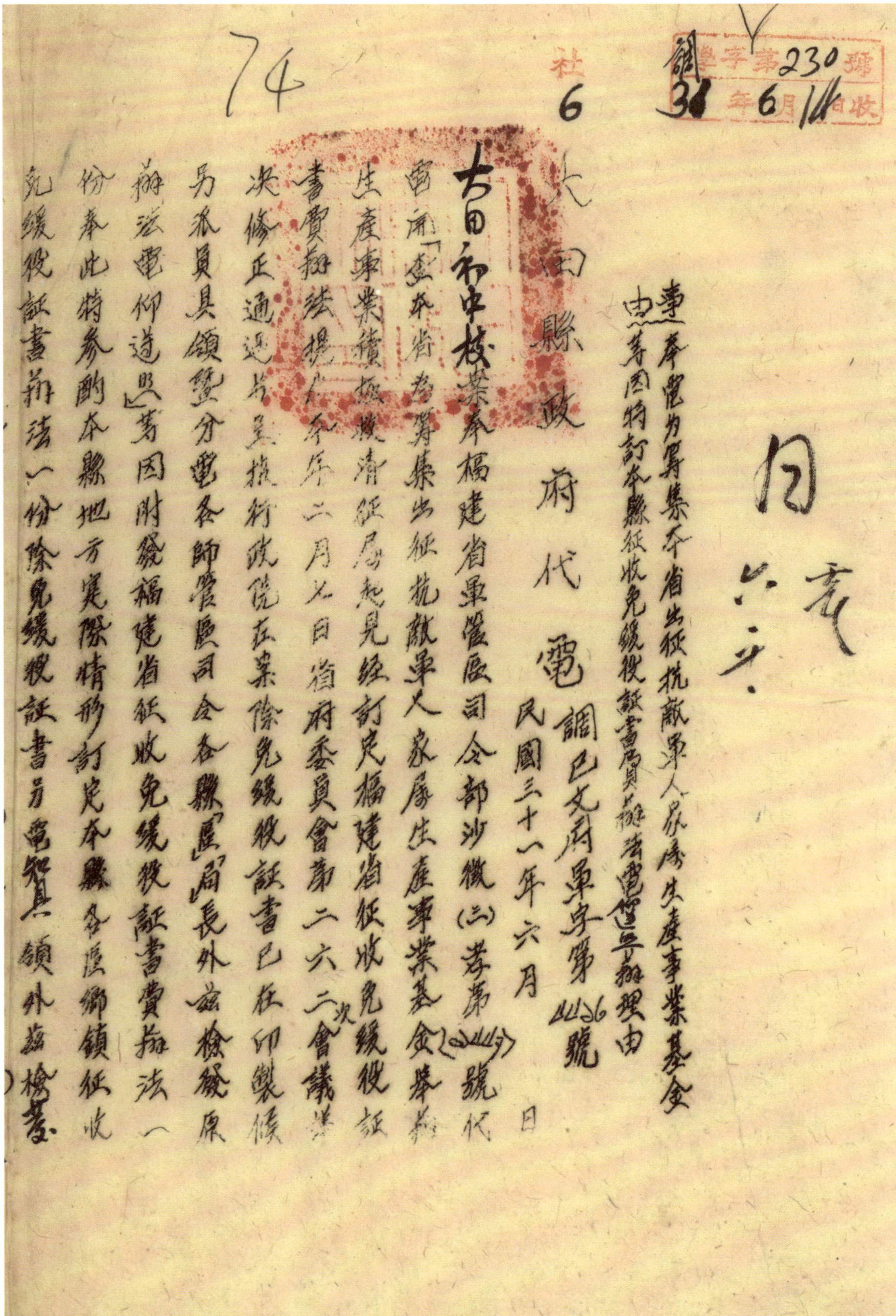

學字第230號 31年6月14日收

大田縣政府代電

調已文府軍字第2226號

民國三十一年六月　日

事由：奉電為籌集本省出征抗敵軍人家屬生產事業基金等因特訂本縣征收免緩役証書費辦法電仰遵照辦理由

大田縣中校：案奉福建省軍管區司令部沙徵(二)善第[illegible]號代電開：「查本省為籌集出征抗敵軍人家屬生產事業基金，舉辦生產事業，積極救濟征屬起見，經訂定福建省征收免緩役証書費辦法，提經本年二月七日省府委員會第二六二次會議決議修正通過，并呈報行政院在案。除免緩役証書已在印製，候另令具領，暨分電各師管區司令、各縣（區）局長外，茲檢發原辦法，電仰遵照」等因，附發福建省征收免緩役証書費辦法一份。奉此，特參酌本縣地方實際情形，訂定本縣各區鄉鎮征收免緩役証書辦法一份，除免緩役証書另電知具領外，茲檢發

前項辦法一份，仰遵照辦理為要。縣長羅誠純（兼）（附表）

本縣各區鄉鎮征收免緩役証書費辦法一份

（附式一）

左拇指	左中指	左小指
左食指	左環指	紙[illegible]

注意：如用相片者將相片貼附於上[illegible]

79

大田縣各區鄉（鎮）徵收免緩役証書費辦法

第一條　本辦法遵照福建省軍管區司令部沙徵（三）亨第（四四）代電暨永師管區司令部師（一）字第（1526）號代電之規定并參酌本縣地方實際情形訂定之。

第二條　各級壯丁合于修正兵役法施行暫行條例第二十七條第二十九條第三十條及第卅一條免緩役之規定經声請核准者發給免緩役証書（以下簡稱証書式樣另附後）并征收証書費其標準如左：

（一）合於修正兵役法施行暫行條例規定及明令特准免服常備兵役者收國幣十元。

（二）合於修正兵役法施行暫行條例規定及明令特准緩服常備兵役者收國幣八元。

（三）在初中或同等學校肄業之規程及醫學生特予緩召依前欵緩役例給証收費但為獨子身份仍應照免服常備兵役例給証收費。

（四）公費免費師範及應予救濟之各種學生免收。

（五）身体畸形殘廢或赤貧者免收。

第三條　證書由縣政府交區署或逕交各鄉鎮公所發給之。

第四條　證書分為定期發給與臨時發給：

（一）定期發給：於每年二月至三月行之，翌後每年換發。凡三十年度曾經領有免緩役人事登記證之壯丁，而免緩役原因尚未消滅者，於規定期間內依照本辦法所定證書費標準納費換領新證。

（二）臨時發給：凡在每年四月一日以後因身份變動或其他合於免緩役之規定者，得申請免緩役，經核准並繳納證書費後發給之。

第五條　三十年度未經申請或未領有免緩役人事登記證者，除依照明令規定加倍繳納三十年度優待捐金外（按去年標準收費繳納），仍[illegible]壯丁免緩役身份給予本證書。

第六條　合於免緩役之壯丁，不論公務員、學生，以領有免緩役證書為必備之手續，如於規定期間內無故不自行領證或不由其家屬代領者，查出後加倍罰繳其應納證書費，併帶處罰，倘抗拒不繳，即將該壯丁撥補前線服兵役。

第七條　證書費由縣政府彙繳福建省軍管區，充出征抗戰軍人家屬生產事業基金。

第八條　區署、各鄉鎮征收之證書費應於五日解繳縣政府，彙轉軍管區司令部，不得截留挪用，如有延展，以侵佔論罪。

第九條　本辦法施行細則另定之。

第十條　本辦法自公布日起施行之。

77

大田縣各鄉（鎮）征收免緩役證書費辦法施行細則

第一條　本細則依據各鄉鎮征收免緩役證書費辦法（以下簡稱本辦法）第九條訂定之。

第二條　本辦法第三條關於免緩役之聲請與核准程序，除照兵役及齡男子調查規則第十三條至第十九條之規定辦理外，應在免緩役申請書人名下蓋指模處粘貼相片或蓋指紋，以備發證時核對（附式一）。

第三條　縣署及各鄉鎮在未發給證書以前，應督飭所屬保甲長舉行免緩役調查，并將發給證書意義與免緩役條款之解釋及發證日期印製標語通告鄉（鎮）保內民众。

第四條　各鄉（鎮）于舉行免緩役壯丁調查時，應以甲（保）為單位詳實查明，使無偽漏，後由該管鄉鎮公所于一星期內填造免緩役壯丁表冊二份（附式二），連同免緩役申請書呈縣政府備核。

第五條　免緩役申請書每份應貼印花弍角，務為明顯，不得塗改，如有塗為不實足或有舞弊為有疑義者，即予取消，不發給證書。

第六條　免緩役申請書及名冊經縣政府核查後，發交填具通知單（附式三），載明應繳證書費數目及繳款領證地點，分發區署鄉（鎮）公所轉給各免緩役壯丁或其家屬，令其送繳，并收證書費時給与收據（附式四）。

第七條　免緩役壯丁屬於公務員及學生者，由各該機關學校依照免緩役條例條款分別列册（附式五）并代收證書費，送交縣政府彙收具報外，或肄業於省外者由其家屬遞繳。

第八條 依照本辦法第二條第四、五各款之規定之人，赤貧免繳費領證書者，應由鄉鎮保甲長（族長）負責證明，填具免費申請書（附式六）送縣政府核定。

第九條 免緩役壯丁或其家屬於接到通知書時，應於五日內攜款到指定地點照額繳納并領取證書，其係免費領取證書者，亦應於接到通知書（附式七）五日內往領證書。

第十條 免緩役壯丁或其家屬領取證書時，應將相片一張送交發證之鄉鎮公所，由發證人員於原送申請書所粘像片核對後粘入證書，於騎縫處加蓋發證機關主管印章，未備有相片者，須由本人親自到場加蓋指紋，其核對手續同。

第十一條 凡偽造免緩役原因冒領證書者，經發覺除追繳原款外，其本人得不經檢查免抽籤手續，逕予先征服兵役。

第十二條 各級辦理發證人員，如有浮收虛報及其他舞弊情事，依法從嚴懲之。

第十三條 凡將證書借與他人冒用經發覺者，雙方均照前條處分之。

第十四條 發證時間自本年六月一日起至八月底結束，如逾期不呈請補發，經查實後亦依照第十一條處分之。

第十五條 各區鄉鎮辦理發證收費成績優異或奉行不力者，按左列規定分別獎懲。

一、在規定實施期間内如有違者，承辦人員暨區署兵役[illegible]指導員鄉鎮[illegible]則鄉鎮長記過一次，區長鄉鎮長併本[illegible]責。

二、在規定實施期間内從前半月由違者，承辦人員由縣政府呈請省府撤職之。

三、逾期半月者，承辦人員記過一次，區鄉鎮長申誡。

四、逾期一月者，承辦人員記大過一次，區鄉鎮長記過一次。

五、逾期一月半者，承辦人員記大過二次，罰薪一月，區鄉鎮長記過二次。

六、逾期二月者，承辦人員撤職，區鄉鎮長記大過一次。

前項各款處罰，如遇天災[illegible]有情形特殊經核准者，不在此限。

第十六條　發給證書期間於[illegible]底結束，[illegible]月十日以前，各鄉鎮長應造發給免緩役證書清冊暨發給免緩役證書及應繳證費各二份（附式八、九）呈送縣政府彙案報之。

第十七條　本細則自公布日施行之。

（附式七）

免費領取　役證書通知

姓名	住址	免緩役原因	領證日期	領證地點	備攷

右應予免費領證特此通知

縣長

中華民國　年　月　日

（附式八）

縣發給免緩役證書清册

姓名	年齡	籍貫	住址					免緩役	發證日期	證書字號	應繳證費	備攷
			鄉鎮	保	甲	戶	附戶					
合計												

（附式九）

縣發給免緩役證書及應收證費統計表

縣長　年　月　日　蓋章

鄉鎮別	免役人數	緩役人數	已發免役證書	已發緩役證書	共發免緩役證書合計數	免收證費人數		共收證費金額
						免役	緩役	
合計								
附記								

福建省教育厅、福建省银行关于为举行「慰劳伤兵艺术品义卖展览会」征集展品致大田县立初级中学的函（一九四一年六月二十五日）

本會爲發揚士氣，提高國民抗敵情緒起見，擬於本年「八一三」四週年紀念日，在本省永安舉行「慰勞傷兵藝術品義賣展覽會」，並將義賣所得捐獻「傷兵之友社」，以作慰勞傷兵之用。素仰

貴校熱心文化，藝術超羣，用特函請

惠賜大作，以襄義舉，無任感禱。即希

查照爲荷！此致

大田縣立初級中学

附徵集展覽品辦法一份

福建省政府教育廳
福建省銀行
合辦慰勞傷兵藝術品義賣展覽會用牋

啓

中華民國三十年六月廿五日

福建省政府关于抄发修正公务人员、雇员、公役遭受空袭损害暂行救济办法致各机关各学校的训令（一九四一年九月十一日）

福建省政府訓令 府祕會報永字第〇一七三九號 三〇，九，一一，

抄發修正公務員雇員公役遭受空襲損害暫行求濟辦法仰遵照

令各機關各學校

查本省公務員雇員公役遭受空襲時損害暫行救濟辦法，係於二十八年十一月間，以歲成符府財丙永字九九一五八號訓令通飭遵行。茲查其中關於醫給醫藥費，喪埋費，及財物損失救濟費最高額之規定，衡諸現在物價，已難適用，經將原定數目，均提高一倍，並修改有關條文提交本府委員會第二百四十二次會議通過在案，合行抄附修正辦法一份，令仰遵照。

此令。

附抄修正福建省公務員雇員公役遭受損害暫行救濟辦法一份

（辦法見法規欄）

本省法規

修正福建省公務員僱員公役遭受空襲損害暫行救濟辦法

一、本辦法依中央公務員雇員公役遭受空襲損害暫行救濟辦法第十五條之規定，參酌本省實際情形訂定，凡本省公務員雇員公役，遭受空襲損害，悉依本辦法救濟之。

二、本省公務員雇員公役，遭受空襲損害者，應於肇事後兩日內，先將事實報告其長官，轉告各該主管機關，並於一星期內填具事實表，（格式附）呈請救濟。

三、各機關長官，收到前項事實表後，應即負責核明是否確實，填註審查意見，並依照本辦法所規定之範圍，擬定救濟辦法，及酌給金額暨由何款項下開支各點，呈由各該主管機關核轉省政府（省屬機關）或縣地方政府（縣地方所屬機關）核定飭知後，再予救濟，但事實上有立予救濟之必要時，各機關長官，得酌予墊付，俟核定後，在應給救濟費內扣還。

四、依照前條由縣地方政府核定之案件，如係動支地方預備費時，仍應依照法定手續辦理。

五、凡依本辦法請予救濟之案件，必要時得交其他機關審查，或派員實地查勘。

六、公務員雇員公役被炸受傷，須送醫院療治者，應送免費公立醫院，或其他免費診療機關施治，如此項醫院及診療機關，未能予以治療時，得按傷勢輕重，分別核給醫藥費，取具醫院診斷書並單據，以憑核銷，但至多不得過二百元。

七、公務員雇員公役，被炸殉難，及因傷重致死，其家屬無力自行殮埋者，得核給殮埋費，公務員雇員以四百元爲度，公役以二百元爲度

八、公務員雇員公役，被炸殉難，及因傷重致死，或致肢體殘廢，心神喪失，不能繼續服務者，除照本辦法分別核給殮埋費醫藥費或救濟費外，其應領卹金，仍各依定章辦理。公務員雇員公役，因辦理警衞消防救護，搶運公物，及其他外差事宜，致受傷殉難或私財損失者，除照本辦法及撫卹法規分別核給醫藥費殮埋費救濟費及卹金外，並得分別酌給特別獎卹金。

九、各機關對於公務員雇員公役，得辦理團體人壽保險，（包括意外險在內）保險費以由各員役自付爲原則，但每月實收俸薪工餉在一百元以內者，得由各該機關酌給每年十元以內之補助費。

十、公務員雇員公役之直系親屬或配偶遇難，經查明確係無力自行殮埋者，死亡一名發給殮埋費二百元，未成年者減半。公務員雇員公役之直系親屬或配偶受傷，無力自行醫治者，得分別傷勢輕重，酌給醫藥費，每名不得超過八十元。

十一、公務員雇員私物被毀者，由本機關查明情形，依左列規定，酌給救濟費。

甲、公務員雇員，無家屬在服務機關所在地，一身財物遭受損失者，得按損失輕重，依左列標準分別核給救濟費：

（一）月俸實支在二百元以內者，酌給一十元至四百元；

（二）月俸實支二百零一元至三百元者，酌給一十元至三百元；

（三）月俸實支超過三百元者不另給救濟費。

乙、公務員雇員，有家屬在服務機關所在地，一家財物遭受損失者，得按損失輕重，依左列標準分別核給救濟費：

（一）月俸實支在一百元以內者，酌給四十元至八百元；

（二）月俸實支一百零一元至一百五十元者，酌給四十元至七百元；

（三）月俸實支一百五十一元至二百元者，酌給四十元至六百元；

（四）月俸實支二百零一元至二百五十元者，酌給四十元至

五百元；

（五）月俸資支二百五十一元至三百元者，酌給四十元至四百元；

（六）月俸資支超過三百元者，不另給救濟費。

十二、公役無家屬在服務機關所在地，一身財物遭受損失者，得按損失輕重分別核給一十五元至一百二十元之救濟費，公役有家屬在服務機關所在地，一家財物遭受損失者，得按損失輕重，分別核給二十元至三百元之救濟費。

十三、凡已向當地救濟機關領有卹金者，不得再請領本辦法所規定之險理費醫藥費或救濟費。

十四、本辦法所定險理費，醫藥費，救濟費，及因辦理團體人壽保險所需補助費，以在各機關原有經費內勻支爲原則，但經費無法挹注者，得呈請主管機關，就主管經費內開支。（例如建設廳所屬機關得呈由建設費項下開支）

十五、本辦法之施行及廢止日期，以命令定之。

福建省現職公務人員診病優待辦法

一、福建省政府，爲體恤各級公務人員因病支應醫藥費困難起見，特訂定本辦法，以資救濟。

二、本辦法適用範圍，暫以左列各機關現任員役爲限：

（一）省政府各廳處局會及其附屬機關；

（二）縣政府（特區）及其附屬機關；

（三）省營事業機關。

三、公務人員患病，向本省各省（縣）立衛生醫療機關就診時，除照章繳納掛號費外，其他醫藥等費，照左列之規定辦理：

（一）藥費住院費，一律照章七折，但住院在十日以上者，住院費照對折減收；

（二）手術費電療費，及一般處置費，照章五折；

（三）出診費藥瓶費，及伙食費，照繳不折；

以上優待辦法，各公務員直系親屬（父母妻子）持有各該機關證書者，得享受同等優待。

（四）公務人員本身因患病每月所用醫藥費，如超過本人實支薪額五分之一時，得敍明本人現支薪額，檢同省（縣）立衛生醫療機關收費收據，呈由原服務機關，將超額數核發。

（五）公務人員就診時，應由各主管長官出具證明書。（證明書格式另定）

（六）各省（縣）立醫療機關，應另印制公務員疾病收費三聯收據，（第一聯掣給患病公務員，第二聯送服務機關第三聯存醫療機關）式樣另定之。

（七）公務人員超額醫藥費，由服務機關支給。

（一）省政府各廳處局會，及其附屬機關，按月將患病職員姓名，及其所付超額醫藥費，列表連同三聯收據呈請省府核發。

（二）縣府及其附屬機關，應按月列表檢據，呈由縣地方款項下列支。

（三）省營事業機關，應按月列表檢據，呈准由其本機關經費項下開支。

（八）本辦法所規定救濟辦法染花柳病者，不得適用。

（九）各機關現任工友雜役等患病，均得適用本辦法。

（十）本辦法公佈後，前頒「福建省公務人員患醫藥費補助辦法」即行廢止。

（十一）本辦法自公佈之日起施行。

福建省教育厅关于征集抗战殉难同志事迹致大田县立初级中学的训令（一九四二年九月二日）

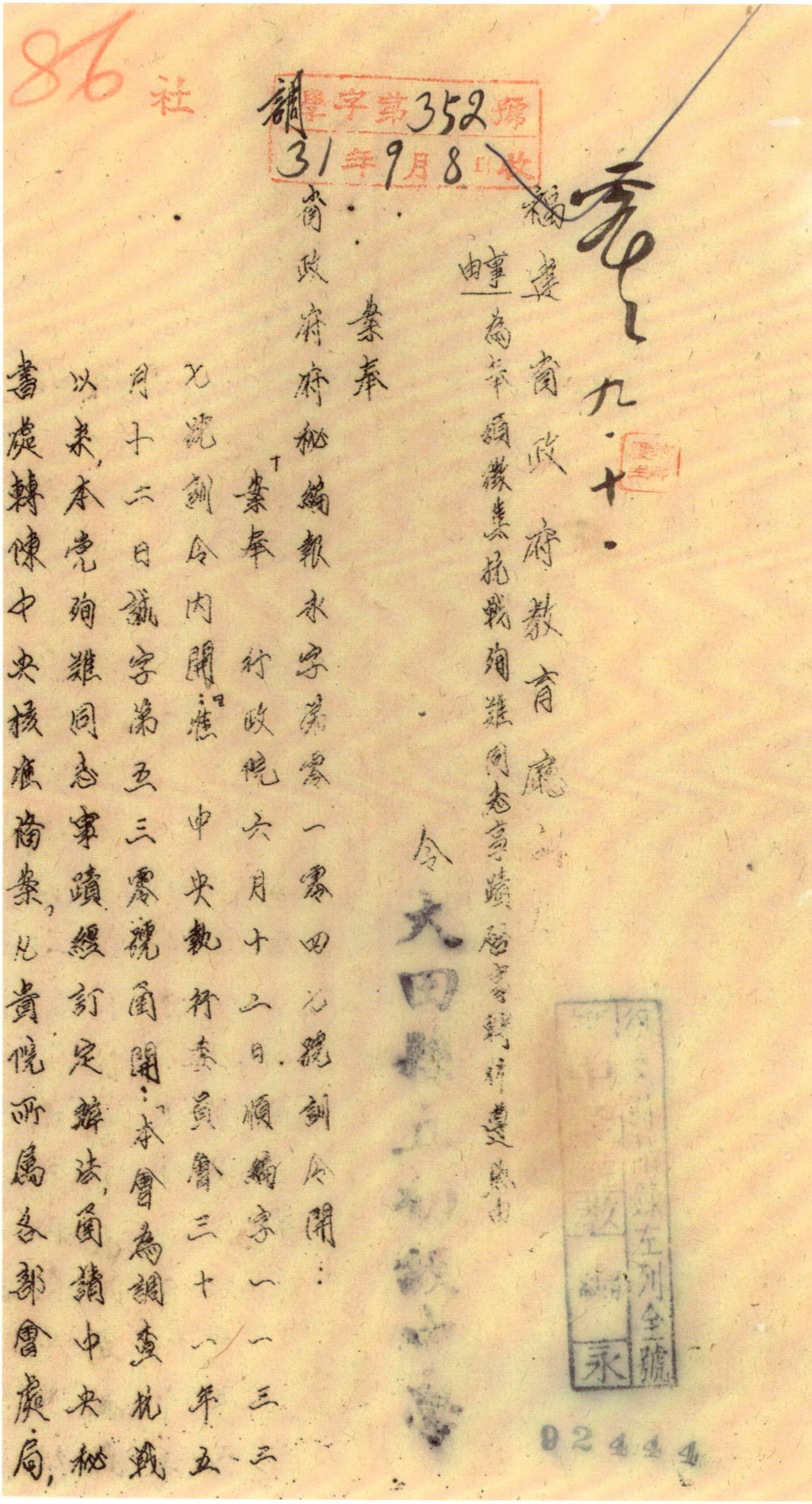
學字第352號 31年9月8日收
福建省政府教育廳訓令 九·十·
事由：爲奉頒徵集抗戰殉難同志事蹟辦法令仰遵照由
令大田縣立初級中學
案奉
省政府府秘編報永字第一零四九號訓令開：
「案奉行政院六月十二日順編字一一三三九號訓令内開：『准中央執行委員會三十一年五月十二日號字第五三零號函開：「本會爲調查抗戰以來，本黨殉難同志事蹟，經訂定辦法，函請中央秘書處轉陳中央核准備案，凡貴院所屬各部會處局，及各省市縣政府之公報刊物，惠予分別轉行廣爲義務刊登，以期普遍而收宏效。」等由。並附各事稿五十份；准此，自應照辦，除刊登本院公報並分令外，合行檢發故事一份，令仰遵照辦理，並轉飭所屬一體遵辦具報。」等因，附檢抄發徵集抗戰殉難同志事蹟故事一份，奉此，除分令外，合行令仰遵照，並轉飭所屬暨各區鄉鎮公所一體遵照。此令。」

等因，除分令外，合亟抄發原故事一份，令仰遵照辦理！

此令。

附抄發徵集抗戰殉難同志事蹟故事一份

中華民國三十一年九月

縣長 鄭貞文

徵集抗戰殉難同志事蹟啟事

查自抗戰軍興以來，本黨同志，因參加前後方工作殉難者，為數甚夥。本會為表彰忠義，以勵來茲，對於此項事蹟之徵集，早經着手進行。惟見聞不周，深慮掛漏，用再訂定調查範圍及表式，尚希各地同志協助查填，郵寄本會，俾資彙編，無任盼禱。

(一)範圍

甲、直接參加抗戰陣亡者。

乙、在淪陷區活動犧牲者。

丙、被敵偽奸拘捕殺害者。

丁、在前後方執行職務被敵襲炸死者。

(二)表式

抗戰殉難同志事蹟調查表

姓名		字		性別		籍貫	省 市 縣	年齡	
入黨時期	年 月 日					黨證字號	字 號		
經過									
殉難地點及情形									
家屬近況及通訊處									

中華民國　　年　　月　　日填表人（一）（二）姓名　通訊處

（三）手續

甲表內所列事項，務請逐一填明。

乙表格大小，可按事實需要酌為伸縮。

丙填表請寄重慶山洞轉本會。

中國國民黨中央執行委員會黨史史料編纂委員會製

福建省教育厅关于「九一八」「七七」纪念日开展慰问阵亡出征家属与荣誉军人活动致大田县立初级中学的代电（一九四三年二月十八日）

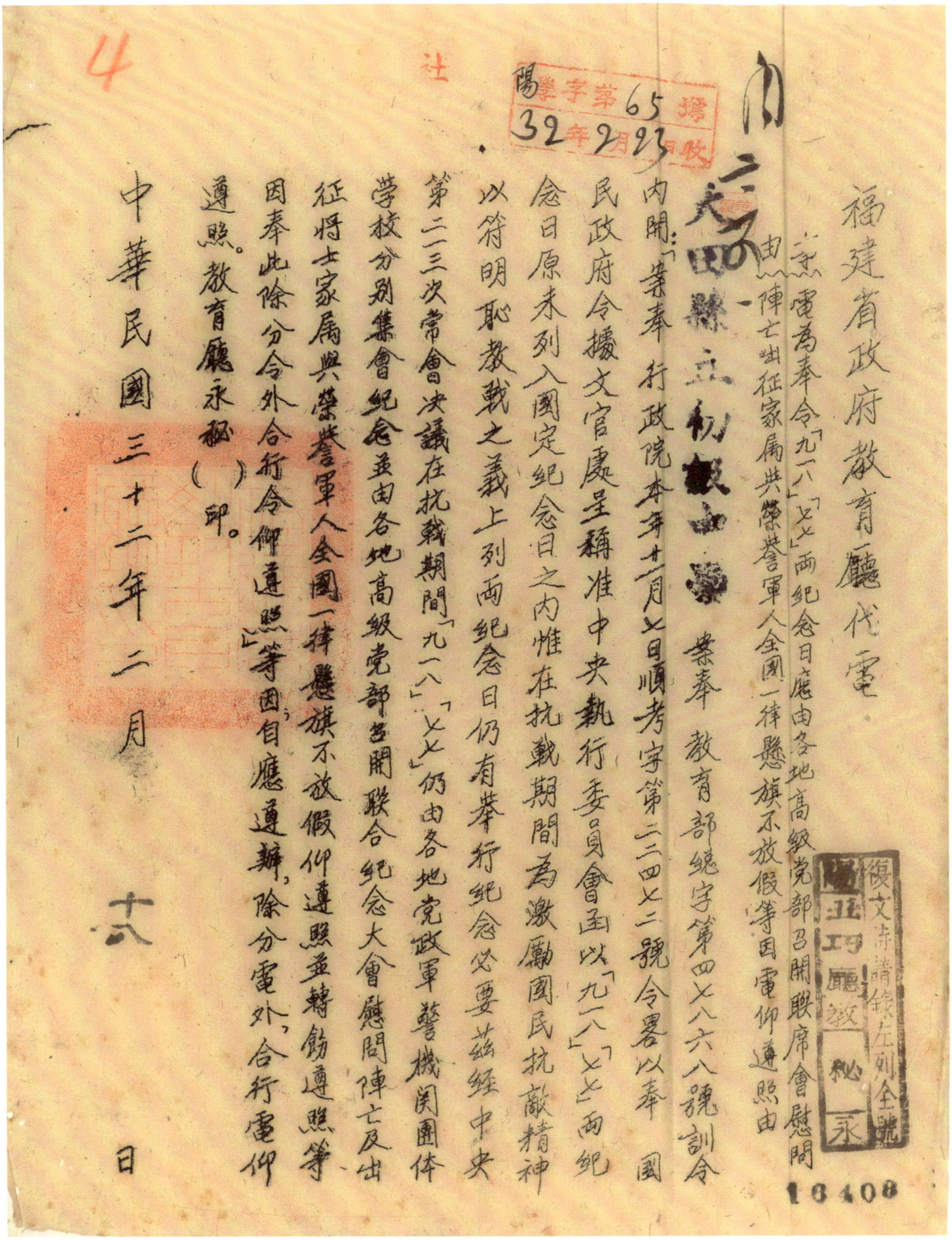

福建省政府教育廳代電

事由：為奉令「九一八」「七七」兩紀念日應由各地高級黨部召開聯席會慰問陣亡出征家屬與榮譽軍人全國一律懸旗不放假等因電仰遵照由

大田縣立初級中學

案奉 教育部總字第四七八六八號訓令內開：「案奉 行政院本年十一月七日順考字第二二四七二號令略以奉 國民政府令據文官處呈稱准中央執行委員會函以「九一八」「七七」兩紀念日原未列入國定紀念日之內惟在抗戰期間為激勵國民抗敵精神以符明恥教戰之義上列兩紀念日仍有舉行紀念必要茲經中央第二一三次常會決議在抗戰期間「九一八」「七七」仍由各地黨政軍警機關團体學校分別集會紀念並由各地高級黨部召開聯合紀念大會慰問陣亡及出征將士家屬與榮譽軍人全國一律懸旗不放假仰遵照並轉飭遵照」等因奉此除分令外合行令仰遵照」等因，自應遵辦，除分電外，合行電仰遵照。教育廳永秘（ ）印。

中華民國三十二年二月十八日

復文請錄左列全號 丑巧廳教秘永

18408

陽 學字第65號 32年2月23日收

三民主义青年团福建支团大田团务筹备处关于举办慰问抗属运动周征求文字编印特刊致县立初级中学的函（一九四三年十二月十五日）

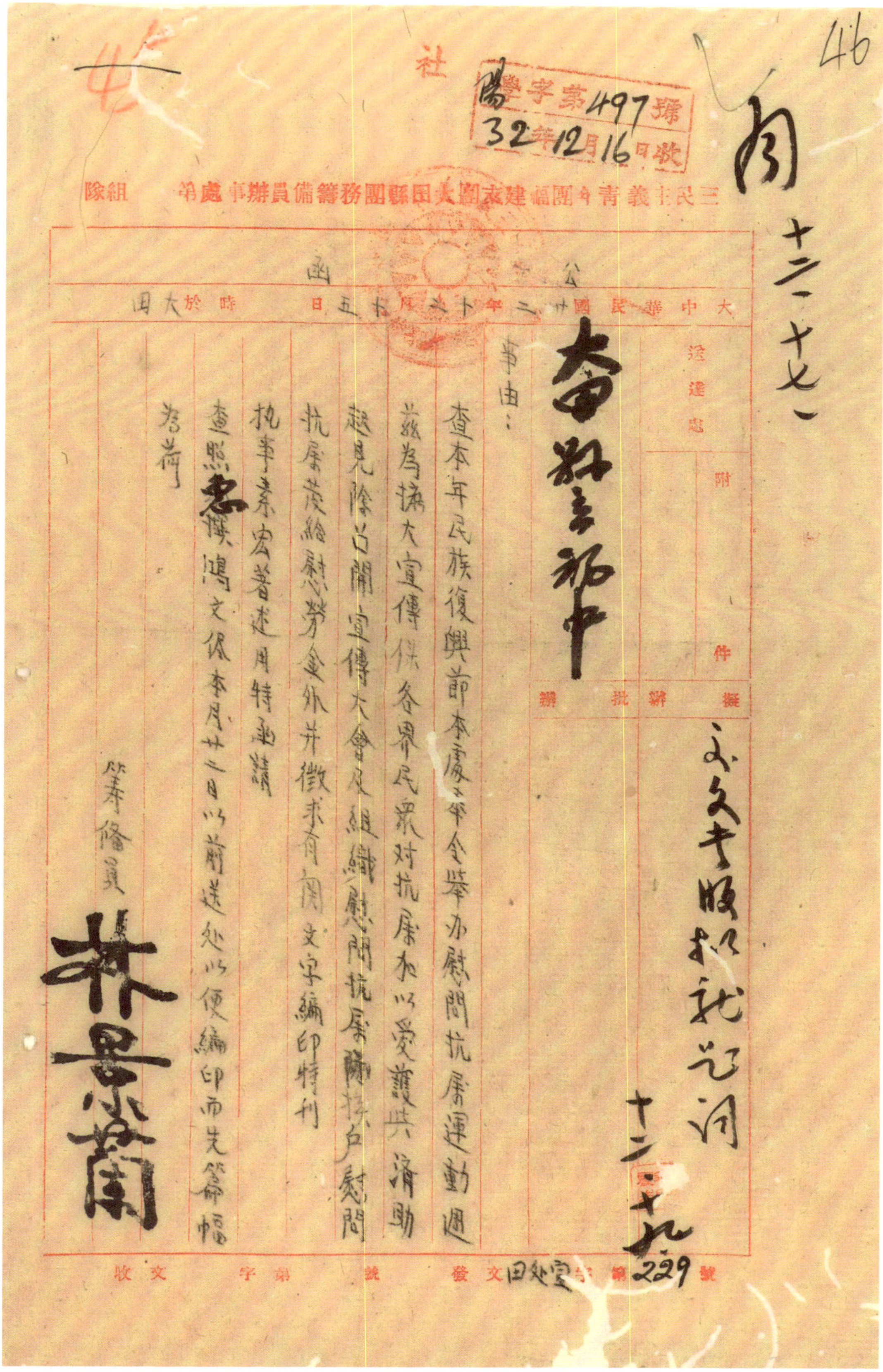
三民主義青年團福建支團大田團務籌備員辦事處第　組

公函

中華民國卅二年十二月十五日　於大田

事由：

大田縣立初中

查本年民族復興節本處奉令舉辦慰問抗屬運動週茲為擴大宣傳俾各界民衆對抗屬加以愛護與補助起見除召開宣傳大會及組織慰問抗屬隊挨戶慰問抗屬並給慰勞金外并徵求有關文字編印特刊執事素富著述用特函請查照惠撰鴻文俾本月廿二日以前送處以便編印而光篇幅為荷

籌備員　林[illegible]蘭

交文李照擬就記詞　十二、十九

十二、十七

周

收學字第497號　32年12月16日

發文田處宣字第229號

大田县知识青年从军执委会关于志愿从军自行优待办法致农业推广所的函（一九四四年十二月）

121
23

58

事由：本會擬定本縣志願從軍自行優待辦法毋予實施希查照由

福建省大田縣知識青年志願從軍徵集委員會公函 民國三十三年十二月 日 發文 征總字第 號

[illegible]農業推廣所：

案奉福建省知識青年志願從軍徵集委員會寅咸馬會招福字第（107）號代電開：「查智識青年志願從軍風起雲湧，日見踴躍，此間各機關學校團體為鼓勵同仁參加起見，多自動籌集獎金或其他物質上予以種種之優待，但各單位狀況殊不相同，物質優待非只能得，為避免發生青年心理糾紛，激起比較，本會第八次業務會議議決：凡各機關對於自行優待辦法毋予實施，統由本會另訂，各機關志願從軍家屬服務會分別核定各種優待辦法公布施行，並分電外，合亟電仰遵照並轉飭所屬為要。」等因，奉此，除分函外，相應函達查照為荷。

大田縣知識青年志願從軍徵集委員會（印）

存查 卅三、十二、十八

福建省教育厅关于抄发青年远征军政工人员实施优待处理办法致大田县立初级中学的训令（一九四五年十月）

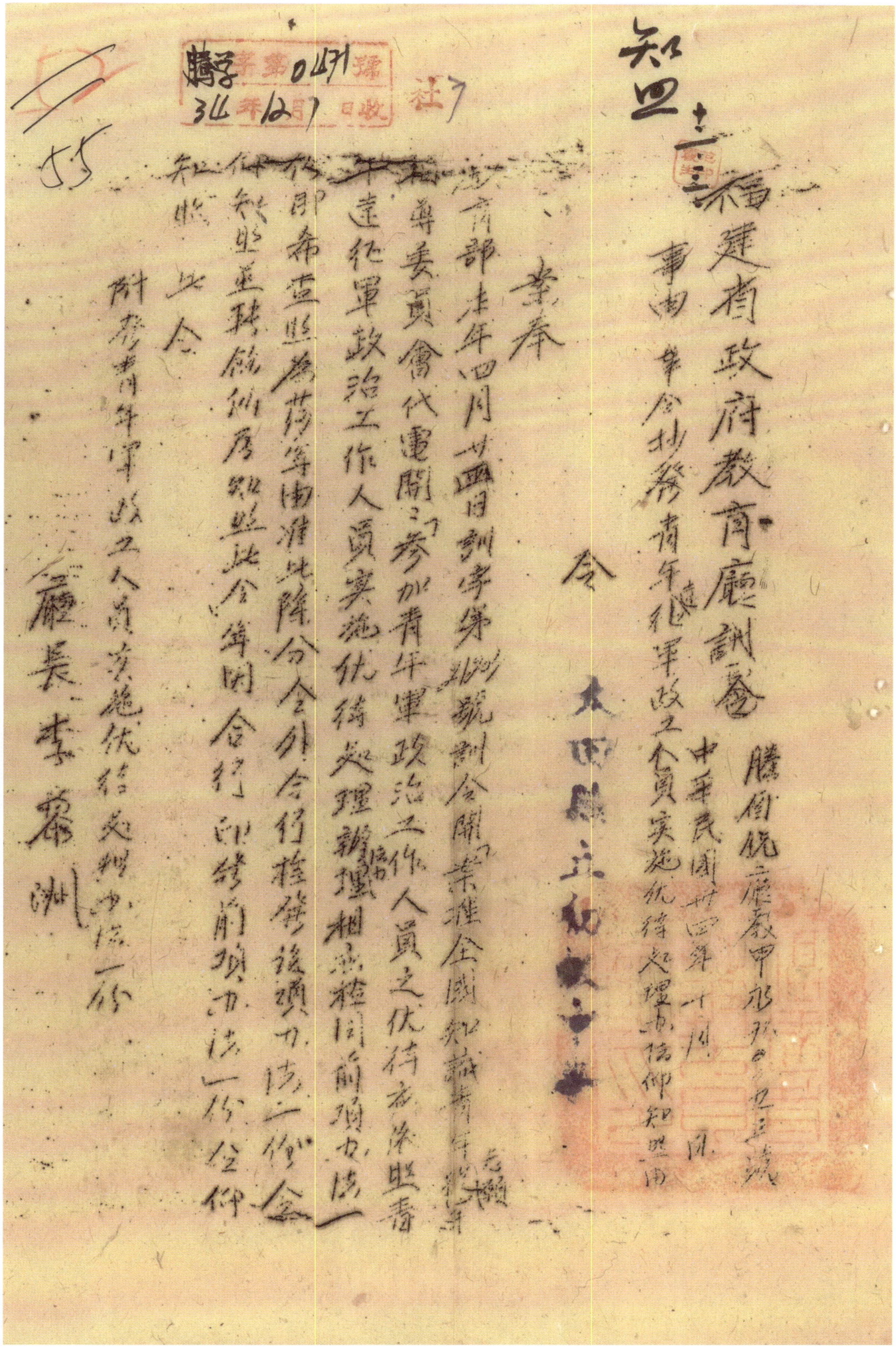
知四

福建省政府教育廳訓令　府教甲[illegible]第[illegible]號

事由：爲令抄發青年遠征軍政工人員實施優待處理辦法仰知照由　中華民國卅四年十月　日

令大田縣立初級中學

案奉

教育部本年四月廿四日訓字第[illegible]號訓令開："案准全國知識青年從軍指導委員會代電開：'參加青年軍政治工作人員之優待，應參照青年遠征軍政治工作人員實施優待處理辦法辦理，相應檢同前項辦法一份，即希查照爲荷'等由；准此，除分令外，合行檢發該項辦法一份，令仰知照並轉飭所屬知照。此令。"等因；合行抄發前項辦法一份，令仰知照。此令。

附發青年軍政工人員實施優待處理辦法一份

廳長　李[illegible]

青年远征军政治工作人员实施优待处理办法

一、公教人员志愿从军担任政工者，其当然[illegible]，其待遇悉照知识青年志愿从军优待办法办理，并得留[illegible]原职薪，[illegible]任政工官佐则系依照一般军佐人员待遇，不得享受[illegible]原职薪之优待。

二、志愿从军之士兵担任政工无论为官佐或列兵，一律以优待办法办理。

三、知识青年志愿从军担任政工者[illegible]，[illegible]征集从军青年之配额[illegible]补助费。

大田县政府关于奉令免除出征军人子女弟妹就学费用致县立初级中学的训令（一九四五年十一月十日收）

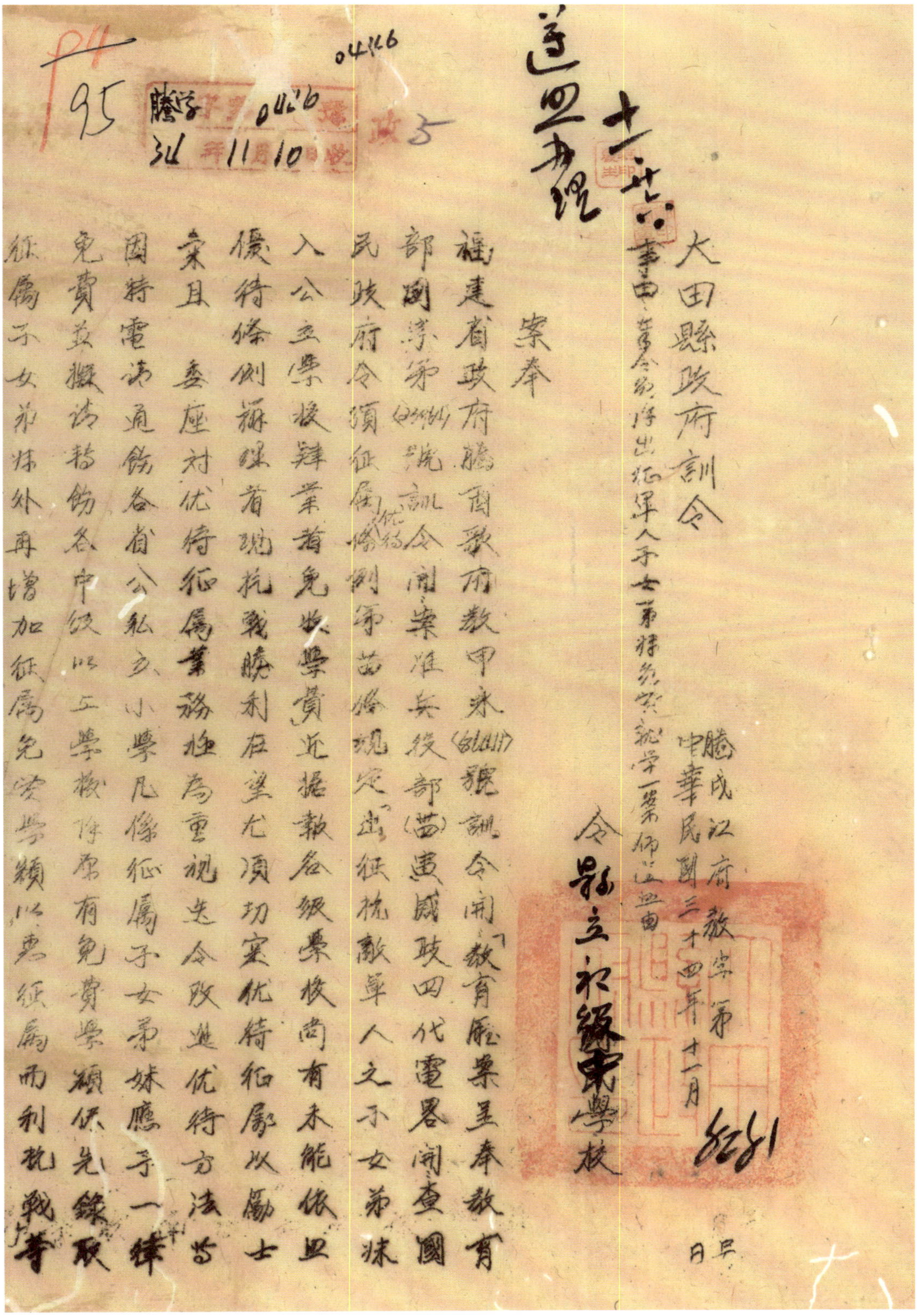

大田縣政府訓令　騰戌江府教字第　號

事由：奉令免除出征軍人子女弟妹就學一案仰遵照由

中華民國三十四年十一月　日

令縣立初級中學校

案奉

福建省政府騰酉歌府教甲字（6111）號訓令開：「教育廳案呈奉教育部國字第（61111）號訓令開：案准兵役部（卅四）貴國四代電略開：查國民政府令頒優待出征抗敵軍人家屬條例第苗條規定，出征抗敵軍人之子女弟妹入公立學校肄業者免收學費，近據報各級學校尚有未能依照優待條例辦理者，抗戰勝利在望，尤須切實優待征屬，以勵士氣，且委座對優待征屬業務極為重視，迭令改進優待方法，茲因特電請通飭各省公私立小學，凡係征屬子女弟妹應予一律免費，並擬請轉飭各中級以上學校，除原有免費學額仍先錄取征屬子女弟妹外，再增加征屬免費學額，以惠征屬而利抗戰等由准此，應准照辦。查本部規定小學（包括中心國民學校及國民學校）以不收學費為原則，其有特殊情形徵收學費之小學，應設置全校兒童數百分之四十以上免費學額，凡出征軍人之子女弟妹就學各公私立小學者，應一律免收學費；（二）各省市中等學校應遵照修正各級學校設置免費學額及公費學額規程第二條暨第三條規定儘量增設免費及公費學額，並以是項免費及公費待遇儘先核給在校就學之出征軍人子女弟妹；（三）各國立中等以上學校及各省私立專科以上學校在校肄業期中已行須能常時致國立中等以上學校及省私立專科以上學校公費生辦法實施，凡出征軍人之子女弟妹私學前項學額者准以照公教人員子女儘先享受該辦法所規定之公費待遇修習復並分別外，合行令仰該廳遵照並轉飭所屬遵照辦理為要。等因；轉呈到縣，除分令外，合行令仰遵照並轉飭所屬遵照辦理為要。等因。奉此，除分令外，合行令仰該校長遵照辦理。

此令。

縣長　李忠鈸

大田县立初级中学关于呈请颁给胜利勋章人员名册的通报（一九四五年十二月二十四日）

56

大田县立初级中学（机关）呈请颁给胜利勋章人员名册（公务员类）

职别	姓名	年龄	籍贯	简历	已否铨叙	实授或试署	核叙等级	请勋事实	备考
校长	范震生	五〇	福建大田	福建省立农业专科学校毕业，连任本校校长七年六个月			月支薪俸三〇〇元	抗战期间服务八年以上，考绩优异，现仍在职	
事务主任兼体育童军教员	陈兆年	三五	福建大田	华东体育专科学校毕业，中国童子军厦门市童子军教练班毕业，连任本校事务主任兼体育童军教员十二年六个月			月支薪俸二〇〇元	仝右	

通报于人事室

三十四年十二月二十四日

兹抄录、省政府字第107124号训令一件通报

查照

右通报

教育厅

计抄附原训令一件

（抄件（二）共六页）

附（一）福建省政府关于公务员在抗战期间服务八年考绩优异可请授胜利勋章的训令

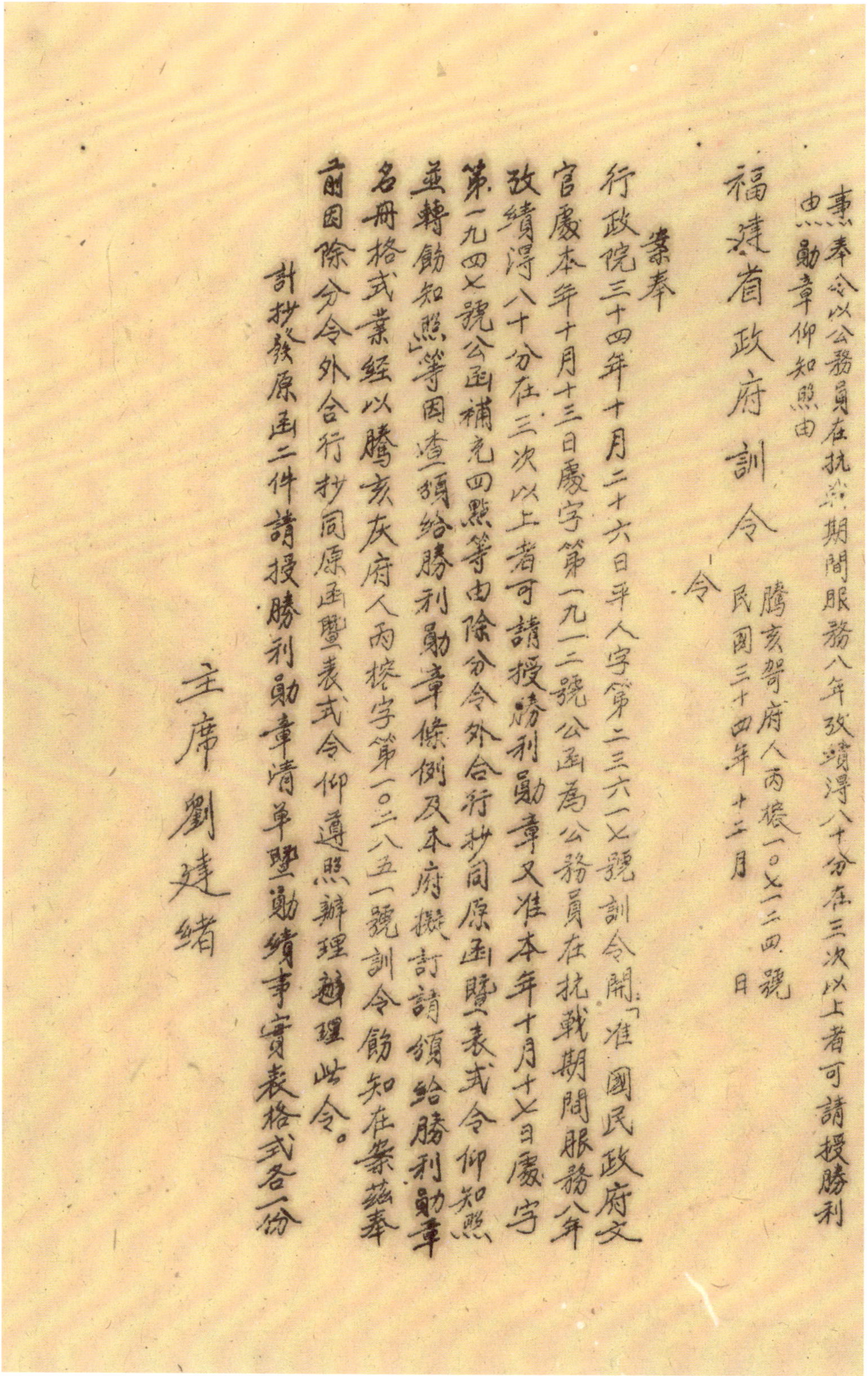

事由：奉令以公務員在抗戰期間服務八年考績得八十分在三次以上者可請授勝利勳章仰知照由

福建省政府訓令

騰亥哿府人丙揆一〇七二四號

民國三十四年十二月 日

令

案奉

行政院三十四年十月二十六日平人字第二三六一七號訓令開：「准國民政府文官處本年十月十三日處字第一九一三號公函爲公務員在抗戰期間服務八年考績得八十分在三次以上者可請授勝利勳章，又准本年十月十七日處字第一九四七號公函補充四點等由，除分令外，合行抄同原函暨表式，令仰知照，並轉飭知照」等因。查頒給勝利勳章條例及本府擬訂請頒給勝利勳章名冊格式，業經以騰亥灰府人丙揆字第一〇二八五一號訓令飭知在案。茲奉前因，除分令外，合行抄同原函暨表式，令仰遵照辦理辦理。此令。

計抄發原函二件、請授勝利勳章清單暨勳績事實表格式各一份

主席 劉建緒

附（二）公务员在抗战期间服务八年考绩优异请授胜利勋章清单

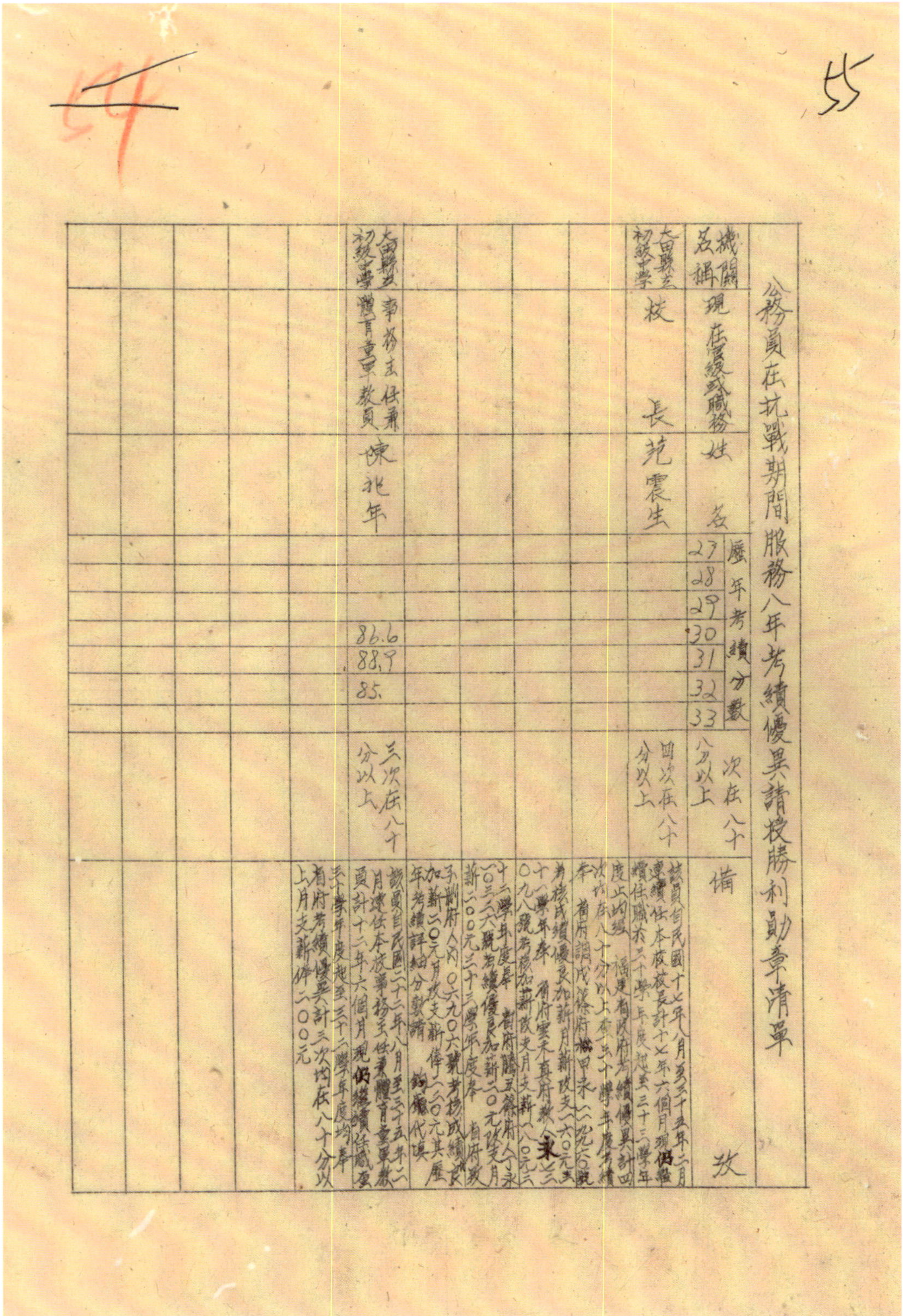

55

公務員在抗戰期間服務八年考績優異請授勝利勛章清單

機關名稱	現任官級或職務	姓名	歷年考績分數 27	28	29	30	31	32	33		備考
大田縣立初級中學	校長	范震生								四次在八十分以上	該員自民國十七年八月至三十五年二月連續任本校校長計十七年六個月現仍繼續任職於三十學年度起至三十三學年度止均經　福建省政府考績優異計四次均在八十分以上奉三十學年度考績奉　省府詔戌篠府[illegible]甲永八八九六號考核成績優良加薪月薪改支八六〇元三十一學年度奉　省府雲禾真府教人永七三〇九八號考核加薪改支月支薪八〇元三十二學年度奉　省府騰吾篠府人寸永八〇三八六號考績優良加薪二〇元改支月薪二〇〇元三十三學年度奉　省府教字刪府人內〇六九〇六號考核成績良加薪二〇元月改支薪俸二六〇元其歷年考績詳細分數請　鈞廳代填
大田縣立初級中學	事務主任兼體育童軍教員	陳兆年				86.6	88.9	85.		三次在八十分以上	該員自民國二十二年八月至三十五年二月連續任本校事務主任兼體育童軍教員計十二年六個月現仍繼續任職於三十一學年度起至三十二學年度均奉　省府考績優異計三次均在八十分以上月支薪俸二〇〇元

附（三）福建省政府关于奉令颁给胜利勋章条例第三条及同条第四款之解释的训令

通報 於人事室 三十四年十二月十七日
勝亥省人丙措一〇九九二一號

茲抄錄 省政府 字第109921號訓令一件

通報
查照

右通報

教育廳

附抄件

福建省政府訓令

事由：奉令關於頒給勝利勳章條例第三條及同條第四款之解釋仰知照由

（抄件（六）共六頁）

令

勝亥省府人丙措一〇九九二一號

民國三十四年十二月 日

案奉
行政院三十四年十二月六日平八字第二七一六九號訓令開「准國民政府文官處三十四年十一月十四日處字第二四〇五號公函開准儲備委員會三十四年十一月二日備秘文字第一五六一四號公函爲關於頒給勝利勳章條例第三條及同條第四款疑義各點請解釋見復等由茲經分別解釋如次(一)頒給勝利勳章條例第三條所稱公務員係以委任職以上職員爲限一般雇用人員並不包括在內(二)前爲雇員今爲委任職以上職員如有年資合於規定並得有三次考績在八十分以上者亦得申請授勳(三)抗戰期間服務八年以上者其年資應從二十六年七月七日起計算(四)在抗戰發生後始行任職其起始時期距離二十六年七月七日不及一年而合計考績優異次數合於規定時仍可依照該條款請勳除函復並分函外相應函達查照並轉飭知照等由准此除分令外合行令仰知照並轉飭知照」等因奉此除分令外合行令仰知照此令。

主席劉建緒

大田县政府关于抗战军人子女申请升学转学应予验证后尽量收录致县立初级中学的训令
（一九四五年十二月二十七日收）

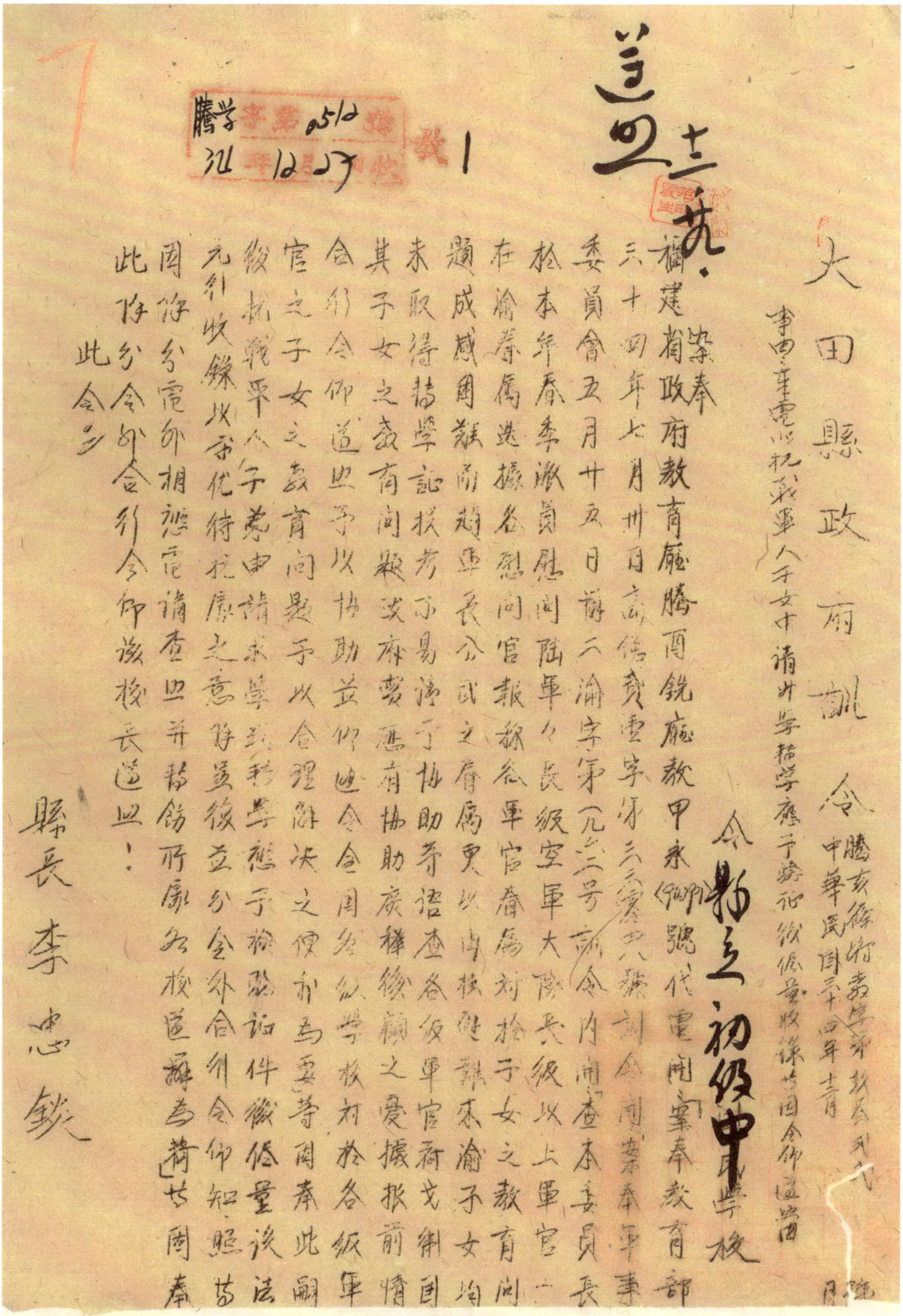

大田縣政府訓令　騰亥[illegible]府教學第　號　中華民國三十四年十二月　日

事由：奉電以抗戰軍人子女申請升學轉學應予驗証儘量收錄等因令仰遵照由

令縣立初級中學校

案奉

福建省政府教育廳騰酉銑廳教甲永（卯）號代電開：「案奉教育部三十四年七月卅日高儲賓字第三六六九號訓令開：『案奉軍事委員會五月廿五日務二渝字第（九六三號）訓令內開：「查本委員長於本年春季巡閱陸軍各長級空軍大隊長級以上軍官在渝眷屬，選撥各慰問官報稱各軍官眷屬對於子女之教育問題咸感困難，而對[illegible]長公武之眷屬更以[illegible]難來渝子女均未取得轉學証，投考不易得予協助，荐請查各級軍官衛国，其子女之教育問題，誠[illegible]應有協助，庶釋後顧之憂。據報前情，合行令仰遵照，予以協助，並仰通令全国各級學校，對於各級軍官之子女之教育問題予以合理解決之便利為要。」等因。奉此，嗣後抗戰軍人子弟申請求學或轉學，應予檢驗証件，儘量設法允予收錄，以示優待抗屬之意。除呈復並分令外，合行令仰知照。』等因。除分電外，相應電請查照，并轉飭所屬各校遵辦為荷。」等因。奉此，除分令外，合行令仰該校長遵照！

此令。

縣長　李忠鈙

七、日军侵略罪行和受害损失调查

福建省教育厅关于查报抗战损失致大田县立初级中学的训令（一九三九年十一月十八日）

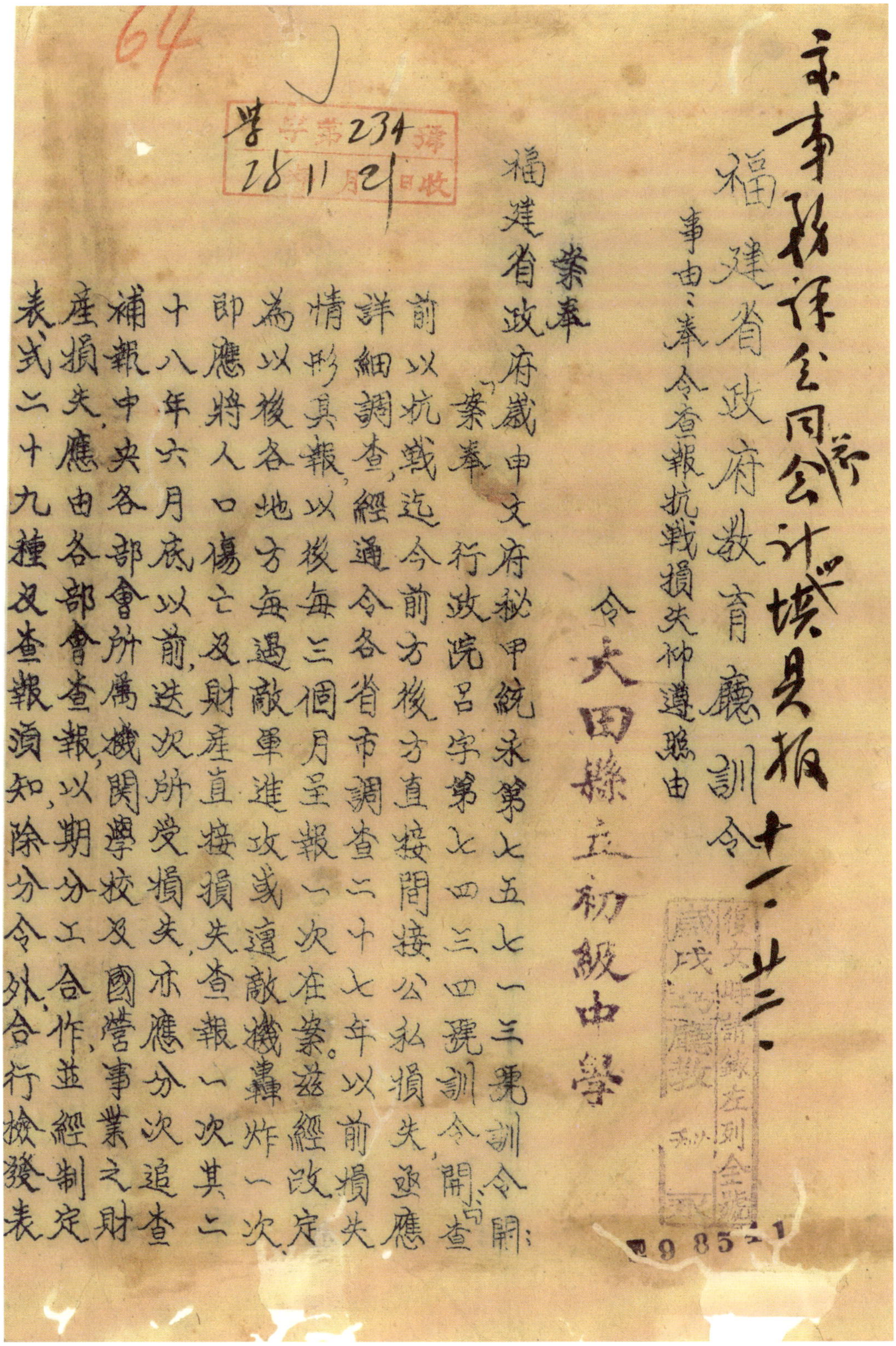
福建省政府教育廳訓令

事由：奉令查報抗戰損失仰遵照由

令大田縣立初級中學

案奉

福建省政府歲申文府秘甲統永第七五七一三號訓令開：

"案奉行政院呂字第七四三四號訓令開：查前以抗戰迄今，前方後方直接間接公私損失，亟應詳細調查，經通令各省市調查二十七年以前損失情形具報，以後每三個月呈報一次在案。茲經改定為以後各地方每遇敵軍進攻或遭敵機轟炸一次，即應將人口傷亡及財產直接損失查報一次；其二十八年六月底以前迭次所受損失，亦應分次追查補報。中央各部會所屬機關學校及國營事業之財產損失，應由各部會查報，以期分工合作。並經制定表式二十九種及查報須知，除分令外，合行檢發表

式及須知令仰遵照辦理，並轉飭所屬一体遵照辦理

等因，附發抗戰損失查報須知一份及表式廿九種，

奉此，除分令外，合行檢發表式及須知，令仰遵照辦

理，並轉飭所屬一体遵照辦理此令。

等因；除分別函令外，合行抄發前項查報須知及有關之報

告表式伍種，令仰遵照辦理此令。

計發抗戰損失查報須知一份及有關之報告表式伍種

中華民國二十八年十一月十六日

廳長鄭貞文

抗戰損失查報須知

(一)人口傷亡查報方法 人口之傷亡，除傷亡將士由軍政部督同各部隊調查外，概由各市縣政府每遇敵軍攻擊或遭敵機轟炸後，即派員督同該管警察及保甲長，依照行政院頒發人口傷亡調查表式(表式1)逐户調查據實填載，報由市縣政府於關係同一事件人口傷亡查齊後填列人口傷亡彙報表(表式2)連同調查表呈院。並另繕彙報表一份，呈送該管省政府備查。

(二)公私財產直接損失之分類，公私財產直接損失，除關於軍事方面者，統由軍政部督飭所屬機關部隊查報外，約分左列各類：

1、中央直轄機關及其所屬機關之損失，

2、國立學校及私立專科以上學校之損失，

3、國營事業之損失

4、省市政府及所屬機關之損失，

5、省或市立學校及私立中等學校之損失，

6、省或市營事業之損失，

7. 縣市政府及其所屬機関之損失，

8. 縣或市立學校及區坊鄉鎮立小學私立小學之損失，

9. 縣或市營事業之損失

10. 民營事業之損失，

11. 人民團体之損失，

12. 住户之損失，

(三)財産直接損失查報方法

(1)第二條(1)(2)(3)各款之損失，由各該機関學校或事業之主辦人員，毎遇敵軍攻擊或遭敵機轟炸，如財産受有損失，即於事變發生後三日内填具財産損失報告單(表式3)報告主管部會，由該部會於関係同一事件之報告單收齊後，分别填列彙報表(表式4至8)，但如有官商合辦事業遭受損失，其商股名下應攤損失數目，應另列一表彙報，私立専科以上學校損失亦應與國立學校損失分别彙報，以免公私混淆，連同原卑呈

院，如該部會本身受有損失，亦應填具財產損失報告
单隨同該部會及所屬機關財產直接損失彙報表呈院。
(2) 第二條(4)(5)(6)各款之損失，由各該機關學校或事業
之主辦人員，每遇敵軍攻擊或遭敵機轟炸，如財產受
有損失，即於事變發生後三日內填具財產損失報告
单（表式3）報告該管省市政府，由省市政府於關係同
一事件之報告单收齊後，分別填列彙報表（表式4至18
但如有官商合辦事業遭受損失，其商股名下應攤損
失數目，應另列一表彙報。私立中等學校損失亦應與
省市立學校損失分別彙報，以免公私混淆）連同原单
呈院。如該省市政府本身受有損失亦應填具財產損
失報告单，隨同該省市政府及所屬機關財產直接損
失彙報表呈院。
(3) 第二條(7)至(9)各款之損失，由各該機關學校或事業
之主辦人員，每遇敵軍攻擊或遭敵機轟炸，如財產受
有損失，於事變發生後三日內即填具財產損失報告
单（表式3）報告縣市政府，由縣市政府於關係同一事

二

件之報告单收齊後，分别填列彙報表（表式4至18）但如
有官商合辦事業遭受損失，其商股名下應攤損失數目
應另列一表彙報，私立小學損失亦應與縣市立學校
及區坊鄉鎮小學損失分别彙報，以免公私混淆，連同
原單呈院。並另繕彙報表呈送該管省政府備查。如該
縣市政府本身受有損失，亦應填具財產損失報告单
隨同該縣市政府及所屬機關財產直接損失彙報表
呈院

(4)
第二條(10)至(12)各款之損失，由各縣市政府，每遇敵軍
攻擊或遭敵機轟炸後，立即派員前往出事地点，督同
該管警察、保甲長、及農工商會等團体，令受損失之人
民或人民團体於三日内據實填具財產損失報告单
（表式3）交由該管保甲長或所屬團体加章轉報縣市
政府，（如不能覓得物主時，可由鄰居同事或保甲長代
為填報）由縣市政府予關係同一事件之報告单收齊

後，分別塡列彙報表（表式5至23）連同原單呈院並另繕彙報表一份，呈送該管省政府備查，但銀行業之損失，得報由銀行公會連同原單逕報財政部，塡列彙報表轉報行政院，惟須與國家銀行損失分別彙報，以免公私混淆。

（5）官商合辦之事業其官股如原由國庫支出，則視為國營事業其損失逕報主管部會，其官股如為省款或市縣款則視為省營或市縣營事業，其損失報告省或市縣政府，但各須附註官股商股成分，該部會或該省市縣政府於彙報損失時，對於此種官商合辦事業應將其各項損失數目，按照官商股成分攤算，將官股應攤損失塡入國營或省市縣營事業財產損失彙報表內，而將商股應攤損失塡入民營事業財產損失彙報表內，以示區別。

（四）佈告人民報告損失　各地方人口傷亡及私有財產損失，除由縣市政府於事件發生後，依照（一）（三）兩條辦法調查外，並當於事前佈告人民，遇有上項損失，可即向該管保長或所屬農工商會等團体報告，以期週密。

(五)、追查補報 除自廿八年七月一日以後各地方每遇敵軍攻擊或遣敵機轟炸所有傷亡人口及公私財產所受之直接損失應由各部會及各省市縣政府督飭所屬依(一)(三)兩條之規定於事變發生後即行查報外，其自抗戰發生之日起至廿八年六月底止歷次傷亡之人口及公私財產所受之直接損失，則應由各部會及各省市縣政府，督飭所屬限於奉到此項須知後一個月內，追查明確，仍依(一)(三)兩條之規定，分次填具單表補報。其地方現已淪陷者，應由各部會及省市政府，飭令撤退之機關學校事業之原主辦人員及縣政府臨時辦事處負責辦理，追查補報事宜。(淪陷區域人口傷亡及公私財產損失，亦只就為敵人殺傷之人口及所破壞掠奪之財產查報，並非將敵人佔領區內之人口財產全數列作損失。)

(六)、間接損失之分類 公私財產間接損失，只查報左列五類·

(1)税收之減少
(2)振濟費之支出
(3)各機關各學校費用之增加。
(4)各種營業可能生產額暨可獲純利額之減少，及其費用之增加，
(5)傷亡人口之醫藥埋葬等費。

(七)間接損失查報方法　前條各類間接損失，均限於奉到此項須知後一個月內，先將廿六年下半年份及廿七年份損失數目查報，以後如戰事延長，每年報告一次，報告表限於次年一月內送出，其查報之方法如左：

(1)關於國稅及省市縣稅收之損失，應分別由財政部及各省市縣政府於每年年終依據以往稅收之情形及其趨勢，估計本年可能收數，並查明實收數，求出損失數列表（表式24）報院，縣市政府則應另繕一份呈送該管省政府備查。

(2)關於因抗戰支出之振濟費，無論係由國庫支出，或由省市縣政府籌撥，或由國內外人民或團体捐集，統由振濟委員會於每年年終查明實數，列表（表式25）報院。

(3)關於各機關各學校因抗戰增加之支出，如遷移費、防空設備費、疏散費、救濟費、撫恤費等，應由各該機關學校之主辦人員於每年年終將實在支出數目列表（表式26）分別報告主管部會及各省市縣政府（各部會直屬機關，國立學校及私立專科以上學校報告主管部會，省屬機關省立學校及私立中等學校報告省政府，市或縣屬機關市或縣立學校區坊鄉鎮小學及私立小學報告市或縣政府），該部會及該省縣市政府於收齊所屬機關學校表報後，應加入本機關間接損失彙列總表（表式26）但私立學校之損失，應與國省市縣立學校之損失，分別列表以別公私，呈院。縣市政府則應另繕一份呈送該管省政府備查。

(4)各種營事可能生產額暨可獲純利額之減少，國營者應由該事業之主辦人員於每年年終依後列計算方法變資估計，並查明因抗戰增加之費用（限於拆遷費、防空費、救濟費、撫卹費四項）列表（表式8）報告主管部會彙列總表（表式8）呈院，省市營者，則報由省市政府彙列總表（表式27）呈院，縣市營者，則報由縣市政府彙列總表（表式27）二份，以一份呈院，以一份呈送該管省政府備查，民營者，則由農工商會等團体，於每年終，調查估計，列表（表式25）報由市縣政府彙列總表（表式27）二份，以一份呈院，以一份呈送該管省政府備查。官商合辦事業間接損失，依照（三）參（5）款所定辦法查報。

可能生產減少之計算方法如左

可能生產減少＝（戰前[illegible]產量（若係[illegible]平均數）－本年[illegible]）[illegible]

生產在戰前有長期增減之趨勢者，用下式

可能生產減少＝[illegible]－本年[illegible]

可獲純利減少之計算方法

营业在战前获利而本年获利较少者用下式

营业进款净数或营业亏损净数＝营业进款与营业用款之差

1. 可获纯利减少＝战前三年营业进款净数平均数（如已无三年数字一年亦可，如进款净数有显明增减之趋势须依照趋势推算本年营业进款可能净数）－本年实际营业进款净数

营业在战前获利而本年亏损者用下式

2. 可获纯利减少＝战前三年营业进款净数平均数（如已无三年数字一年亦可，如进款净数有长期增减之趋势须依照趋势推算本年营业进款可能净数）＋本年营业亏损净数

营业在战前亏损而本年亏损更多者用下式

3. 可获纯利减少＝本年营业亏损净数－战前三年营业亏损净数平均数（如已无三年数字一年亦可，如进款净数有长期亏损之趋势须依照趋势推算本年营业亏损可能净数）

（八）盟旗地方損失之查報　蒙古各盟旗地方人口傷亡及公私財産直接間接間損失，可由蒙藏委員會仿照以上各條辦法制定表式，令飭各盟旗長官查報。

（九）旅日華僑損失之查報　旅日華僑因抗戰遭受之損失，由僑務委員會制定表式，委託僑團調查填報。

（十）土地淪陷克復之登記　某地淪陷後，應由該管縣或市政府立時將淪陷日期地名面積（方公里數）及經過情形，報告省政府記入表內（表式29）直轄市之土地淪陷，則自行記入同式表內，某地克復後，亦應由縣或市政府將克復日期地名面積（方公里數）克復經過情形，及淪陷區內，被敵人劫發資源種類數量，及估值（此處所謂資源係指各地方尚未開採且未設定礦業權之礦產而言，如已設定礦業權之礦產於淪陷期內被敵佔據開採，則應歸入國省市縣營或民營事業礦業部份之損失查報）報告省政府記入同一表內，直轄市之土地克復，則自行記入，均每届半年照抄一份呈送行政院。仍先將廿八年六月底以前情形於奉到此項須知後一月內追查補報。

（十一）價值之計算及其單位　物品損失價值，均依照購置時之價值折實計算，其單位為國幣一元。

（十二）查報各表紙幅　表式紙幅一律長二八、公分，闊二〇、五公分

福建省政府关于整理估计抗战损失财产账目致各省立中心学校等的训令（一九四一年七月二十九日）

三九〇八

福建省政府訓令 府教祕報永字第〇一五三九號 三〇，七，二九，

教育廳案呈奉 教育部令發劃一抗戰損失財產賬目之整理折舊之計算損失價值之估計歲入減少之估計辦法仰遵照等因呈轉到府抄發原附件仰遵照

令各省立中心學校
各省立社教機關
各公私立中等學校
各縣政府各特種區署

教育廳案呈奉

教育部統字第二零零六四號訓令開：

「案奉 行政院本年四月十一日勇會字第五五四七號訓令內開：『案准 國民政府主計處三十年三月二十三日函開「查政府機關抗戰損失之查報，過去以關於損失財產賬目之整理，折舊之計算，損失價值之估計，歲入減少額之估計等方法，未有劃一之標準，致各機關查報時，辦法分歧，實有從速製定劃一辦法之必要，俾查報機關，有所遵守，而使抗戰損失之統計，益臻準確，本處爰於本年二月第一次全國主計會議提出劃一抗戰損失財產帳目之整理，折舊之計算，損失價值之估計，歲入減額之估計方法一案，並擬具辦法四條，抄送貴院察正後，擬請令飭所屬各機關暨各省市政府遵照辦理，相應函達，即希查照見復爲荷。」等由，准此，除分令並函復外，合行抄發原附辦法令仰遵照辦理，此令。』等因，計抄發劃一抗戰損失財產帳目之整理折舊之計算損失價值之估計歲入減少額之估計辦法四條；奉此，自應遵辦，除分令外，合行抄發原附件，令仰遵照辦理，並轉飭所屬一體遵照辦理，此令。」

等因，附辦法四條；呈轉到府，除分令外，合行抄發原件，令仰遵照辦理。並轉飭所屬一體遵照辦理。

此令。

計抄發劃一抗戰損失財產帳目之整理折舊之計算損失價值之估計歲入減少額之計沽辦法（見法規欄）

附：抗战损失财产账目之整理折旧之计算损失价值之估计岁入减少额之估算办法

福建省政府公報　原第一一二八期　法規　三九〇四

職別	階級	員額	備考
委員		六—一〇	中央黨部執監委員一至二員國民參政會參政員一至二員本會高級軍官一至三員監察院監察委員一至二員本會軍法執行總監部高級督察官及高級軍法官各一員
主任幹事	少將	一	調用或專任
幹事	中（上）校 少（中）尉 上（中）尉	六—一〇	內中（上）校一員餘為中少校或上中尉調用或專任（但專任不得超過五分之一）
調查員	上中尉	四	如巡察地方遼闊交通不便得設置之
司書	同准（少）尉	二—四	
傳達士兵	下士	一	
	上等兵	二	
衛士	上士	一	
	中士	二	
	下士	六—一一	
公役	三等	一	
	四（五）等	五—八	
炊事兵	上等兵	二—三	
合計	官員	二〇—三〇	
	士兵	二〇—二九	

附記：一、每團酌撥憲兵一排或一連或執法隊一中隊

劃一抗戰損失財產帳目之整理折舊之計算損失價值之估計歲入減少額之估計辦法

一、抗戰期中損失財產賬目之整理　在各機關對於財產之增減，應有財產明細分類帳簿之設置，使各類財產之購置撥入及孳生與變賣撥出及毀損均有詳細之登記，據以按月編製財產增減表，凡財產因抗戰而受減損者。應於編製財產增減表時，逐項摘出，另編抗戰損失財產目錄表，塡明損失之項目，數量，價值，原因，時期，地點等項。以供查報抗戰損失之根據。（見表式一及說明）

二、抗戰期中財產損失折舊之計算　各普通公務之機關，對於抗戰損失財產之折舊，爲計算方便，應採用普通折舊方法，卽先查明其原價，使用有效期限，殘餘價值，計算其每年折舊額：

$$每年折舊額=\frac{原價-殘餘價值}{使用有效期限}$$

例如，房屋一座原價五千元，可使用五十年後出賣可獲六百元，

原價＝5000元，

殘餘價值＝600元使用有效期限＝50年，

$$每年折舊額=\frac{5000-600}{50}=88元。$$

三、抗戰期中財產損失之估計　茲將估計普通公務機關財產損失價值之程序與方法擬定如下：

1. 財產因抗戰而發生損失，應就財產之性質，分爲應折舊與不折應舊兩類分別計算其全部損失價值；

（1）建築物器具儀器等，一切應折舊之財產，可先查明其原價，每年折舊額購建日期與損失日期等，購建日期與損失日期之時間距離，爲使用期限，則其全部損失價值，應爲原價減去使用期限之折舊額。

全部損失價值＝原價－每年折舊額×使用期限

例如：前例房屋一座，原價爲五千元，民國二十年建造，民國二十八年被毀，每年折舊額八十八元，則

原價＝5000元，

每年折舊額＝88元，

使用期限＝8年，

全部損失價值＝5000元－88×8＝4296元。

（2）醫藥用品現款等，不應折舊之財產原價，卽全部損失價

值，

（3）凡因△之財產原價或購建日期等，無從查考者，概以市價爲其全部損失價值。

2、財產全部被燬損者，則全部損失價值，即損失價值例入前例房屋如全部被燬，損失價值即四二九六元，財產一部份被燬，即喪失其原有價值者，應作全部被燬計算，財產一部份被燬，除留部份仍保有原有價值者，其損失價值，應爲全部損失價值，乘毀損程度之積，毀損程度即被燬部份佔全部百份之幾。

損失價值＝全部損失價值×毀損程度。

例如：前例房屋全部損失價值爲四二九六元，被燬百分之四十，則

全部損失價值＝4296元。

$$毀損程度=\frac{40}{100}$$

$$損失價值=4296\times\frac{40}{100}=1718.4元$$

前項財產損失價值之估計，爲便利計算，茲擬訂一財產損失價值計算表。（見表式二及說明）

四、抗戰期中歲入減少額之估計方法　有歲入之機關，首先應調查歲入減少之原因，若歲入之減少，並非受抗戰之影響，而由於其他原因者，毋庸查列。若歲入之減少，確係直接或間接受抗戰影響者，應估計其減少之數額，編製歲入減少額估計表，以依查報抗戰損失之根據。（見表式三及說明）

各機關之歲入，可分爲租稅收入，行政收入事業收入，財產收入，營業純益等項，茲將其減少額之估計方法擬定如下：

1. 凡歲入之增減無一定之趨勢者，以戰前三年之平均實收數，爲本年應收數，（估計營業純益時實收數即營業進款淨數應收數即營業進款可能數以下同）如無戰前三年之數字，可用二年之平均數，或一年之數字，若戰時新增之歲入科目，或新辦之事業，亦用前三年之數字，如無三年之數字，可用前二年之平均數或一年之數字，估計本年應收數，即本年減少額應爲。

本年減少額＝本年應收數－本年實收數。

例如：某省屠宰稅二十三年實收一萬元，二十四年實收八千元，二十五年實收一萬二千元，二十六年因受抗戰影響，實收僅六千元。則

$$二十六年應收數=\frac{10000+8000+12000}{3}=10000元。$$

二十六年減少額＝10000－6000＝4000元。

2. 凡歲入之增減，有一定趨勢者，應先依照其增減趨勢計算，每年平均增減數加上年應收數，爲本年應收數，本年應收數再減去本年實收數，即爲本年減少額，若有以戰前三年數字爲估計根據，則

$$每年平均增減數=\frac{戰前第一年實收數－戰前第三年實收數}{2}$$

本年應收數＝上年應收數＋每年平均增減數。

本年減少額＝本年應收數－本年實收數。

惟估計抗戰第一年應收數時之上年應收數爲戰前第三年之實收數。

例如：某省營業稅二十三年實收八千元，二十四年實收九千元，二十五年實收一萬一千元，二十六年因受抗戰影響實收僅八千元。則

$$每年平均增減額=\frac{11000-8000}{2}=1500元。$$

二十六年應收數＝11000＋1500＝12500元。

二十六年減少額＝12500－8000＝4500元。

如無戰前三年數字，應自行依照其增減趨勢推算，其本年應收數估計本年減少額。

福建省政府公報 府字第一一二八期 法規 三九〇六

表式一 抗戰損失財產目錄表 第 頁

機關名稱………… 編製日期民國 年 月 日

損失項目	單位	數量	損失價值（國幣元）	損失原因	損失時期	損失地點	備考

機關長官 主辦會計人員 主辦經理事務人員

說明：（一）損失項目：包括一切動產（如器具圖書等）及不動產（如建築物礦產等）。

（二）單位：填損失物件之單位如尺畝間件冊等。

（三）數量：填損失物件之數量。

（四）損失價值：填損失物件之總價值（損失價值依表式二「財產損失價值計算表」之損失價值）欄填寫。

（五）損失原因：填發生損失之事件如日軍進攻日機轟炸等。

（六）損失日期：填發生損失之日期應詳細填明某年某月某日。

（七）損失地點：填發生損失之地點應詳細填明某省（市）某縣（市）某地。

（八）財產明細分類帳簿中編列之物件除因受戰事而損失者外亦應一併查明列入。

（九）本表由會計處室會同經理事務人員負責編製。

表式二 財產損失價值計算表 第 頁

機關名稱………… 編製日期民國 年 月 日

損失項目	A 原價	B 殘餘價值	C 使用有效期限	D (A−B)/C 每年折舊額	E 購置日期	F 損失期限	G 使用期限	H (D×G) 使用期限折舊金	I (A−H) 全部損失價值	J 毀損程度	K (I×J) 損失價值	備考

機關長官 主辦會計人員 經理事務人員

說明：（一）損失項目：包括一切動產（如器具圖書等）及不動產（如建築物礦產等）。

（二）原價：填損失物件購建時之總價值如原價不明，即以損失時市價為原價。

（三）使用期限：為購置日期與損失日期之時間距離以年為單位。

（四）無消耗性之財產與原價不動之財產全部損失價值即原價。

（五）毀損程度：填被毀部份佔全部百份之幾（如一部份被毀即以失其原有價值者作全部毀損計算）例如全部被毀以 1 被毀百分之二十則填 $\frac{20}{100}$

（六）本表由會計處室會同經理事務人員負責編製。

表式三　　歲入減少額估計表　　第　頁

機關名稱……………民國　年　編製日期民國　年　月　日

科目	戰前三年實收數			戰前三年平均實收數	每年平均增減數	上年應收數	本年實收數	本年減少額	備考
	年	年	年						

機關長官　　主辦會計人員

說明：（一）本表以戰前三年實收數爲估計根據估計營業純益時應收數即營業進款可能淨數實收數即營業進款淨數。

附 3

（二）科目：填歲入科目名稱；

（三）每年平均增減數＝$\frac{\text{戰前第一年實收數}-\text{戰前第三年實收數}}{2}$

（四）本年應收數：估計抗戰第一年本年應收數時之上年應收數爲戰前第一年之實收數。

（五）本年應收數：如歲入增減無一定趨勢者，即爲戰前三年平均實收數如歲入增減有一定趨勢其計算方法爲。本年應收數＝上年應收數十每年平均增減數。如無戰前三年數字應自行依照其增減趨勢估計本年應收數。

（六）本年減少額＝本年應收數－本年實收數。

（七）本表由會計處室負責編製。

命　令

任免令

本府任免令

福建省政府公報　四期一二八期　令

福建省教育厅关于查报抗战公私损失致省私立专科以上各院校等的代电（一九四一年九月十六日）

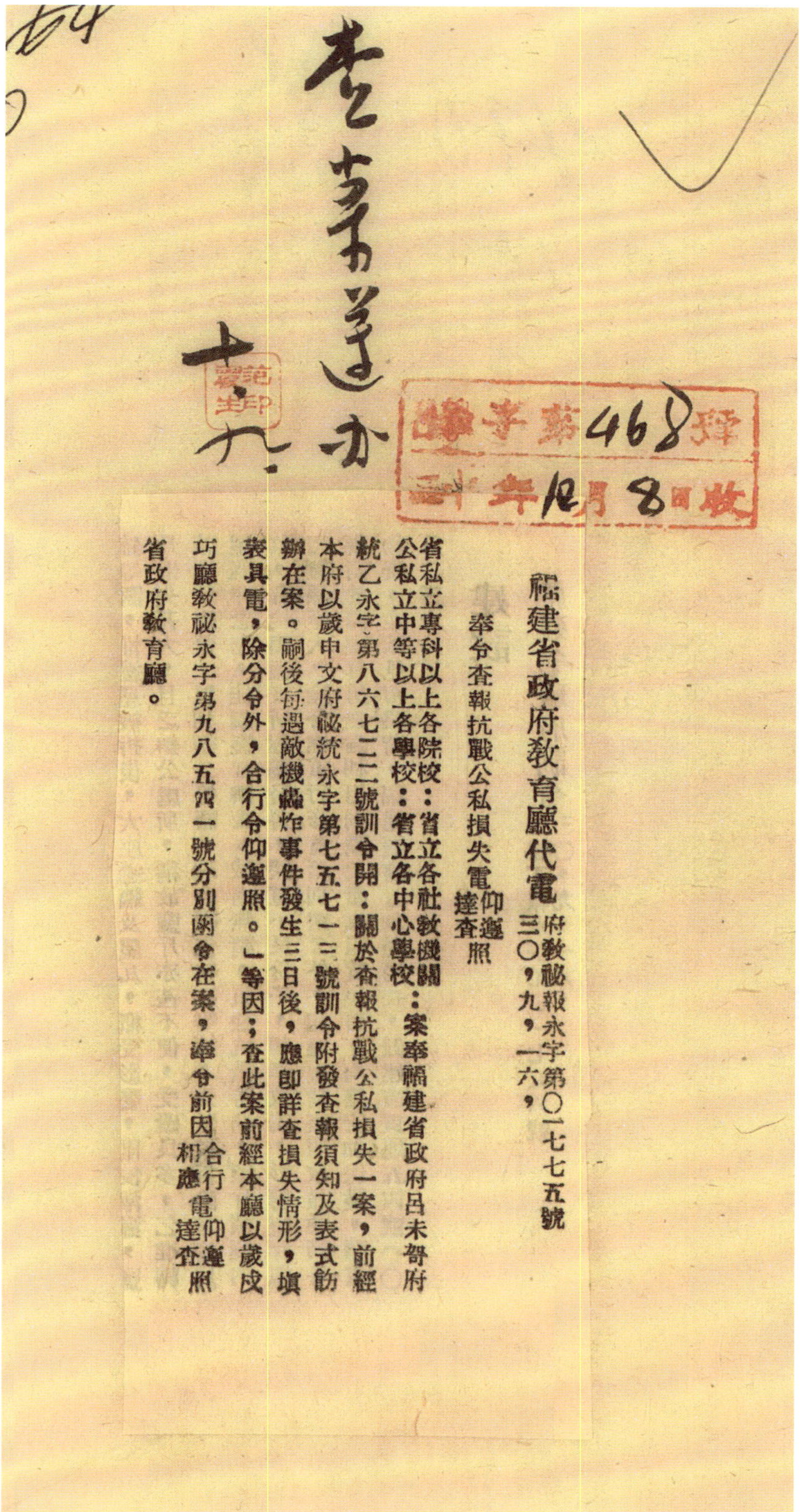

福建省政府教育廳代電 府教祕報永字第〇一七七五號 三〇，九，一六，

奉令查報抗戰公私損失電仰遵照

省私立專科以上各院校：省立各社教機關：省立各中心學校：案奉福建省政府呂未哿府統乙永字第八六七二二號訓令開：「關於查報抗戰公私損失一案，前經本府以歲申文府祕統永字第七五七一三號訓令附發查報須知及表式飭辦在案。嗣後每遇敵機轟炸事件發生三日後，應即詳查損失情形，填表具電，除分令外，合行令仰遵照。」等因；查此案前經本廳以歲戌巧廳教祕永字第九八五四一號分別函令在案，奉令前因，合行電仰遵照（相應電達查照）。省政府教育廳。

福建省教育厅关于奉令印发修正抗战损失查报须知致各省立中心学校等的训令（一九四一年十月二日）

福建省政府教育廳訓令 廳教設報永字第〇一八六八號 三〇，一〇，二，

令各省立中心學校
各省立社教機關
各公私立中等學校

奉
省政府令以奉行政院令發修正抗戰損失查報須知等因仰
遵照

案奉
福建省政府呂未儉府統乙永字第八六七六零號訓令開：

「案奉 行政院勇統字第一一三五七號訓令開：「查關於抗戰損失查報之資料，係由主計處負責審核彙編當廿八年本院行知所屬各機關造具此項抗戰損失報表時，曾頒訂：「抗戰損失查報須知」，通飭如式呈院，然後由院送主計處，主計處對於所送資料有須指正者，亦即函由本院轉令各原報機關於更正，後仍呈由本院照轉，茲爲節省輾轉郵遞手續起見，仰以後將抗戰損失資料，逕送主計處，原頒「抗戰損失查報須知」之「呈院」等字句，即改爲「送國民政府主計處」等字樣，合行檢發「修正抗戰損失查報須知」一份，令仰遵照，並轉飭所屬遵照」。等因附修正抗戰損失查報須知一份；奉此，除分令外，合行印發修正抗戰損失查報須知一份，令仰遵照，並轉飭所屬遵照！」

等因，附發修正抗戰損失查報須知一份：除分令外，合行抄發原附件，令仰遵照！

此令。

附抄發修正抗戰損失查報須知一份。（見法規欄）

法　規

中央法規

修正各省縣市政府解送人犯辦法第六條條文

第六條　押解隊警及所解人犯膳宿雜支各費，每日每名均以一元爲限。

修正抗戰損失查報須知

一、人口傷亡查報方法：人口之傷亡，除傷亡將士，由軍政部督同各部隊調查外，概由各市縣政府每遇敵軍攻擊或遭敵機轟炸後，即派員督同該管警察及保甲長，依照行政院頒發人口傷亡調查表式，（表式1）逐戶調查，據實塡載，報由市縣政府於同一關係事件人口傷亡查齊後，塡列人口傷亡彙報表，（表式2）連同調查表，送國民政府主計處，並另繕彙報表一份，呈送該管省政府備查。

二、公私財產直接損失之分類：公私財產直接損失，除關於軍事方面者，統由軍政部督飭所屬機關部隊查報外，均分左列五類：

1. 中央直轄機關及其所屬機關之失損；
2. 國立學校及私立專科以上學校之損失；
3. 國營事業之損失；
4. 省市政府及所屬機關之損失；
5. 省或市立學校及私立中學校之損失；
6. 省或市營事業之損失；
7. 縣市政府及所屬機關之損失；
8. 縣或市立學校及區坊鄉鎮立小學私立小學之損失；
9. 縣或市營事業之損失；
10. 民營事業之損失；
11. 人民團體之損失；
12. 住戶之損失。

三、財產直接損失查報方法：

1. 第二條（1）（2）（3）各款之損失，由各該機關學校或事業之主辦人員，每遇敵軍攻擊或遭敵機轟炸，如財產受有損失，即於事變發生後三日內，塡具財產損失報告單，（表式3）報告主管部會，由該部會於關係同一事件之報告單收齊後，分別塡列彙報表，（表式4至13）但如有官商合辦事業，遭受損失，其商股名下，應攤損失數，應另列一表彙報，私立專科以上學校損失，亦應與國立學校損失，分別彙報，以免公私混淆，連同原單送主計處，如該部會本身受有損失，亦應塡具財產損失報告單，隨同該部會及所屬機關財產直接損失彙報表送處。

2. 第二條（4）（5）（6）各款之損失，由各該機關學校或事業之主辦人員，每遇敵軍攻擊或遭敵機轟炸，如財產受有損失，即於事變發生後三日內，塡具財產損失報告單（表式3）報告該管省市政府，由省市政府於關係同一事件之報告單收齊後，分別塡列彙報表，（表式4至18）（但如有官商合辦事業，遭受損失，其商股名下應攤損失數目，應另列表彙報，私立中等學校損失，亦應與省市立學校損失，分別彙報，以免公私混淆。）連同原單送主計處，如該省市政府本身受有損失，亦應塡具財產損失報告單，隨同該省市政府及所屬機關財產直接損失彙報表送處。

3. 第二條（7）（8）（9）各款之損失，由各該機關學校或事業之主辦人員每遇敵軍攻擊或遭敵機轟炸，如財產受有損失，於事變發生後三日內卽塡具財產損失報告單，（表列3）報告縣市政府，由縣市政府於關係同一事件之報告單收齊後，分別塡列彙報，（表式4至18）但如有官商合辦事業遭受損失，其商股名下應攤損失數目，應另列一表彙報，私立學校損失，亦應於縣市立學校及區坊鄉鎮小學損失，分別彙報，以免公私混淆，連同原單送主計處，並另繕彙報表呈送該管省政府備查，如該縣市政府本身受有損失，亦應塡具財產損失報告單，隨同該縣市政府及所屬機關財產直接損失彙報表送處。

4. 第二條（10）、（11）、（12）各款之損失，由各縣市政府每遇敵機軍攻擊或遭敵機轟炸後，即派員前往出事地點，督同該管警察保甲長，及農工商會等團體會，受損失之人民或人民團體，於三日內，據實塡具財產損失報告單（表式3）交由該管保甲長或所屬團體加章轉報縣市政府，（如不能覓得物主時，可由鄰居同業或保甲長代爲塡報。）由縣市政府於關係同一事件之報告單收齊後，分別塡列彙報表（表式5至23）連同原單送主計處，並另繕彙報表一份，呈送該管省政府備查，但銀行業之損失，得報由銀行公會，連同原單逕報財政部，塡列彙報表送處，推須與國家銀行損失，分別彙報，以免公私混淆。

5. 官商合辦之事業，其官股如原由國庫支出，則視爲國營事業，其損失逕報主管部會，其官股如爲省款或市縣款，則視爲省營或市縣營事業，其損失報告省或市縣政府，但各須附註官股商股成份，該部會或該省市縣政府於彙報損失時，對於此種官商合辦事業，應將其各項損失數目，按照官商股成份攤算，將官股應攤損失，塡入國營或省市縣營事業財產損失彙報表內，而將商股應攤損失，塡入民營事業財產損失彙報表內，以示區別。

四、佈告人民報告損失：各地方人口傷亡及私有財產損失，除由縣市政府於事件發生後，依照（一）（三）兩條辦法調查外，並當於事前佈告，人民遇有上項損失，可即向該管保長或所屬農工商會等團體報告，以期週密。

五、追查補報：除自二十八年七月一日以後，各地方每遇敵軍攻擊或遭敵機轟炸，所有傷亡人口，及公私財產所受之直接損失，應由各部會及各省市縣政府督飭所屬，依（一）（三）兩條之規定，於事變發生後，即行查報外，其自抗戰發生之日起，至二十八年六月底止，歷次傷亡之人口及公私財產所受之直接損失，則應由各部會及各省市縣政府，督飭所屬限於奉到此項須知後一個月內，追查明確，仍依（一）（三）兩條之規定，分次塡具單表補報。

其地方現已淪陷者，應由各部會及各省市政府飭令撤退之機關學校事業之原主辦人員，及縣政府臨時辦事處，負責辦理追查補報事宜，（淪陷區域人口傷亡，及公私財產損失，亦只就爲敵人殺傷之人口，及所破壞掠奪之財產查報，並非將敵人佔領區內之人口財產，全數列作損失。）

六、間接損失之分類：公私財產，間接損失，只查報左列五類：

1. 稅收之減少；
2. 振濟費之支出；
3. 各機關各學校費用之增加；
4. 各種營業可能生產額暨可獲純利額之減少，及其費用之增加；
5. 傷亡人口之醫藥埋葬等費。

七、間接損失查報方法：前條各類間接損失，均限於奉到此項須知後一個月內，先將二十六年下半年份及二十七年份損失數目査報，以後如戰事延長每年報告一次，報告表限於次年一月內送出，其查報方法如左：

1. 關於國稅及省市縣稅收之損失，應分別由財政部及各省市縣政府，於每年年終，依據以往稅收之情形及其趨勢，估計本年可能收數，並查明實收數，求出損失數，列表（表式24）送主計處，縣市政府即應另繕一份，呈送該管省政府備查；

2. 關於因抗戰支出之振濟費，無論係由國庫支出，或由省市縣政府籌撥，或由國內外人民或團體捐集，統由振濟委員會，於每年年終查明實數，列表（表式25）送處。

3.關於各機關各學校，因抗戰增加之支出，如遷移費、防空設備費、疏散費、救濟費、撫卹費等，應由各該機關學校之主辦人員，於每年年終，將實在支出數目，列表（表式26）分別報告主管部會，及各省市縣政府。（各部會直屬機關，國立學校，及私立專科以上學校，報告主管部會，省屬機關省立學校及私立中等學校，報告省政府，市縣屬機關，市或縣立學校區坊鄉鎮小學及私立小學，報告市或縣政府）該部會及該省縣市政府，於收齊所屬機關學校表報後，應加入本機關間接損失，彙列總表（表式26）（但私立學校之損失，應與國省市縣立學校之損失，分別列表，以別公私。）送處，縣市政府，則應另繕一份，呈送該管省政府備查。

4.各種營業，可能生產額暨可獲純利額之減少，國營者應由該事業之主辦人員，於每年年終，依後列計算方法，覈實估計，並查明因抗戰增加之費用，（限於拆遷費防空費救濟費撫卹費四項）列表（表式27）報告主管部會，彙列總表（表式27）送處，省市營者則報由省市政府，彙列總表（表式27）送處，縣市營者則報由縣市政府，彙列總表（表式27）一份，以一份呈送該管省政府備查，民營者則由農工商會等團體，於每年年終，調查估計，列表（表式28）報由市縣政府，彙列總表（表式27）二份，以一份送處，以一份呈送該管省政府備查，官商合辦事業，間接損失，仍照（1）至（5）款所定辦法查報，可能生產減少之計算方法如左：

可能生產減少＝戰前三年生產額平均數（如無三年數字則兩年或一年均可）－本年實際生產額

生產在戰前有長期增或減之趨勢者，用下式：

可能生產減少＝依照趨勢推算之本年可能生產額－本年實際生產額。

可獲純利減少計算方法：

營業在戰前獲利而本年獲利減少者用下式：

營業進款淨數＝營業進款與營業用款之差。

1.可獲純利減少＝戰前三年營業進款淨數平均數｛如無三年數字一年亦可如進款淨數有長期增減之趨勢須依照趨勢推算本年營業進款可能淨數｝－本年實際營業進款淨數。

營業在戰前獲利而本年虧損者用下式：

2.可獲純利減少＝戰前三年營業進款淨數平均數｛如無三年數字一年亦可如進款淨數有長期增減之趨勢須依照趨勢推算本年營業進款可能淨數｝＋本年營業虧損淨數。

營業在戰前虧損而本年虧損更多者用下式：

3.可獲純利減少＝本年營業虧損淨數－戰前三年營業虧損淨數平均數｛如無三年數字一年亦可如進款淨數有長期損虧之趨勢須依照趨勢推算本年營業虧損可能淨數｝

八、盟旗地方損失之查報：蒙古各盟旗地方人口傷亡，及公私財產直接間接損失，可由蒙藏委員會，仿照以上各項辦法，制定表式，會飭各盟旗長官查報。

九、旅日華僑損失之查報：旅日華僑，因抗戰遭受之損失，由僑務委員會制定表式，委託僑團調查填報。

十、土地淪陷克復之登記：某地淪陷後，應由該管縣或市政府，立時將淪陷日期地名面積，（方公里數）及經過情形，報告省政府，記入表內，（表式29）直轄市之土地淪陷，則自行記入同式表內，某地克復後，亦應由縣或市政府，將克復日期地名面積，（方公里數）克復經過情形，及淪陷區內，被敵人竊發資源種類數量及估值，（此處所謂資源，係指各地方，尚未開採，且未設定礦

大田县政府关于催填抗战财产间接损失等年报表致县立初级中学的代电（一九四二年二月三日）

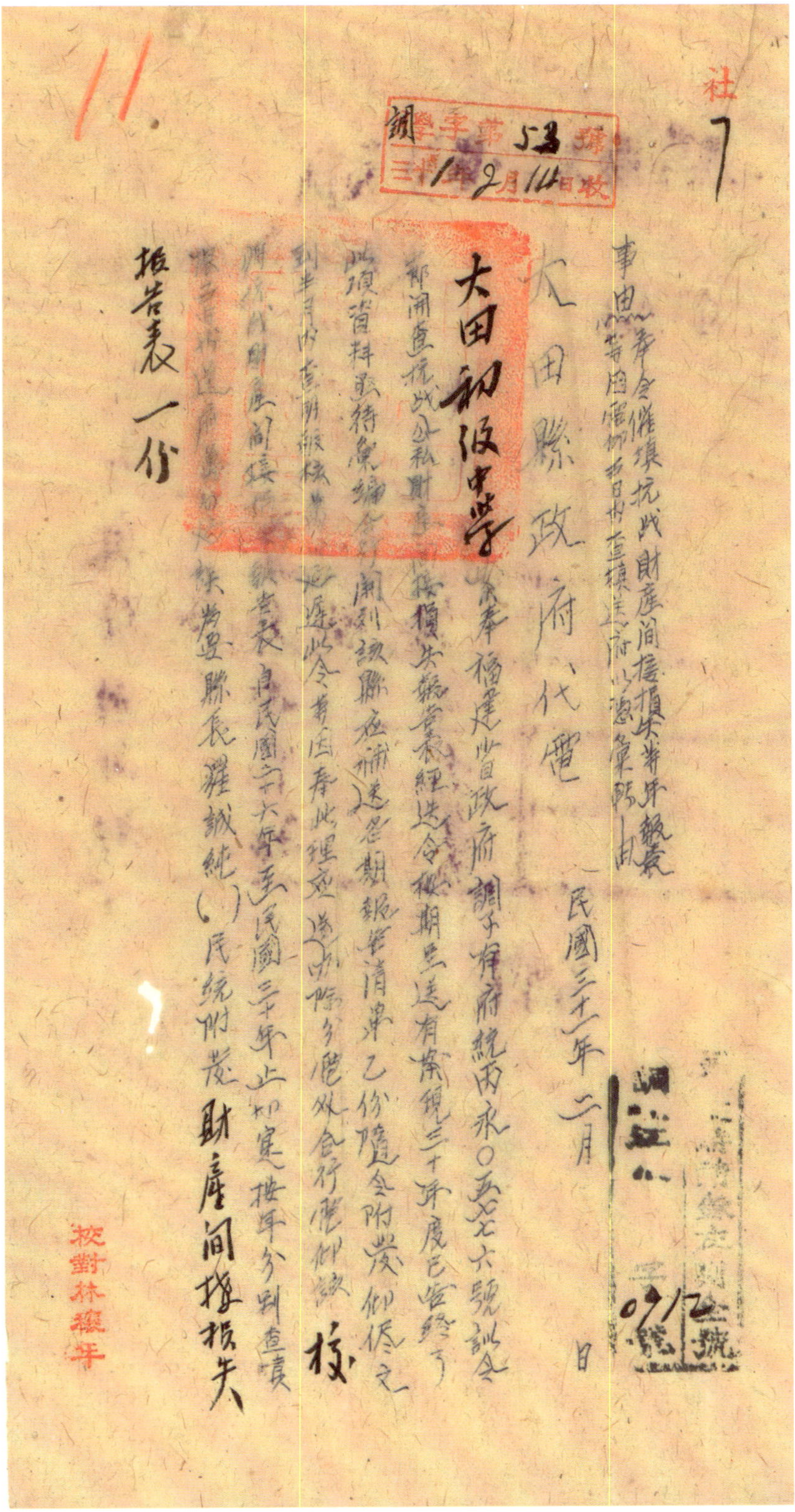

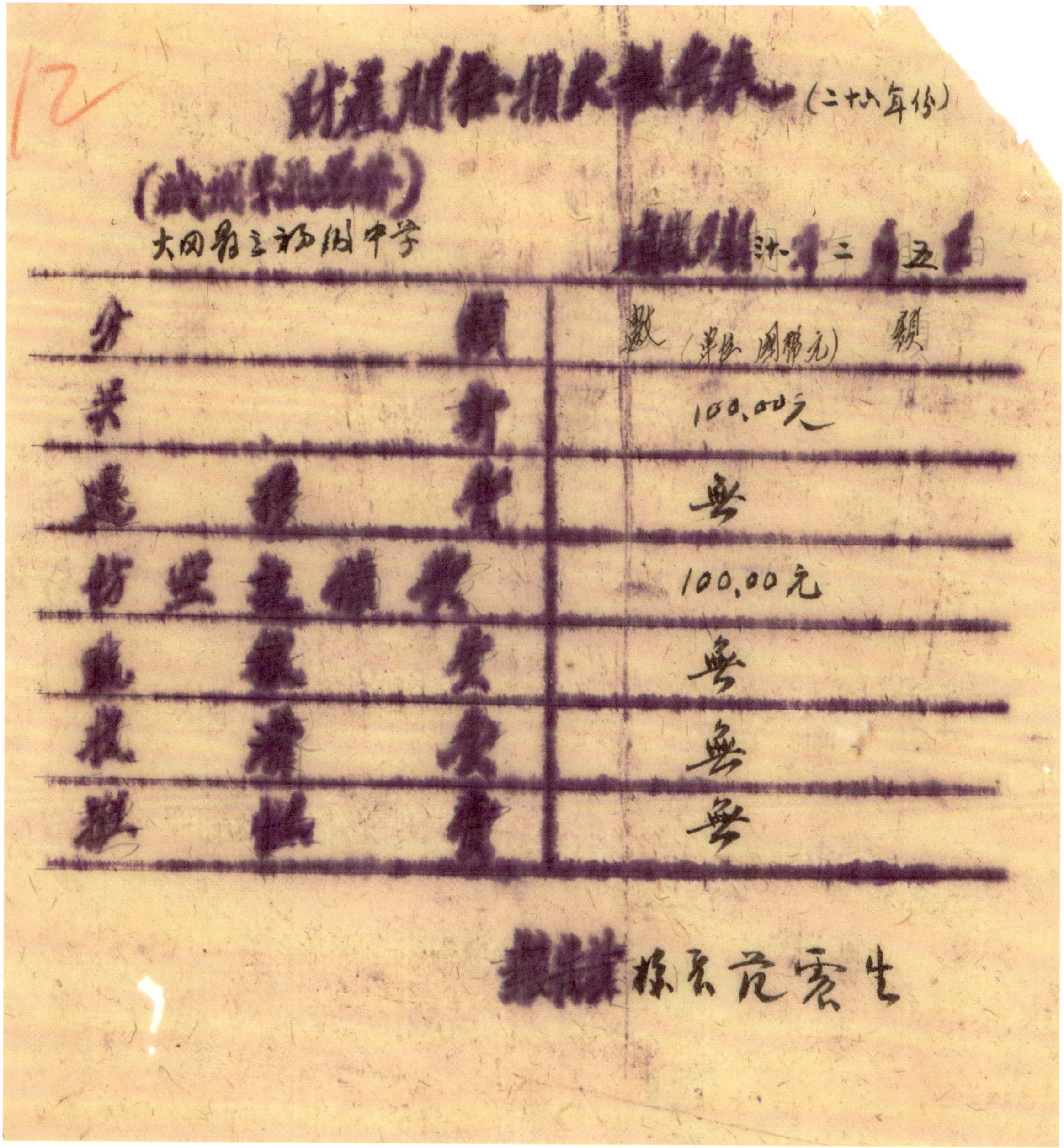

财产间接损失报告表（二十六年份）

（[illegible]）

大田县立初级中学

[illegible]廿六年二月五日

分类	数额（单位 国币元）
共计	100.00元
迁移费	无
防空设备费	100.00元
疏散费	无
救济费	无
抚恤费	无

报告者 校长范雲生

財產間接損失報告表（二十七年份）

大田縣立初級中學　　　　填報日期三十一年二月五日

分類	數額
共計	250.00元
遷移費	無
防空設備費	250.00元
疏散費	無
救濟費	〃
撫恤費	〃

報告者　校長范震生

04

財產間接損失報告表（二十八年份）

大田縣立初級中學　　填報日期三十一年二月五日

分類	數額
共計	350,00元
遷移費	無
防空設備費	250,00元
疏散費	100,00元
救濟費	無
撫恤費	〃

報告者　校長范雲生

15

財產間接損失報告表 （二十九年份）

大田縣立初級中学　　　　填報日期卅一年二月五日

分　類	數　額
共　計	280.00元
遷移費	無
防空設備費	180.00元
疏散費	100.00元
救濟費	無
撫恤費	〃

報告者　校長范審生

16

財產間接損失報告表（三十年份）

[illegible]田縣立初級中學　　填報日期卅一年二月五日

分類	數額
共計	250,00元
遷移費	無
防空設備費	200,00元
疏散費	50,00元
救濟費	無
撫恤費	〃

報告者 [illegible]

大田县政府关于填报公私建筑被炸损失情形调查表致县立初级中学的训令（一九四三年十月九日）

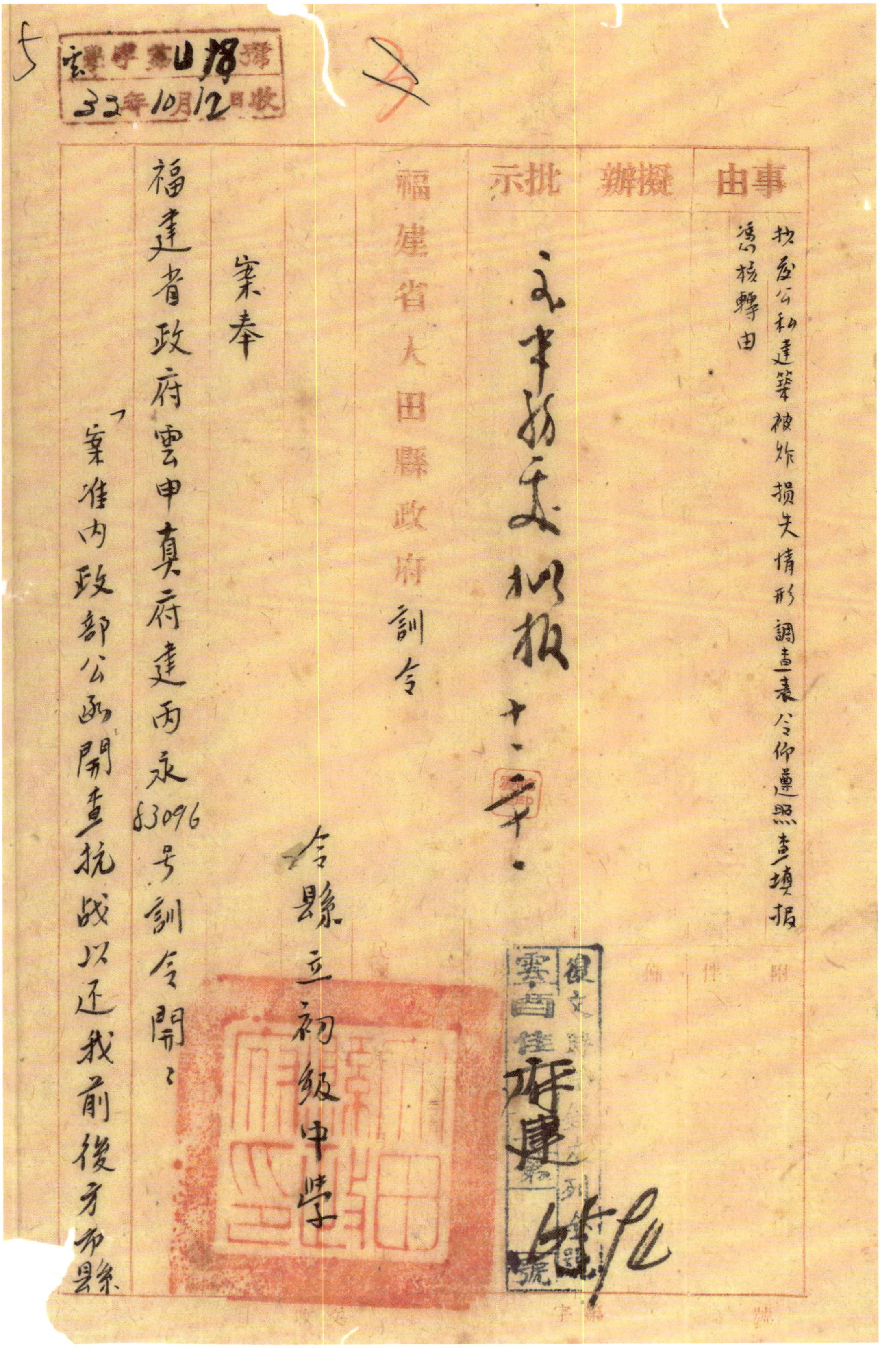

事由：抄发公私建筑被炸损失情形调查表令仰遵照查填报凭核转由

福建省大田县政府训令

令县立初级中学

案奉

福建省政府云申真府建丙永83096号训令开：

「案准内政部公函开查抗战以还我前後方市县

遭敵機轟炸損失至重，本部為先期準備計擬訂戰後復興計劃，檢附公私建築被炸損失調查表，囑轉飭填報送部」等由，除函復外，合行檢發前項調查表式一份，令仰將該縣所屬轄境被炸情形詳細調查，限文到一個月內填報二份，呈憑核轉」等因，附公私建築被炸損失調查表，奉此，合行抄發原表式，令仰查填，於文到五日內送府，以憑核轉！

此令。

附公私建築被炸損失調查表一份

縣長 李〇鈞

附：大田县立初级中学公私建筑被炸报告表

（　）省市（　）县公私建筑被炸报告表

名称	被炸情形	损失概况	备考
公有建筑	廿六年九月廿日上午八时廿分敌机七架自永安方面窥入本城，旋即低飞向城东轰炸，前后十五分，计投弹六枚，本校中弹一枚（三育斋西北角亦）	计被炸毁上下楼房六大间（内有礼堂、办公室、藏书室、一年级教室、卫生室、童子团办公室及厨房，小学借用办公室、六年级教室等均全部毁坏），损失建筑费约值五二三五元，器具书籍药品等约值二三七七九五元（此项估计系廿六年九月估计）	
私有建筑			

敵人罪行調查辦法

第一條　關於敵人罪行之調查適用本辦法之規定

第二條　各省市（院轄市）地區敵人罪行之調查以省市（院轄市）政府爲主持調查機關並由行政院分别函令左列有關機關協助辦理

甲、各戰區司令長官部　函請軍事委員會通令遵辦

乙、各級黨部　函請中央黨部通令遵辦

丙、各級法院　令司法行政部通令遵辦

第三條　省市政府應指定所屬縣市政府爲辦理調查機關

第四條　縣市政府應將關於調查敵人罪行之主旨及調查表等有關事項佈告週知除接受人民關於敵人罪行之申訴報告外並應勸導鼓勵較有地位人士本自擊者地位作成結文

第五條　縣市政府遇必要時得就敵人罪行舉行直接調查

第六條　關於淪陷區敵人罪行之調查除由各該淪陷區域之省市政府逕行調查外並由中央調查統計局及軍事委員會調查統計局協助辦理

第七條　關於香港及南洋各地華僑所遭受之敵人罪行由中央調查統計局及軍事委員會調查統計局担任調查並將調查表及證件逕送行政院發交敵人罪行調查委員會核辦

第八條　省市（院轄市）政府遇有各該轄區發生戰事時應即早進行調查敵人罪行以期周密而獲得有力證據

第九條　省市（院轄市）政府對於附近淪陷區內之敵人罪行併應注意予以調查

第十條　縣市政府調查敵人罪行應指派得力職員警察官吏或鄉鎮長辦理之

第十一條　調查人調查罪行時應詳閱『填表須知』及調查表各附件並應特别注意調查表內之（罪行人）欄罪行人及所屬長官姓名務須詳確填寫罪行人不明時必須填明其所屬長官關於罪行人及所屬長官均不明時應就近請軍事機關設法查明不得漏填

第十二條　調查人應請被害人證人具結結文應按照具結須知在縣長市長警察局長或鄉鎮長等有司法警察官資格者面前作成之

第十三條　調查人調查完竣時應速將調查表結文等證件送由主持調查機關或協助調查機關彙轉行政院發交敵人罪行調查委員會核辦

第十四條　敵人罪行調查委員會對於重要罪行案件得專案予以調查遇必要時並得派員直接爲罪行之調查

第十五條　凡知悉敵人罪行事實或知悉被害人或證人時不論何人得逕行填表或轉請該被害人或證人填表送請敵人罪行調查委員會核辦

第十六條　本辦法自公布日施行

附：敌人罪行种类表

敵人罪行種類表（附件一）

（一）謀殺屠殺及有組織有計劃之恐怖行為
（二）對平民施以酷刑
（三）強姦
（四）拐刼婦女強迫為娼
（五）拘留人民予以不人道之待遇
（六）施行集體刑罰
（七）發布盡殺無赦之命令
（八）虐待俘虜與病傷人員
（九）使用毒氣及散播其他毒物
（十）未發警告且不顧乘客與水手之安全而擊毀商船與客船
（十一）擊毀漁船與救濟船
（十二）故意轟炸醫院
（十三）肆意毀壞宗教慈善教育歷史建築物及紀念物
（十四）製造販賣運輸毒品強迫栽種罌粟開設煙館供人吸食及其他毒化行為
（十五）對佔領區居民強迫徵募兵役
（十六）貶抑貨幣與發行偽鈔
（十七）搶刼
（十八）沒收財產
（十九）勒索非法或過度之捐款及徵發
（二十）肆意破壞財產
（二十一）故意轟炸不設防地區
（二十二）破壞其他有關紅十字會之規則
（二十三）其他罪行

敵人罪行種類，不止上述，此表列舉其重要者備調查時參考之用。

福建省教育厅关于转发敌人罪行调查表等文件致大田县立初级中学的代电（一九四五年五月二十一日收）

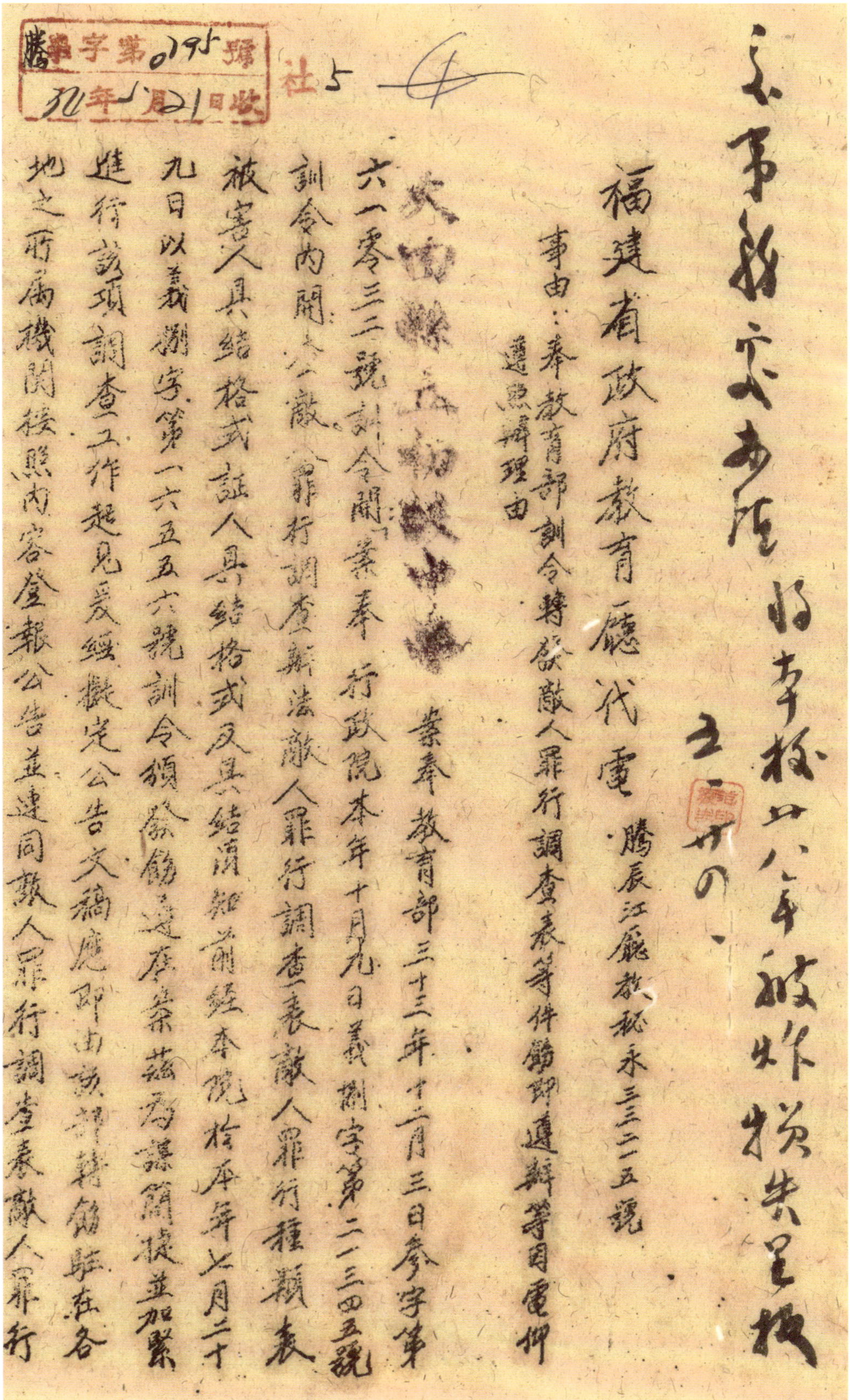

交事務處將本校卅四年被炸損失呈核 王 卅四、

騰字第0195號 34年5月21日收

社5

福建省政府教育廳代電 騰辰江廳教秘永三三二一五號

事由：奉教育部訓令轉發敵人罪行調查表等件飭即遵辦等因電仰遵照辦理由

大田縣立初級中學

案奉教育部三十三年十二月三日參字第六一零三二號訓令開：「案奉行政院本年十月九日義渊字第二一三四五號訓令內開：『令發〔罪行調查辦法〕〔敵人罪行調查表〕〔敵人罪行種類表〕被害人具結格式〔證人具結格式〕及〔具結須知〕前經本院於本年七月二十九日以義渊字第一六五五六號訓令頒發飭遵在案，茲為謀簡捷並加緊進行該項調查工作起見，爰經擬定公告文稿，應即由該部轉飭駐在各地之所屬機關按照內容登報公告，並連同敵人罪行調查表敵人罪行

種類表被害人具結格式証人具結格式及具結須知一併翻印分發所屬
切實調查暨將辦理公告情形於文到（四）一月內具復除分行外合亟鈔發
公告文稿並檢發敵人罪行調查表等件令仰迅速切實遵照辦理
具報此令等因奉此除分行外合行抄發公告文稿並印發敵人罪行調查表
等件令仰切實調查並將辦理公告情形於文到一月內具復並轉飭
遵照此令等因計抄發公告文稿一份敵人罪行調查表敵人罪行種
類表被害人具結格式証人具結格式及具結須知各一份奉此除分電外
合行抄發原件電仰遵照迅速切實辦理並電復為要款音應。永秘
（）印。計抄發公告文稿一份敵人罪行調查表敵人罪行種類表被害人具
結格式証人具結格式及具結須知各一份。

中華民國三十四年五月 日

敵人罪行種類表（附件二）

（一）謀殺屠殺及有組織有計劃之恐怖行為
（二）對平民施以酷刑
（三）强姦
（四）拐掠婦女强迫為娼
（五）拘留人民予以不人道之待遇
（六）施行集体刑罰
（七）發布盡殺無赦之命令
（八）虐待俘虜與病傷人員
（九）使用毒氣及散播其他毒物
（十）不發警告且不顧乘客與水手之安全而擊毁傷船與客船
（十一）擊毁漁船與救濟船

(十二)故意轟炸醫院

(十三)肆意毀壞宗教慈善教育歷史建築物及紀念物

(十四)製造販賣運輸毒品強迫栽種罌粟開設煙館供人吸食及其他毒化行為

(十五)對戰領區居民強迫征募兵役

(十六)貶抑貨幣與發行偽鈔

(十七)搶劫

(十八)沒收財產

(十九)勒索非法或過度之捐款及征發

(二十)肆意破壞財產

(二十一)故意轟炸不設防地區

(二十二)破壞其他有關紅十字會之規則

(二十三)其他罪行

敵人罪行種類不止上述此表列舉其重要者備調查時參考之用

抗戰以來敵人在我國所犯暴行如殺傷姦淫罄竹難書遍處
此種暴行須先搜集詳確資料及証據敵人罪行調查委員會現正加
緊進行此項調查工作並經製訂詳細表式備索茲為簡便迅速起見
將調查要點摘列於後：

(一)凡親睹或身受敵人暴行者將暴行事實日期地點作一詳細報告

(不拘格式紙宜堅牢用墨筆抄寫)

(二)如知道犯人姓名併請註明

(三)末後應列報告人身份(姓名籍貫職業通訊處)並簽名蓋章

(四)同一案件見証人或被害人不止一人時可聯名提出報告

(五)如有有關証據請一併寄送該會

如有函詢或面洽者與該會接洽各報告人姓名及報告內容該會當負
責代守秘密非得本人同意決不發表特此公告

敵人罪行調查委員會會址：重慶行政院內(各機關公告時務須將會址載明)

14　稿　三十五年二十三

敵人罪行調查表

調查者及填表人須先閱填表須知

罪行人	姓名		官職或職業			
	所屬部隊或機關	名稱				
		長官姓名		官職或職業		
被害人	姓名	福建大田縣立初級中學	性別	〇	年齡	〇	籍貫	〇
	被害時職業	教育~~機關~~學校	現在職業	教育 學校		
	被害時住所	福建大田城內文廟邊	現在住所	福建大田縣立初中		
罪行事實	日期	二十八年九月廿日上午八時廿分	地點	福建大田縣立初級中學前座校舍（現名三育齋）右邊		
	罪行種類	故意轟炸不設防地區				
	被害詳情	~~本校於廿~~民國廿八年九月廿日上午八時廿分敵機六架~~分兩隊~~由永安方面竄入本城市空投彈四枚本校被炸~~一彈~~計毀禮堂、辦公室、圖書館、衛生室一座及教室、學生團體宿舍~~共[illegible]~~損失建築物5250元，器具486元，圖書2000元，儀器420元，衛生用品70元，其他21元，計國幣8249元（物價均以民國廿八年物價計）				
證據	人證	甲種結文 乙種結文（見附件）				
	物證	被炸部份照片[illegible]				
備考						

~~[illegible]~~ 照具結[illegible]均入

調查者＿＿＿＿＿＿　調查日期＿＿＿＿＿＿

填表須知

(一) 填表以詳盡為主事實不明者亦應填寫
(二) 罪行人姓名須詳寫不可只填「松本」或「岡田」等字樣而無名，如係集團犯罪可將罪行人填入備考欄內，罪行人姓名無法查考時則填明「不知」二字，但須將罪行發生日期地點及部隊番號等給予詳實以便另行設法調查
(三) 罪行事實欄應先參照敵人罪行種類表（附件一）將罪行人所犯之罪填入罪行種類欄再詳細填明該當情形
(四) 證據欄
甲、人證：包括本國人與外國人，須由被害人或目擊者具結詳敘罪行事實，簽名蓋章或按捺指印，隨表附送，具結須知（附件二）及結文（甲）（乙）兩種（附件三及四）。
乙、物證：須送附（1）罪行人遺留物件（2）有關敵國官署計劃文件（3）罪行照片（4）其他證據等
(五) 本表各欄如填寫不敷時可另紙書明附送。
(六) 調查者須簽名蓋章，如係機關則須加蓋印信。

注意

刑法第一百六十九條：意圖他人受刑事處分向該管公務員誣告者處七年以下有期徒刑。

刑法第一百七十一條：未指定犯人而向該管公務員誣告犯罪者處一年以下有期徒刑拘役或三百元以下罰金。

刑法第一百六十八條：證人供前或供後具結而為虛偽陳述者處七年以下有期徒刑。

稿 卅五、二、十三

結文（甲）附件三）

余謹將被敵人罪行侵害之事實據實陳述如下：

民國廿六年八月廿日上午八時[illegible]

以上所述全係事實並無虛偽如上項敵人罪行將來可受法庭審判時余願居於告訴人或證人之地位倘有虛偽願受誣告或偽證之處罰此結。

具結人姓名（簽名）大田[illegible] 蓋章（或按指印） 性別 男 年齡 五〇 籍貫 福建大田 職業 [illegible] 住址 [illegible]

陳述前已告以具結之意義及誣告偽證之處罰陳述後又令具結人閱覽並向其朗讀經承認無異。

調查人姓名（簽名）蓋章 性別 年齡 籍貫 職銜 住址

中華民國 年 月 日具結

民国廿八年八月二十日上午八时有敌机六架由永安方面窜入大田城上空投弹四枚，本校中弹计被炸毁房屋四横房上下六间（内礼堂、办公室、宿舍、饭厅、卫生室、童军办公室），办公用具六四件，文具四件，体育用具六六件，教室用具六八件，童军用具八三件，普通校具八八七件，劳作器具六件，图书三一〇〇册，卫生三二件，其他一三五件，计损失仪器损失价值四二〇元，计损失国币八二四七九五元（照价值系民国廿八年七月施工时价值）

注意

刑法第一百六十九條意圖他人受刑事處分向該管公務員誣告者處七年以下有期徒刑。

刑法第一百七十一條未指定犯人而向該管公務員誣告犯罪者處一年以下有期徒刑拘役或三百元以下罰金。

刑法第一百六十八條證人供前或供後具結而為虛偽陳述者處七年以下有期徒刑。

結文（乙）（附件四）

余謹將親見敵人罪行之事實據實陳述如下：

余於卅四年九月廿日晨八時許親見敵机六架分成二隊由西方（永安縣）飛進本城市空旋即投[illegible]燒夷彈[illegible]四枚[illegible]一落大田[illegible]中[illegible]文廟左座（係文化[illegible]）[illegible]一落[illegible]池[illegible]作育[illegible]右[illegible]物資損失[illegible]人[illegible]

以上所述全係事實並無虛偽如上項敵人罪行將來可受法庭審判時余願居於告發人或證人之地位倘有虛偽願受誣告或偽證之處罰此結。

具結人姓名（簽名）蓋章（或按指印）性別年齡籍貫職業住址 [illegible] 男 卅六 福建大田 教育 大田[illegible]

陳述前已告以具結之意義及誣告偽證之處罰陳述後又令具結人閱覽並向其朗讀經承認無異。

調查人姓名（簽名）蓋章性別年齡籍貫職銜住址

中華民國 年 月 日

案于民国廿九年九月二十日上午八时许，敌机六架由永安方面窜入大田本城上空投弹四枚，中有一枚落大田初级中学校宿舍，炸毁房屋（楼房上下）计六栋及内藏图书、仪器、体育、卫生、童军、劳作及办公一切用具等损失，[illegible]情形详列如（甲）（附件三）表内

具結須知（附件五）

一、結文格式 結文須依照頒發之格式及尺寸印發紙張須堅固字跡須清晰如事實甚多結文所留空白不敷填寫時可用同樣長短之紙續書緊接，以上所述，一行之前黏結牢固騎縫處由調查人蓋章並由具結人蓋章或按指印。

二、結文（甲）（乙）之分別（甲）種結文由被害人，（乙）種結文由第三人見證者具同一罪行以具有（甲）（乙）兩種結文為原則非事實上無法取具兩種結文時（如被害人死亡）不得僅具一種結文。

三、同一罪行之具結人數及結文張數無限制 調查罪行首貴詳確故同一罪行有二人以上所知相同時可分別具為被害人或第三人同具一結或續具數結又被害人或第三人各知同一罪行之一部時亦不妨分具數結

四、調查人之身份 結文內之調查人下列人員具有司法警察官之身份者為宜（一）縣長市長設治局長警察廳長警務處長警察局長

保安司令警備司令憲兵隊中級以上長官（二）警察官長保安隊警備隊官長憲兵官長區長鄉長鎮長。

五、簽名蓋章　結文宜由具結人親自書寫事實並簽名蓋章不識文字者始得由調查人紀錄但仍由具結人蓋章不能簽名且無章可蓋者始得命按指印男左女右均拇指須注意清晰齊整此時調查人宜有二人之簽名又調查人必須親自簽名蓋章並填明前項具有司法警察官身份之職銜。

六、蓋用印信　年月日上加蓋調查人所屬機關之印信以証明調查人之身份。

福建省教育厅关于要求填报本省公私立各级学校在抗战期间损失情形致大田县立初级中学的代电（一九四五年七月三十一日收）

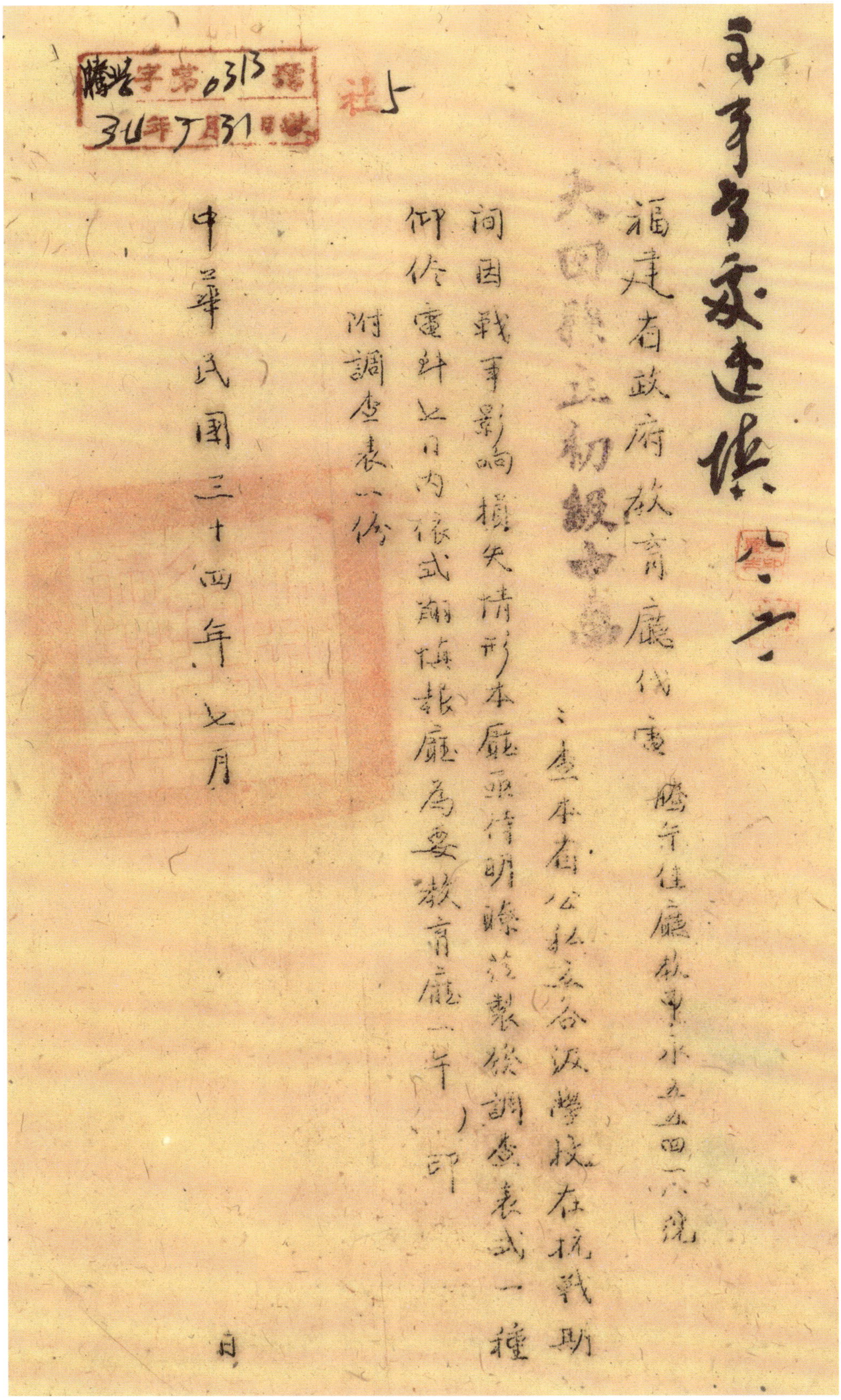

大田縣立初級中學

福建省政府教育廳代電 騰午佳廳教甲永五四六號

查本省公私立各級學校在抗戰期間因戰事影響損失情形本廳亟待明瞭茲製發調查表式一種仰於電到七日內依式詳填報廳為要。教育廳(午)(佳)印

附調查表一份

中華民國三十四年七月 日

附：福建省公私立各级学校抗战损失调查表

福建省公私立各級學校抗戰損失調查表

校名	直接損失：建築物	直接損失：圖書儀器設備	直接損失：現款	間接損失：疏散費	間接損失：防空設備費	間接損失：醫藥費及其他	合計	擬需修復費	備註
大田縣立初級中學	五二五二元	四四八六元	無	二五〇元	九八〇元	九二元	九〇一九元	三〇〇〇〇元	
合計							九〇一九元	三〇〇〇〇元	

附註：本表價值以法幣為計算單位并一律以民國二十六年七月物價為標準如未有損失本表亦應送廳（無須備文）惟應在備註欄内註明無損失字樣

福建省教育厅关于催报抗战期间教育机关财产损失表致大田县立初级中学的代电（一九四五年十二月十六日）

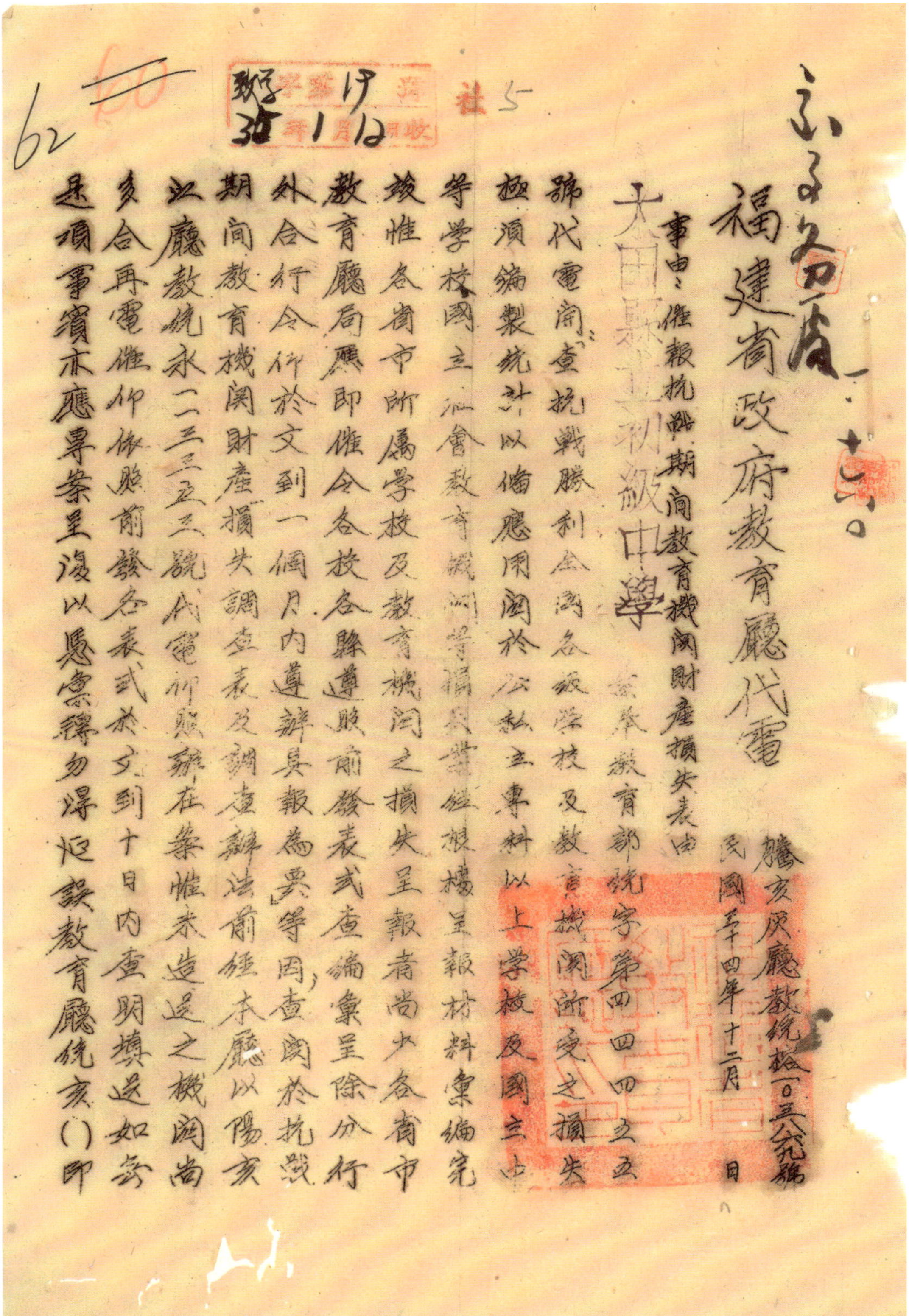
福建省政府教育廳代電

大田縣立初級中學

事由：催報抗戰期間教育機關財產損失表由

案奉教育部統字第四四四五五號代電開：「查抗戰勝利，全國各級學校及教育機關所受之損失，極須編製統計，以備應用。關於公私立專科以上學校及國立中等學校、國立、私立社會教育機關等損失，業經據呈報材料彙編完竣，惟各省市所屬學校及教育機關之損失呈報者尚少，各省市教育廳局應即催令各校各縣遵照前發表式查編彙呈，除分行外，合行令仰於文到一個月內遵辦具報為要」等因。查關於抗戰期間教育機關財產損失調查表及調查辦法，前經本廳以陽亥江廳教統永（一二三五三）號代電飭照辦在案，惟未造送之機關尚多，合再電催，仰依照前發各表式，於文到十日內查明填送，如無是項事實，亦應專案呈復，以憑彙轉，勿得延誤。教育廳統亥（　）印

亥灰廳教統柉（一〇三八六）號

民國三十四年十二月　日

大田县立初级中学关于报送抗战财产损失表致福建省政府教育厅的呈（一九四六年一月二十四日）

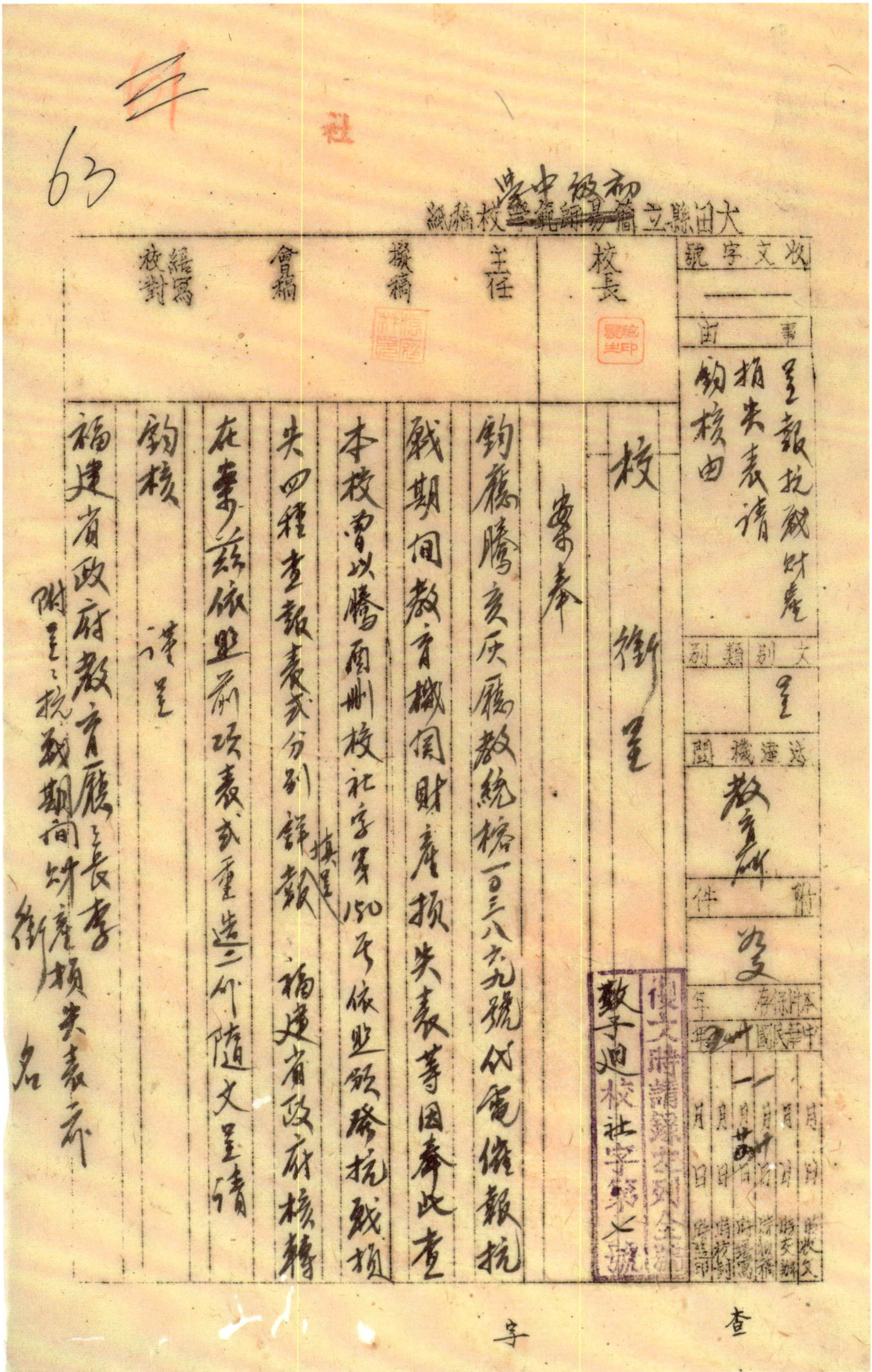
大田縣立初級中學校稿紙

收文字號

事由：呈報抗戰財產損失表請鈞核由

文別：呈

送達機關：教育廳

附件：如文

復文時請錄本列全號 數字迴校社字第七號

校長　主任　擬稿　會稿　繕寫　校對

校銜呈

案奉

鈞廳亥灰廳教統穗一百三八六九號代電飭報抗戰期間教育機關財產損失表等因，奉此，查本校曾以勝酉删校社字第150號依照頒發抗戰損失四種查報表式分別填呈錄報在案，茲依照前項表式重造二份，隨文呈請

鈞核。謹呈

福建省政府教育廳廳長李

附呈抗戰期間財產損失表二份

銜名

附（一）大田县立初级中学人口伤亡调查表

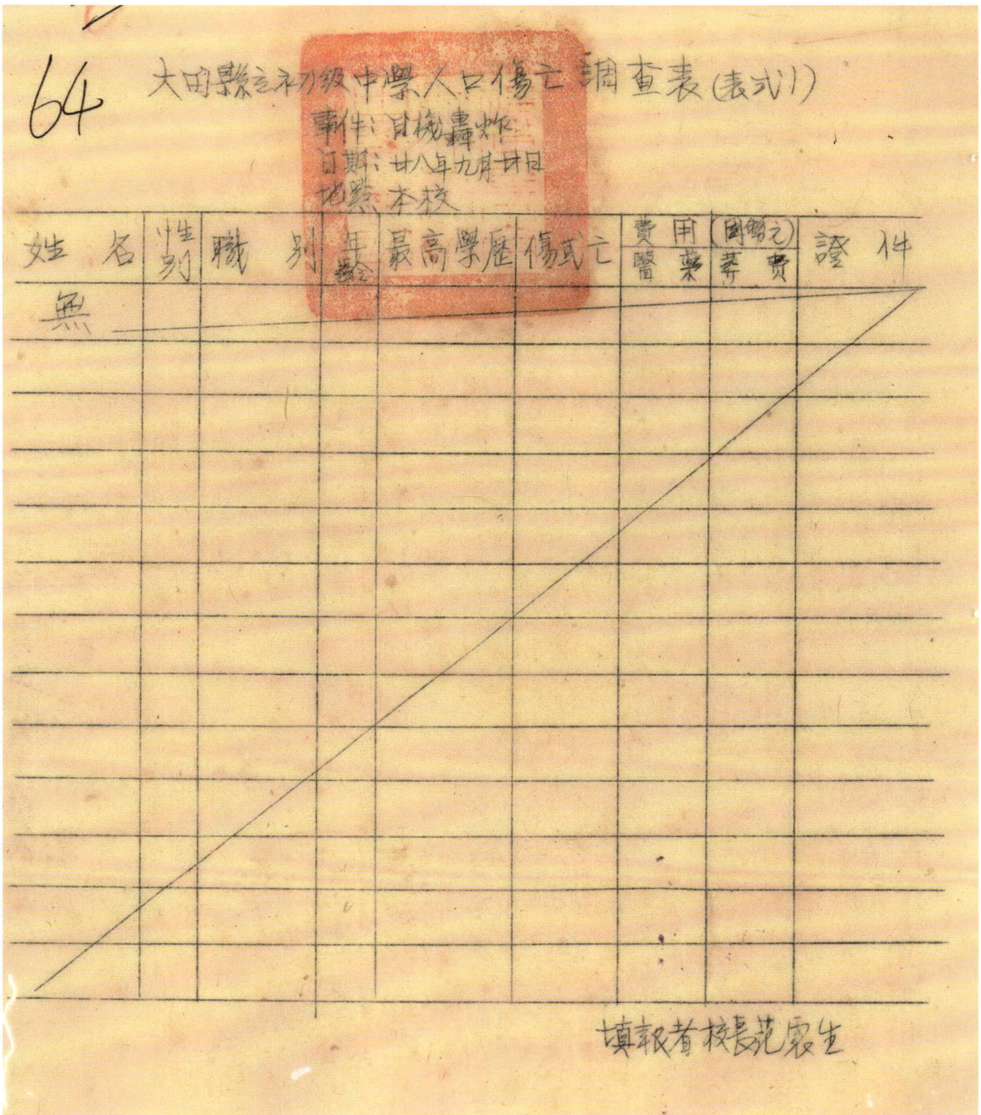

64

大田縣立初級中學人口傷亡調查表（表式1）

事件：日機轟炸

日期：廿八年九月廿日

地點：本校

姓名	性別	職別	年齡	最高學歷	傷或亡	費用（國幣元）醫藥	費用（國幣元）葬費	證件
無								

填報者校長范震生

附（二）大田县立初级中学财产直接损失汇报表（一九四五年九月二十九日）

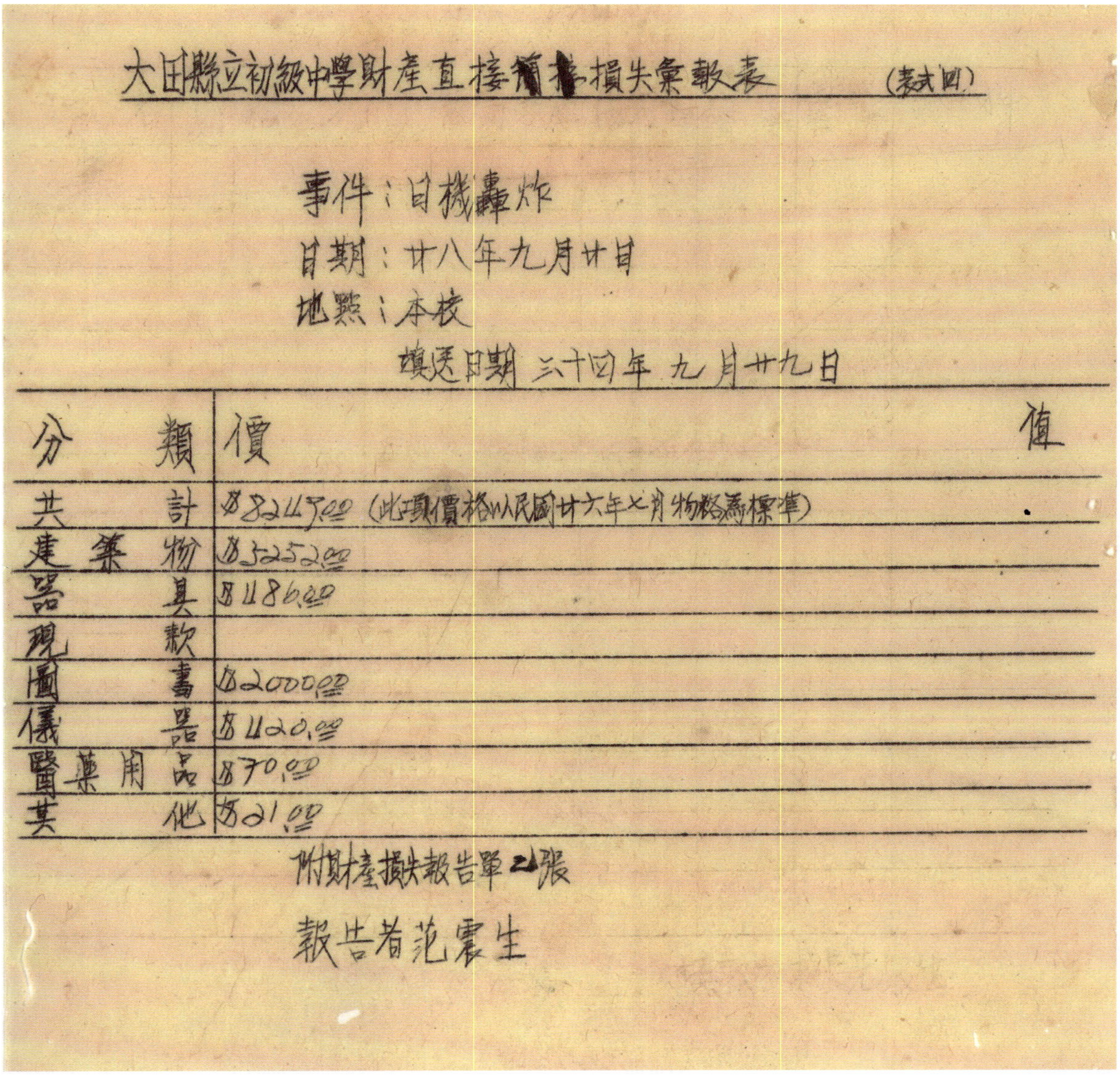

大田縣立初級中學財產直接損失彙報表　（表式四）

事件：日機轟炸

日期：廿八年九月廿日

地點：本校

填送日期　三十四年　九月廿九日

分類	價值
共計	$82457.00（此項價格以民國廿六年七月物價為標準）
建築物	$5252.00
器具	$1186.00
現款	
圖書	$2000.00
儀器	$1120.00
醫藥用品	$70.00
其他	$21.00

附財產損失報告單21張

報告者范震生

61

財產損失報告單（表式2）

填送日期　　廿四年九月廿九日

損失年月日	事件	地點	損失項目	購置年月	單位	數量	價值（國幣元）		證件
							購置時價值	損失時價值	
28年9月20日	日機轟炸	本校	房屋	十七年八月	間	6	2000	5250	被炸情形已於廿八
仝上	仝上	仝上	辦公用具		件	21		63.1	年十月五日呈送鈞府
仝上	仝上	仝上	文具		件	21		18.3	
仝上	仝上	仝上	體育用具		件	6		13.65	
仝上	仝上	仝上	教室用具		件	68		119.1	
仝上	仝上	仝上	童軍團用具		件	[illegible]		60.0	
仝上	仝上	仝上	普通校具		件	87		197.8	
仝上	仝上	仝上	勞作農具		件	6		15.0	
仝上	仝上	仝上	圖書		件	3100		2000.0	
仝上	仝上	仝上	衛生用具		件	32		70.0	
仝上	仝上	仝上	其他		件	135		21.0	
合計								7827.95	

直轄機關學校團體或事業名稱：大田縣立初級中學

受損失者：大田縣立初級中學

填報者：范震生

附（四）大田县立初级中学财产间接损失报告表（一九四六年三月二十二日）

大田縣立初級中學財產間接損失報告表　（表式18）

填送日期：卅五年三月二十二日

分類	數額（單位：國幣元）
共計	1230.00（此項價格以卅六年[illegible]月物價計算）
遷移費	
防空設備費	980.00
疏散費	250.00
救濟費	
撫䘏費	

報告者　范震生

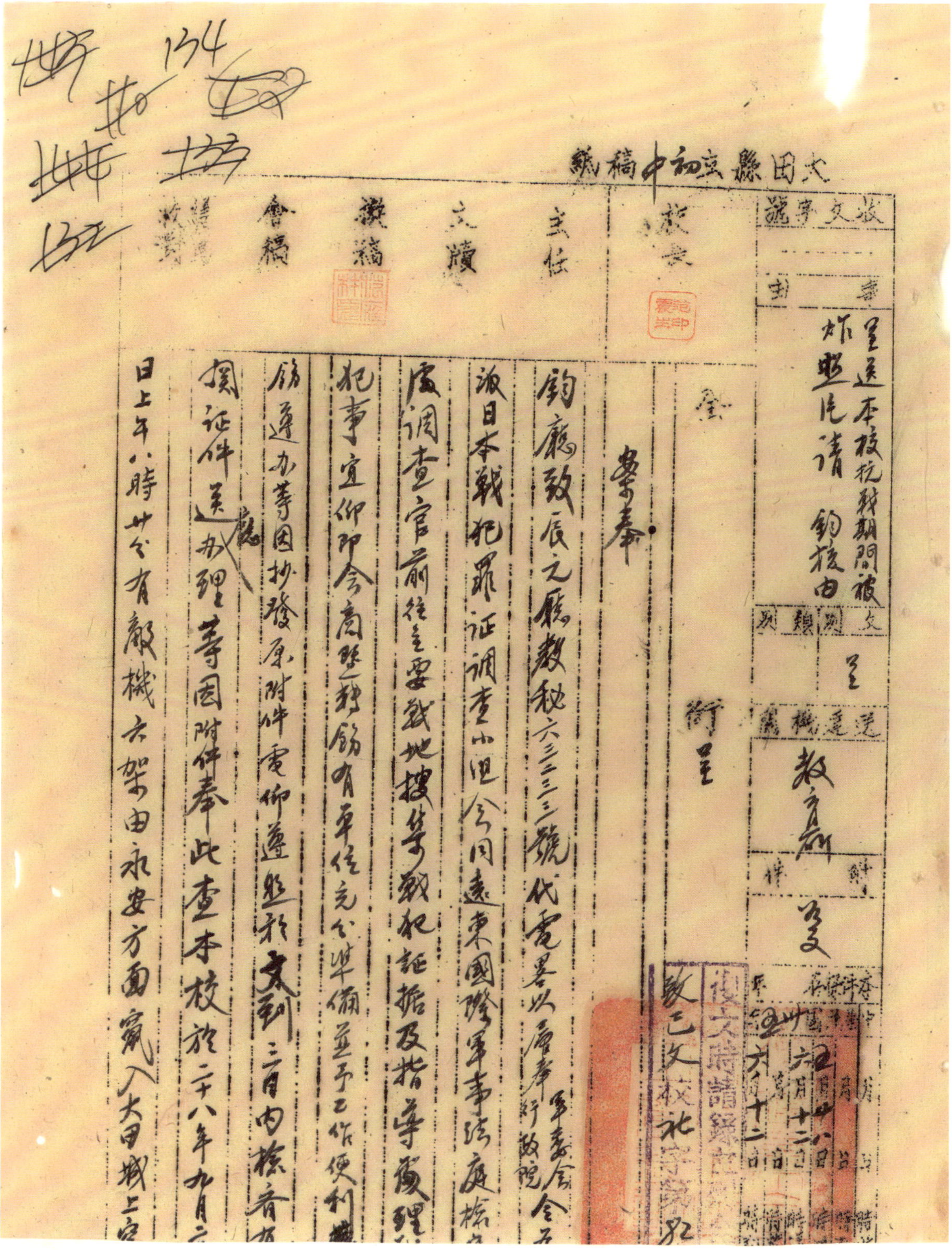
大田縣立初中稿紙

收文字號

事由：呈送本校抗戰期間被炸照片請 鈞核由

文別：呈

送達機關：教育廳

案奉

鈞廳致辰元廳教秘六三三三號代電，略以：「奉行政院軍事委員會令云：

派日本戰犯罪證調查小組會同遠東國際軍事法庭檢察

處調查官前往重要戰地搜集戰犯証據及指導處理

犯事宜，仰即令屬照轉飭有關單位充分準備，並予工作便利

飭遵辦』等因，抄發原附件，電仰遵照，於文到三日內檢齊有

關證件送處辦理」等因，附件奉此。查本校於二十八年九月

日上午八時廿分有敵機六架由永安方面竄入大田城上空

大田县立初级中学关于本校抗战期间被炸情况致福建省政府教育厅的呈（一九四六年六月十二日）

卌 卌 卌

大田县立　稿纸

发文 字第 号
文别
送达机关
附件

校长
主任
文牍
拟稿
会稿
缮写
校对

按准四校本校中降被炸毁房屋楼房上下六栅西（办公室、图书库、教室、卫生室、童军办公室）价值五二〇〇元，办具二一件价值六三二元，文具二一件价值一八三元，体育用具六六件价值一……教室用具六八件价值二九二元，童军用具八三件价值六〇元，普通校具八七件……劳作用具六件价值一五〇元，图书三一〇〇册价值二〇〇〇元，卫生（药品用具）三二件价值七〇元，其他价值二一〇元，仪器损失价值四二〇元，计损失国币八二四七九五元（系民国廿九年购置时价值），兹检被炸照片一张（见证人吴清文）理合具文呈请

钧核

谨呈

福建省政府教育厅厅长李

附呈本校被炸照片一张　见证人吴清文

名

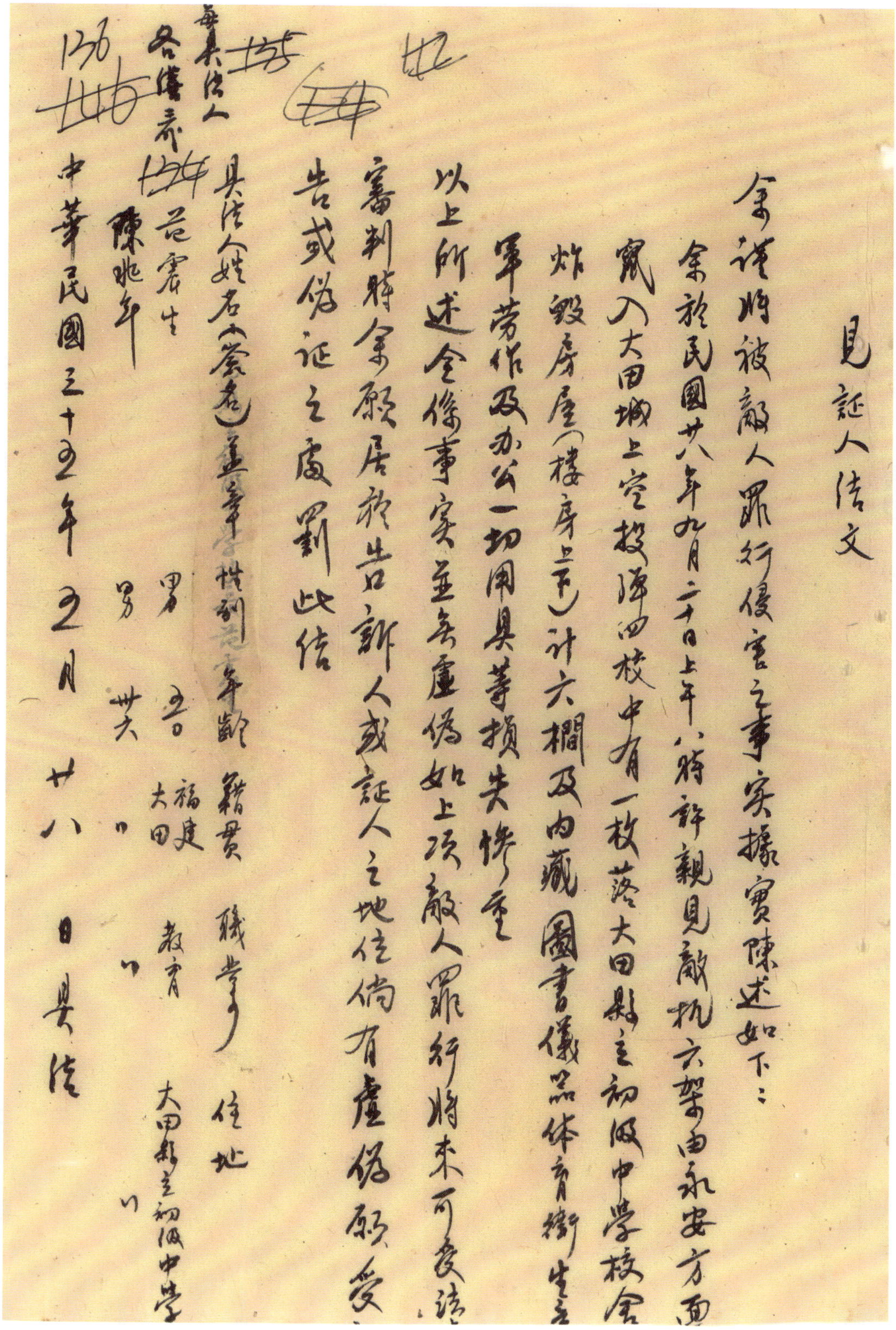

見証人結文

余謹將被敵人罪行侵害之事實據實陳述如下：

余於民國廿八年九月二十日上午八時許親見敵机六架由永安方面竄入大田城上空投擲四枚，中有一枚落大田縣立初級中學校舍，炸毀房屋（樓房上下）計六間及内藏圖書儀器体育衛生軍勞作及办公一切用具等損失慘重

以上所述全係事实，並無虛偽，如上項敵人罪行將來可受法院審判時，余願居於告訴人或証人之地位，倘有虛偽，願受告或偽証之處罰。此结

具結人姓名（簽名）蓋章（或指印）		年齡	籍貫	職業	住址
范震生	男	五十	福建大田	教育	大田縣立初級中學
陳兆年	男	卅六	〃	〃	〃

中華民國三十五年五月廿八日具結

八、抗战时期照片

（一）日军侵略罪行和大田县抗日救国活动

抗战全面爆发后，大田县城、县立初级中学校舍遭受日机轰炸，大田县成立抗敌后援会，开展抗战征募义卖、组建抗日剧团深入农村公演、举办歌咏会、欢送志愿从军等形式多样的抗日救国活动。

大田各界热烈义卖（载于一九三九年六月二十六日《福建民报》）

大田各界熱烈義賣

【大田訊】本縣抗敵後援會，徵募各項義賣品，於十六日在縣黨部開始義賣，各機關團體紛紛爭先競買，就中以五角值的新舊約一書，乃教會捐贈義賣，各界互相競買，由韓振東先生抬高至一十二元，尚未得物，正待增[illegible]，大田女生樂雙娥義製一尺四方雙緇手帕一條，訂價一角，吳廷標競買，評價至七元七角五分，結果由集美校醫李灃鵬增價十元。

大田县立初级中学遭日机轰炸后之情形（一九三九年九月二十日）

大田一中劝募公演全体演员合影及《烟苇港》第二幕剧照（一九四二年十一月）

学生举行抗战歌咏会留影（一九四三年四月六日）

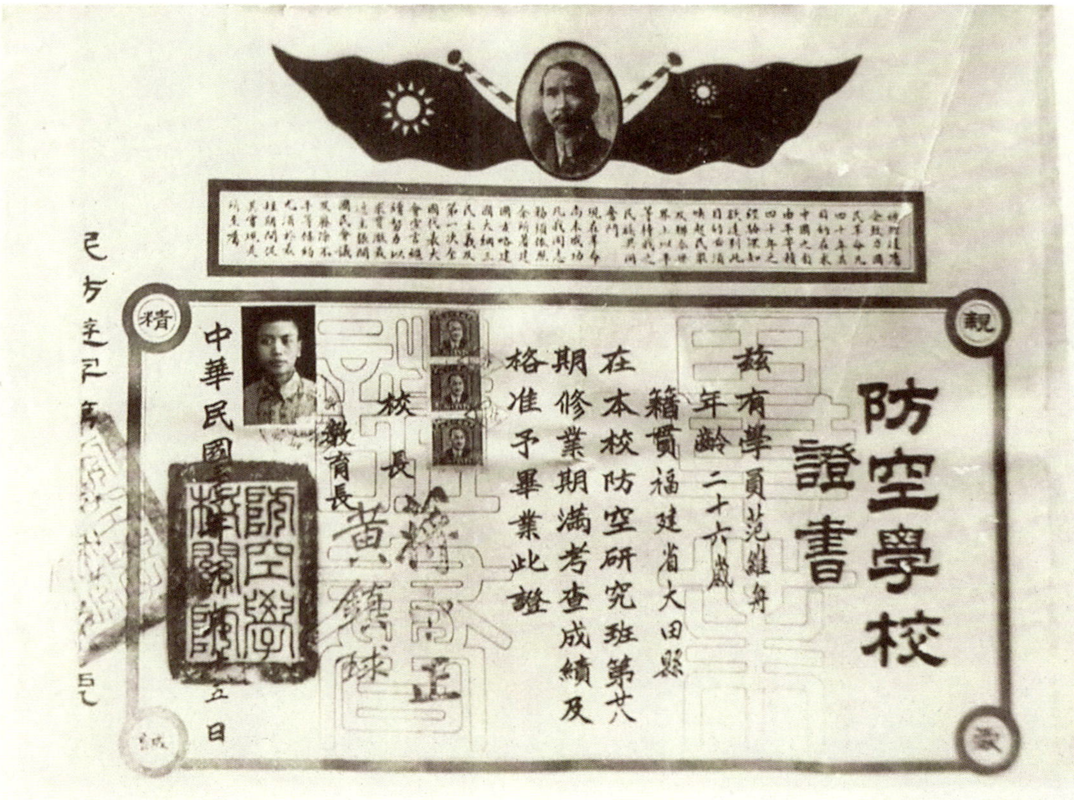

防空學校
證書

茲有學員范維舟
年齡二十六歲
籍貫福建省大田縣
在本校防空研究班第廿八
期修業期滿考查成績及
格准予畢業此證

校長 黄鎮球
教育長

中華民國　　五日

大田籍学员范维舟中央防空学校毕业证书（一九四四年一月十五日）

大田各界欢送集美农校学生林光容志愿从军远征留影（一九四四年六月五日）

欢送国章学长智识青年参军纪念（一九四五年三月十日）

（二）抗战时期集美学校受日本侵华影响内迁大田县前后

一九一三年，陈嘉庚在家乡泉州府同安县集美创办小学，以后陆续办起师范、中学、水产、航海、商业、农林等校共十所；另设幼稚园、医院、图书馆、科学馆、教育推广部，统称「集美学校」。一九三七年抗战全面爆发后，集美学校整体内迁安溪县。一九三九年一月，水产航海、商业、农林等三校十四个班六百一十四名师生再从安溪分迁到大田，借用玉田村的祖宇祠堂，作为临时学校继续办学，直至战争结束后回迁集美。

集美师范第一届赴省参加军训同学合影（一九三五年四月）

集美高师七组师生合影（一九三五年）

集美职业学校内迁大田校舍（一九三九年六月）

集美职业学校医院大田分院外景（一九三九年六月）

集美高级商业学校全体师生欢宴从军同学留影（一九四五年三月二十九日）

（三）以音乐、艺术的形式宣传抗战

一九三八年，闽籍音乐家蔡继琨组建福建省教育厅战地歌咏团，参加抗战宣传活动。福建省政府组建「南洋侨胞慰问团」，任命蔡继琨为团长，于一九三九年赴东南亚开展抗战宣传慰问，意在充分发挥福建侨胞在东南亚的优势，以艺术的形式宣传抗日，动员海外侨胞支援祖国的抗战事业，共同拯救民族的命运。在菲律宾访问期间，慰问团举办「福建省情照片展览会」，在多地开展抗战义演，并在播音台进行抗战宣传演播，以多种形式开展宣传慰问活动，取得了一定的影响和效果。事后，福建省政府则以这次南洋宣传和慰问所募捐的款项，创办了「福建征人家属工厂」，安置军属就业，支援前线抗日。一九四〇年二月，福建省政府委派蔡继琨在当时的省会永安创办福建省立音乐专科学校，并担任首任校长。后改制为国立福建音专，是抗战时期坚持办学的三所高等音乐学府之一，继续以音乐的形式宣传抗战精神，为国家培养了大量音乐人才。

福建省小学教员训练所音乐专科教员训练班公演歌剧「保卫福建」导演及主角留影（一九三八年四月二十八日）

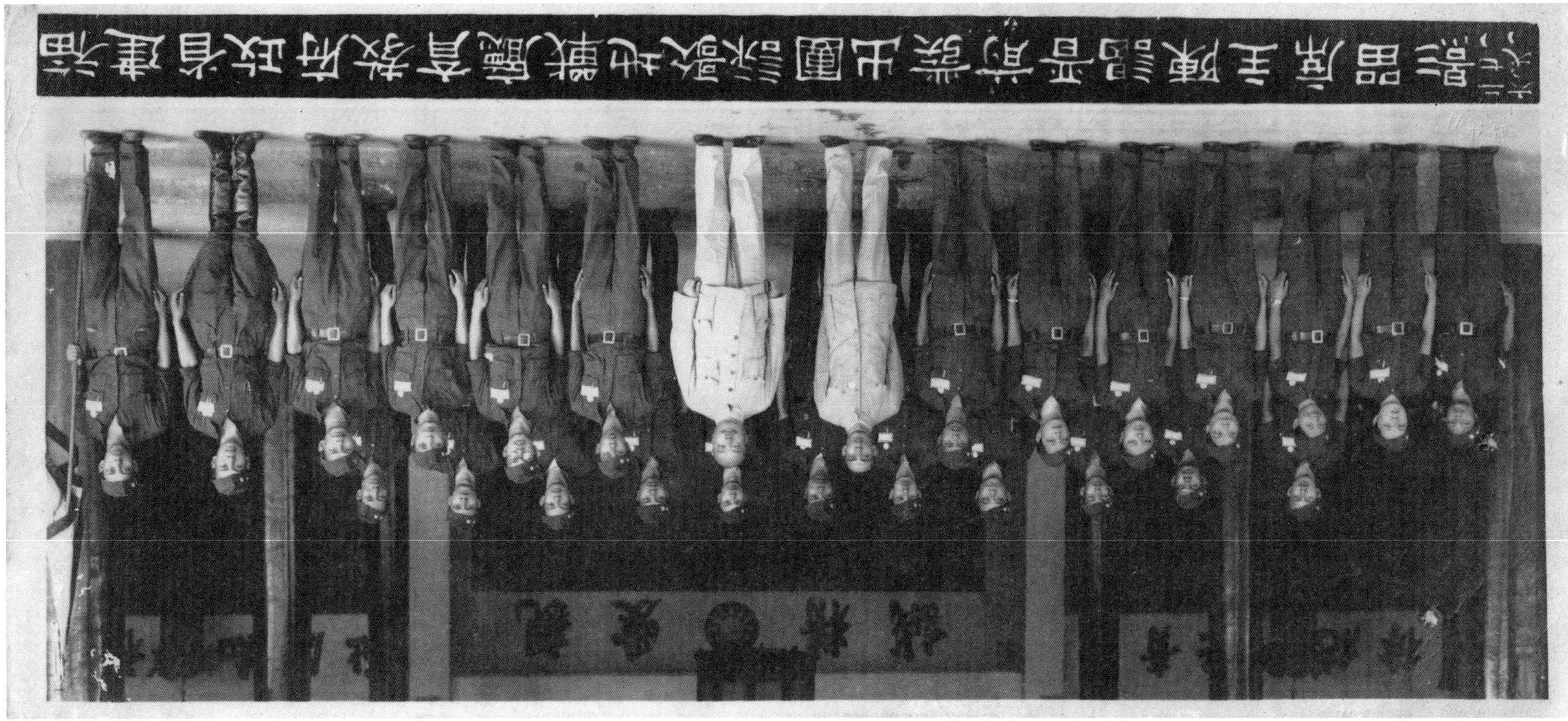

福建省政府主席陈仪接见蔡继琨等教育厅战地歌咏团成员留影（一九三八年六月二日）

福建省政府同事欢送南洋侨胞慰问团蔡继琨、夏国琼出国留影（一九三八年十二月）

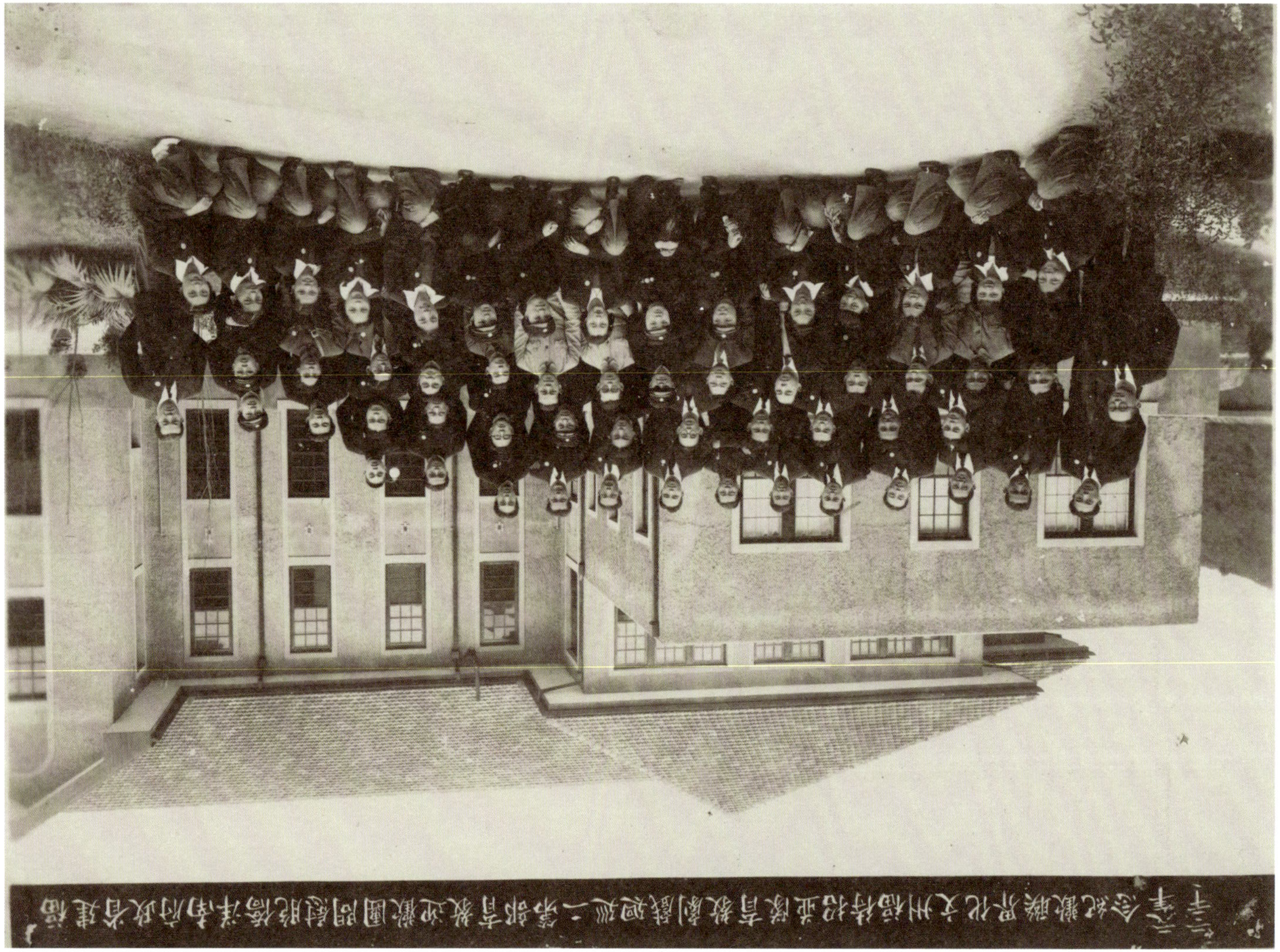

南洋侨胞慰问团欢迎教育部第二巡回戏剧教育队并招待福州文化界联欢会留影
（一九三九年二月二十日）

福建省政府议员、南洋侨胞慰问团团长蔡继琨（一九三九年二月）

福建省政府南洋侨胞慰问团在福州公演台照（一九三九年二月）

福建省政府主席陈仪接见蔡继琨及南洋侨胞慰问团成员留影（一九三九年）

福建省政府南洋侨胞慰问团出访前在福州留影（一九三九年）

福建省政府南洋侨胞慰问团抵达马尼拉港码头时的情景（一九三九年三月二十四日）

蔡继琨与菲律宾济阳柯蔡公所代表在马尼拉港码头合影（一九三九年三月二十四日）

福建省政府南洋侨胞慰问团与菲律宾华侨戏剧团体代表合影（一九三九年三月二十九日）

蔡继琨团长与菲华戏剧界代表李侠（华侨戏剧界与慰问团联欢大会主席）、吴九如（华侨戏剧团体迎团筹备主任）合影（一九三九年三月二十九日）

菲律宾中华青年建设协会八一三话剧团欢迎福建省政府南洋侨胞慰问团联合大会留影
（一九三九年三月二十九日）

福建省政府南洋侨胞慰问团在马尼拉中菲国民协会与各团体欢迎代表合影（一九三九年三月）

福建省政府南洋侨胞慰问团在马尼拉举行第一次宣传大会开会情形（一九三九年四月十二日）

蔡继琨在抗战宣传活动上讲演照（一九三九年四月十二日）

福建省政府南洋侨胞慰问团在马尼拉举行首次演奏会观众席场景照（一九三九年四月十二日）

菲律宾华侨界代表向福建省政府南洋侨胞慰问团赠送锦旗留影

（一九三九年四月十二日）

菲律宾中华鸣谦国术社欢迎福建省政府南洋侨胞慰问团参观表演留影（一九三九年四月十八日）

蔡继琨偕中菲协会副会长、前允良（La Uuion）省省长等访问马尼拉市市长合影（一九三九年四月）

蔡继琨在马尼拉举行的第二期抗战宣传大会上讲演照（一九三九年四月）

福建省政府南洋侨胞慰问团在菲律宾蕊省甲万那端公演时观众席场景照（一九三九年四月）

蔡继琨指挥福建省政府南洋侨胞慰问团在BIZK播音台播音情形（一九三九年四月）

曾廷泉与蔡继琨等福建省政府南洋侨胞慰问团成员合影（一九三九年四月）

旅菲集美学村同乡欢迎福建省政府南洋侨胞慰问团留影（一九三九年四月）

福建省政府南洋侨胞慰问团女团员合影（一九三九年四月）

福建省政府南洋侨胞慰问团在马尼拉举行「福建省情照片展览会」场景（一九三九年四月）

福建省政府南洋侨胞慰问团演出剧照（一九三九年四至五月）

“雷雨”第一幕场面之一
慰問团
一九三九、五、四、

福建省府慰問团

场面之一

前夜第四幕场面之一
慰问团
王钦照相館

「血祭」場面之一
閩省府慰問團。

“夜光杯”第五幕場面之一
閩省慰問團

济阳柯蔡公所邀请各机关代表欢迎福建省政府南洋侨胞慰问团联欢大会场景（一九三九年五月十日）

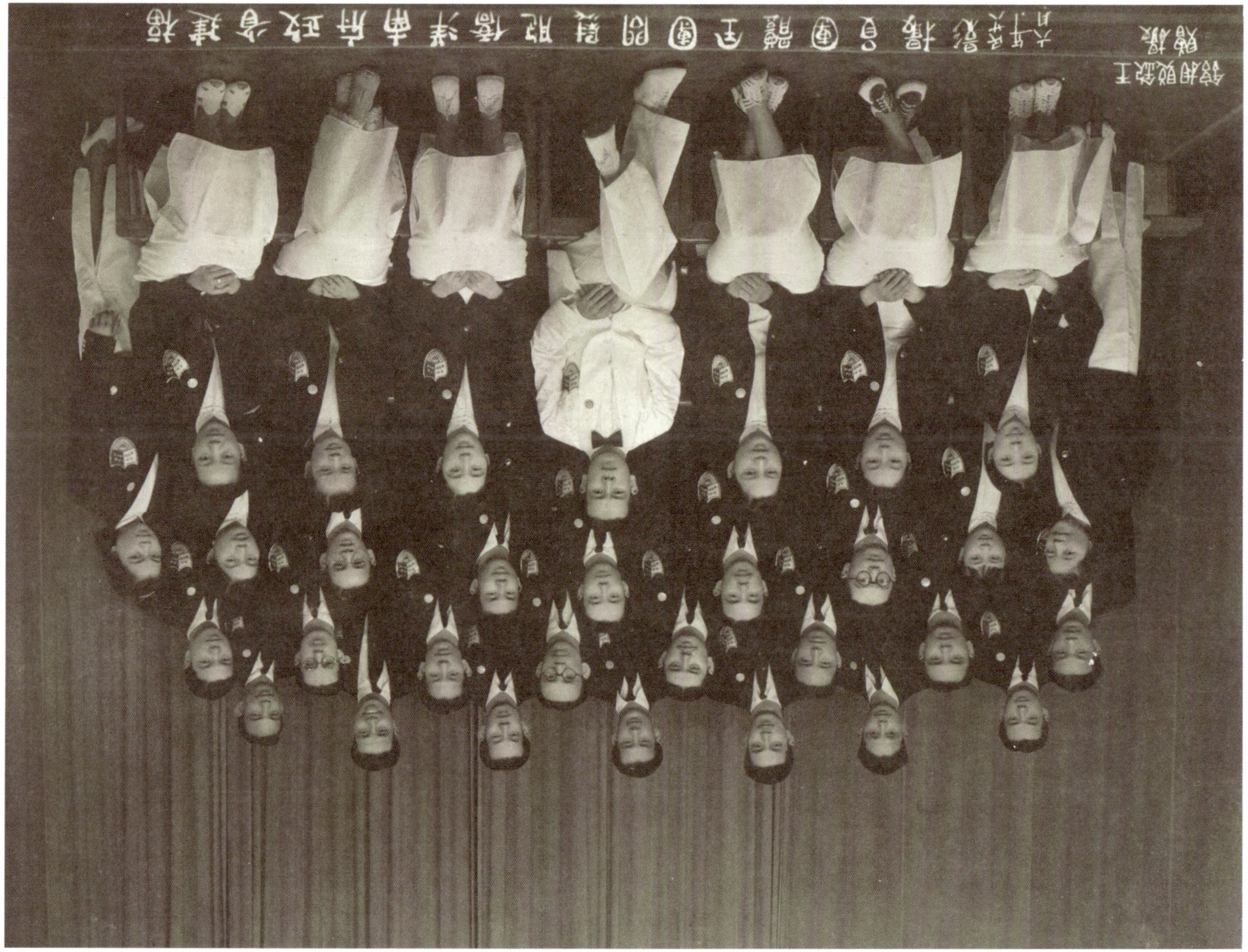

福建省政府南洋侨胞慰问团全体团员合影（一九三九年六月）

福建省政府南洋侨胞慰问团《宣扬国光》纪念相册（一九三九年六月）

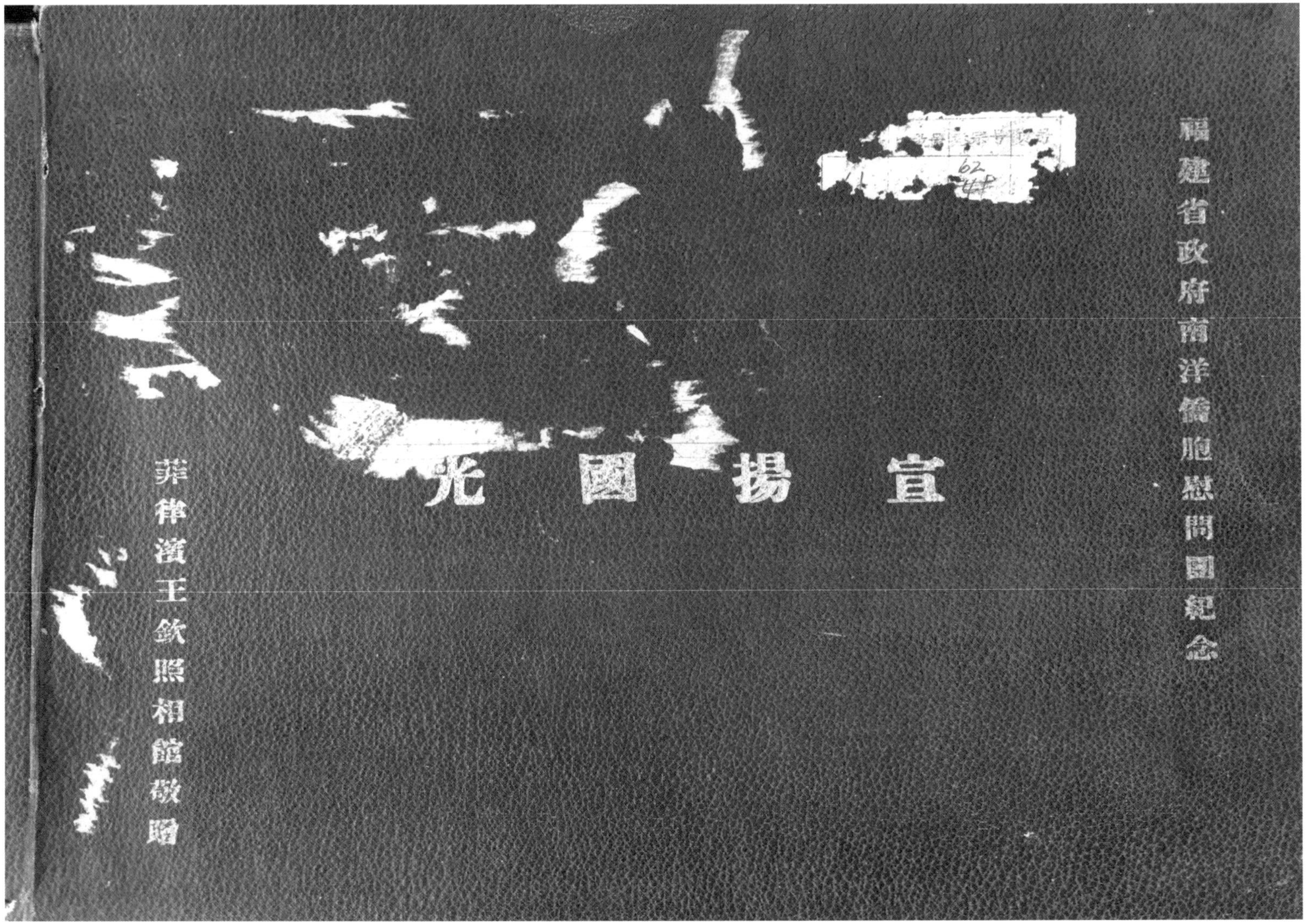

蔡继琨与菲律宾华侨摄影师王钦合影（一九三九年）

蔡继琨在日机轰炸后的永安宿舍废墟前留影（一九四〇年九月十九日）

国立福建音专首次巡回演出诗剧《悲壮的别离》台照（一九四一年一月三十日）

詩劇悲壯的別離演唱時台照　三十一年三月十日　福州

后记

《大田县档案馆藏抗战档案选编》是由国家档案局统一部署，在福建省档案局和三明市档案局的指导下实施的国家重点档案专题开发项目，是大田县档案局（馆）编纂的第一部馆藏档案专题选编。

在本卷编纂的过程中，得到福州震旦计算机有限公司、大田独创广告的协助与支持，在此一并致谢！

由于选编的档案资料年代久远，编纂者水平所限，存在的不足之处，敬请读者指正。

编　者

二〇一九年十二月